Kohlhammer

DIAKONIE

Bildung – Gestaltung – Organisation

Herausgegeben von

Jürgen Gohde
Hanns-Stephan Haas
Klaus Hildemann
Beate Hofmann
Heinz Schmidt
Christoph Sigrist

Band 15

Jens Kramer

Diakonie inszenieren

Performative Zugänge zum diakonischen Lernen

Verlag W. Kohlhammer

Die vorliegende Arbeit ist die für den Druck überarbeitete Fassung der gleichlautenden Dissertation, die im Wintersemester 2013/2014 von der Theologischen Fakultät der Universität Rostock angenommen wurde (Erstgutachter: Prof. Dr. Thomas Klie, Zweitgutachter: Prof. Dr. Martina Kumlehn).

1. Auflage 2015

Reproduktionsvorlage: Andrea Siebert, Neuendettelsau
Gesamtherstellung: W. Kohlhammer GmbH, Stuttgart

Print:
ISBN 978-3-17-026283-6

E-Book-Formate:
pdf: ISBN 978-3-17-026284-3
epub: ISBN 978-3-17-026285-0
mobi: ISBN 978-3-17-026286-7

Inhalt

Vorwort

Die vorliegende Veröffentlichung ist eine überarbeitete Fassung meiner kumulativ entstandenen Dissertation „Diakonie inszenieren. Performative Zugänge zum diakonischen Lernen“, die an der Universität Rostock 2013 angenommen wurde.

Das Entstehen der Arbeit ist durch die Unterstützung vieler Menschen möglich geworden. Dank gilt in besonderer Weise meinem Doktorvater Prof. Dr. Thomas Klie, der die Arbeit in ihrem Entstehungsprozess kritisch begleitet hat. Mit zahlreichen Hinweisen hat er stets zum Weiterdenken angeregt. Danken möchte ich auch den Promovendinnen und Promovenden aus dem Doktorandenkolleg sowie Frau Prof. Dr. Kumlehn für das Zweitgutachten.

Ich danke auch dem Kohlhammer-Verlag für die Aufnahme der Arbeit in die Reihe „Diakonie: Bildung – Gestaltung – Organisation“ und dabei insbesondere Herrn Jürgen Schneider sowie Prof. Dr. Heinz Schmidt für die Befürwortung und Beratung.

Dankbar bin ich für die Druckkostenzuschüsse der Diakonie Deutschland, der Evangelischen Kirche Berlin-Brandenburg-schlesische Oberlausitz, sowie des Diakonischen Werks Berlin-Brandenburg-schlesische Oberlausitz.

Auch den Kolleginnen und Kollegen im Amt für kirchliche Dienste sei Dank für ihre Anregungen und Hinweise, besonders danke ich hierbei Matthias Röhm und Cornelia Oswald.

Danken möchte ich schließlich meiner Familie, insbesondere meiner Frau Anja und meinen Kindern Marieke und Jonathan für alle Aufmunterungen und für die Geduld, die sie mit mir gehabt haben.

Potsdam, im Juni 2014 *Jens Kramer*

1 Einführung

Performative Religionsdidaktik und diakonisches Lernen weisen – rein formal betrachtet – Strukturanalogien auf. Diese Analogien systematisch zu erhellen und beide didaktischen Ansätze funktional zusammenzudenken, ist das pragmatische Ziel dieser Untersuchung. Die Diskussionen um Performative Religionsdidaktik und diakonisches Lernen begannen vor etwa 15 bis 20 Jahren. Zum diakonischen Lernen gibt es seit Mitte der 1990er Jahre verschiedene Untersuchungen und Darstellungen,[1] die Performative Religionsdidaktik wird seit Beginn des neuen Jahrtausends diskutiert.[2] Die Diskurse verlaufen jedoch auf verschiedenen Ebenen. Gibt es zum diakonischen Lernen zwar unterschiedliche Akzentuierungen und mehrere empirische Untersuchungen, so wird es doch nicht prinzipiell hinterfragt. Auf der anderen Seite steht die Performative Religionsdidaktik selbst im Zentrum der Diskussion, indem diese als didaktische Konzeption kritisiert wird. Die Tatsache, dass diese beiden Themen aktuell breit diskutiert werden, hat nicht zuletzt auch gesellschaftliche Gründe. Sowohl das diakonische Lernen als auch die Performative Religionsdidaktik sind je unterschiedliche Antworten auf sich verändernde gesellschaftliche Bedingungen.[3]

Neben diesen eher formalen Gemeinsamkeiten gibt es auch gravierende Unterschiede zwischen dem diakonischen Lernen und der Performativen Religionsdidaktik. Im Gegensatz zum diakonischen Lernen handelt es sich bei der Performativen Religionsdidaktik um eine *Didaktik*, also um eine formale Konzeption von Religionsunterricht. Material eröffnet sich damit eine Vielfalt, die sich nicht in einen thematischen Kanon fassen lässt. Diakonisches Lernen ist durch einen bestimmten Gegenstand (Diakonie im weitesten Sinne) definiert und ist nicht auf eine bestimmte Methode oder Didaktik beschränkt. Will man beide Lehr-Lern-Konzepte aufeinander beziehen, sind zunächst Begriffs- und Verständnisklärungen notwendig, auch um den inneren Zusammenhang der einzelnen Aufsätze deutlich zu machen. In einem ersten Schritt soll darum die Performative Religionsdidaktik dargestellt werden (Kap. 0) und anschließend das diakonische Lernen (Kap. 0).

---

1 Vgl. z. B. die überblicksartigen Darstellungen Heinz SCHMIDT (2005), Huldreich David TOASPERN (2007), 13–48, sowie Gottfried ADAM (2008).

2 Vgl. z. B. die überblicksartigen Darstellungen zur Performativen Religionsdidaktik Bernhard DRESSLER/Thomas KLIE (2008); Rudolf ENGLERT (2008), sowie Martina KUMLEHN (2010).

3 Vgl. zum sogenannten Traditionsabbruch Kap. 0.

Im Rahmen dieser Arbeit wird von folgenden Grundannahmen ausgegangen:

- Es gibt didaktische Korrespondenzen von diakonischem Lernen und Performativer Religionsdidaktik,
- in der Diskussion um das diakonische Lernen kommt es zumeist zu einer Engführung auf diakonische Praxisprojekte, die explizit didaktische Theoriezugriffe ausblendet,
- die Ästhetisierung diakonischen Handelns und Lernens ist bislang theoretisch unterbestimmt.

Damit werden der forschungsgeschichtliche Rahmen der Arbeit und die Bedeutung für den religionspädagogischen Diskurs umrissen. Die vorliegende Arbeit erweitert die Diskussion um das diakonische Lernen, indem die Strukturanalogien zur Performativen Religionsdidaktik deutlich gemacht werden und konkretisiert die Performative Religionsdidaktik um den zentralen diakoniedidaktischen Aspekt.

1.1 Performative Religionsdidaktik

Die Diskussion um die Performative Religionsdidaktik wurde seit der Veröffentlichung erster Beiträge[4] bisweilen polemisch[5] geführt. Mittlerweile ist bereits mehrfach ein Überblick über die verschiedenen Entwicklungen gegeben worden.[6] Insofern die Performative Religionsdidaktik Gegenstand einer diakoniedidaktischen Arbeit ist, soll die Diskussion nur im Hinblick darauf aufgenommen werden, dass sie mit dem diakonischen Lernen korrespondiert. Dies betrifft u. a. die beiden empirischen bzw. theoretischen Vorausset-

---

4 Vgl. die Beiträge in Silke LEONHARD/Thomas KLIE (2003a und die 2. Auflage 2006) sowie die Beiträge in rhs 1/2002, insbesondere Silke LEONHARD/Thomas KLIE (2003b); Bernhard DRESSLER (2003); Hans SCHMID (2002).

5 Vgl. insbesondere Godwin LÄMMERMANN (2008), der der Performativen Religionsdidaktik eine „religionsdidaktische Omnipotenzphantasie" bescheinigt (107f.) und sie nicht als Didaktik, sondern als eine Methode versteht. Lämmermann behauptet: „als Konzept wird sie zu einer verheerenden Monokultur mit zweifelhaften Konnotationen und Absichten." (108) Dietrich Zilleßen antwortet darauf, vgl. Dietrich ZILLEßEN (2009), und betont zwar, dass Polemik mitunter hilfreich ist, weil damit grundlegende Fragen aufgeworfen werden, doch wirft er Lämmermann auch „Geschmacklosigkeiten" (118) vor, auf die es nicht lohne einzugehen. Inhaltlich legt Zilleßen dar, dass Lämmermanns Verständnis von Performativer Didaktik verkürzt ist. „Lernen inszenieren, Lernprozesse arrangieren heißt hier nicht, religiöse Erfahrungen einzuüben, sondern an (didaktischen) Beispielen den Umgang mit Religion zu erörtern, zu reflektieren, zu üben" (120).

6 Vgl. z. B. Thomas KLIE/Bernhard DRESSLER (2008), Rudolf ENGLERT (2008), Martina KUMLEHN (2010).

zungen Performativer Religionsdidaktik, den sog. Traditionsabbruch und die Zeichendidaktik, darüber hinaus wird ein kurzer Überblick über die Diskussion über die Performative Religionsdidaktik gegeben.

1.1.1 Traditionsabbruch

Bernhard Dressler hat in seinem Aufsatz „Darstellung und Mitteilung. Religionsdidaktik nach dem Traditionsabbruch"[7] die verschiedenen Aspekte der Rede vom Traditionsabbruch dargelegt. Dabei geht er zunächst davon aus, dass die theologische Lehre sekundär ist in Bezug auf die christliche Glaubenspraxis, diese also zwangsläufig auch zum Gegenstand religiöser Bildung werden muss. Schulische religiöse Bildung kann nicht nur „reflexiv-*nach*-denkend" erfolgen, insbesondere dann nicht, wenn die Glaubenspraxis den Lernenden weder familiär noch kirchlich vermittelt wird, weil diese Lernenden nicht explizit religiös sozialisiert sind.[8] Darüber hinaus verbirgt sich hinter der Rede vom Traditionsabbruch empirisch ein „Versiegen des Überlieferungsflusses".[9] Dies ist sowohl qualitativ als auch quantitativ bestimmt. Die kulturpessimistische Annahme dieses gesellschaftlichen Faktums produziert jedoch einen didaktischen Kurzschluss, wenn daraus material-kerygmatisch gefordert wird, theologische Inhalte zu lernen zu geben.[10]

Nach Dressler bezieht sich die Rede vom Traditionsabbruch auch auf eine fehlende gesellschaftliche Legitimierung der christlichen Religion. Aus der These Niklas Luhmanns, dass es heute keine *nicht*religiösen Gründe mehr dafür gebe, religiös zu sein,[11] folgt, dass für viele Religion ihr Monopol bei der Beantwortung lebensbedeutender Fragen verloren hat.[12] Der im Zusammenhang mit dem Traditionsabbruch häufig zitierte Beitrag von Wilfried Bergau[13] benennt neben exemplarischen Beobachtungen zum Lernverhalten auch Konsequenzen für den Unterricht. Diese sind für Bergau: Mehr Biogra-

---

7 Bernhard DRESSLER (2003). Vgl. auch dessen Ausführungen in Bernhard DRESSLER (2007a), 119–136.

8 Vgl. Bernhard DRESSLER (2003), 153. Heutige Schülerinnen und Schüler wachsen nach Dressler „in der großen Mehrheit ohne jede religiöse Erziehung" auf; Bernhard DRESSLER (2012b), 16 (im Original hervorgehoben). Der Traditionsabbruch wurde bereits von ihren Eltern und Großeltern vollzogen.

9 Bernhard DRESSLER (2003), 154.

10 Vgl. Bernhard DRESSLER (2003), 154.

11 Niklas LUHMANN (2000), 278ff.

12 Vgl. Bernhard DRESSLER (2003), 154ff.

13 Wilfried BERGAU (1987).

phiearbeit (autobiographische Texte, Zeitzeugen etc.), die Bibel als Glaubensbuch lesen (um den Lernenden Orientierung zu geben), eine stärkere Praxisorientierung des Religionsunterrichts und schließlich die Forderung, Fremdes auch als Fremdes stehenzulassen und nicht ständig pädagogisch zu funktionalisieren.[14] Bergau geht in seinem Beitrag aus dem Jahr 1987 von einer zunehmenden Subjektivierung und Medienorientierung bei Kindern und Jugendlichen aus, die er für den Traditionsabbruch verantwortlich macht. In seinem Beitrag aus dem Jahr 1991[15] weitet er seine These kulturpessimistisch: „*Traditionsabbruch* ist auch ein qualifizierender Begriff, sofern er generell eine *Enttraditionalisierung* und *Enthistorisierung der Gesellschaft* bezeichnet und damit die *Abschaffung eines verbindlichen Wertekonsenses, die Auflösung tradierter Lebensmuster und damit die Freisetzung des Individuums* behauptet. Die Suche nach Wahrheit, die Reflexion des Gattungsbegriffs Mensch, der gesellschaftlich vermittelte kritische Diskurs in einer Öffentlichkeit von mündigen Bürgern wird umgebogen und damit abgebrochen in die allein subjektive Wahrheitssuche."[16]

Die von Bergau 1991 behauptete „Abschaffung eines verbindlichen Wertekonsenses" beschreibt jedoch nicht die Generation heutiger Schülerinnen und Schüler.[17] Diese haben einen vermeintlichen *verbindlichen* Werte*konsens* nicht abgeschafft, sondern ihn bereits vorgefunden, da der Traditionsabbruch von ihren Eltern, Großeltern oder gar Urgroßeltern vollzogen wurde. „Während ihre Großeltern oder Eltern *Gott vergessen* haben, haben die meisten Kinder und Jugendlichen heute in der Regel *vergessen, dass sie Gott vergessen haben.*"[18] Aus diesem – auch empirisch belegten[19] – Befund folgen für den Religionsunterricht didaktische Notwendigkeiten, eine „Religionsdidaktik nach dem Traditionsabbruch"[20]. Diese Forderung ist insofern in ihren Begründungszusammenhängen von Bedeutung, als Dressler sich hier bewusst von der Erschließungsfigur einer Anknüpfung an religiöse Wissensbestände verabschiedet. Vielmehr setzt er im Kontext seiner Inszenierungslogik auf das Eröffnen einer „Proberealität" im Religionsunterricht. Religion

---

14 Vgl. Wilfried BERGAU (1987), 652–654.

15 Vgl. Wilfried BERGAU (1991).

16 Wilfried BERGAU (1991), 25 (Hervorhebungen im Original).

17 Vgl. zur kulturellen Entwicklung Thomas ZIEHE (1996).

18 Bernhard DRESSLER (2007a), 120.

19 Vgl. Bernhard DRESSLER (2007a), 122–125. Bereits in den 1970er Jahren war in Hinblick auf eine wachsende Zahl an Kirchenaustritten vom „Traditionsabbruch" die Rede; vgl. Evangelisch-lutherische Kirche in Bayern (1978). Vom Traditionsabbruch wird auch mit Blick auf die Situation in der ehemaligen DDR gesprochen; vgl. Franz-Heinrich BEYER (1989).

20 Vgl. Bernhard DRESSLER (2003).

darf nach Dressler nicht nur in einer Außenperspektive dargestellt werden, sondern bedarf gerade einer Binnenperspektive, die im Unterricht „durch den inszenierten Wechsel zwischen probeweiser Teilnahme und Beobachtung der Teilnahme“[21] erreicht wird. Dieser Wechsel bedeutet, „Religion im Unterricht weder als ein Gesinnungsphänomen noch als eine Sammlung von textlich kodifizierten Lehren zu erschließen, sondern als eine bestimmte kulturelle Praxis“.[22] Eine „Religionsdidaktik nach dem Traditionsabbruch“ ist darum auf die Teilnahme an dieser kulturellen Praxis angewiesen.

Dies ist auch für das diakonische Lernen bedeutsam. Zwar wird im Zusammenhang mit dem diakonischen Lernen weniger vom „Traditionsabbruch“ gesprochen, doch finden sich auch hier in den Begründungszusammenhängen häufig soziologische Beobachtungen der Lernenden. Es wird offen in einem kulturkritischen Duktus von einer „Krise des Helfens“ gesprochen, die Kinder und Jugendlichen seien zu „Egotaktikern“ geworden.[23] Diese Sichtweise geht weit über das Konstatieren eines „Traditionsabbruchs“ hinaus und bedarf in mehrfacher Hinsicht der Kritik.[24] Im Zusammenhang mit der sog. Wertediskussion in der Schule ist gar von einer „Traditionskatastrophe“ die Rede.[25]

Die Rede vom „Traditionsabbruch“ konstatiert sozio-kulturell eine Veränderung und schlussfolgert daraus oben beschriebene didaktische Notwendigkeiten. Aus dem Traditionsabbruch jedoch eine „Krise des Helfens“ abzuleiten, ist empirisch nicht belegt,[26] so dass daraus auch keine didaktischen Prämissen abgeleitet werden können.[27]

Die Rede vom „Traditionsabbruch“ legt nahe, dass der Begriff negativ konnotiert ist. Dies liegt möglicherweise im Begriff „Traditions*abbruch*“ selbst begründet, da dieser andeutet, dass „Tradition“ erodiere. Abgesehen vom sehr unscharfen Begriff „Tradition“, Dressler betont auch die normativen Prämissen bei entsprechenden empirischen Untersuchungen,[28] ist der veränderte Umgang mit tradiertem Wissen bzw. überkommenen Verhal-

---

21 Bernhard DRESSLER (2012a), 9.

22 Bernhard DRESSLER (2012a), 9.

23 Vgl. Harry NOORMANN (2005), 21ff.

24 Vgl. zur kritischen Auseinandersetzung Kap. 0.1.

25 Vgl. Tobias KÜENZLEN (2011), 4.

26 Vgl. die Auseinandersetzung damit und die Belege in Kap. 0.

27 Vgl. die in der 16. Shell-Jugendstudie von 2010 dargestellten Wertorientierungen von Jugendlichen. Eine „Krise des Helfens“ ist darin nicht auszumachen, vielmehr orientieren sich Jugendliche auch daran, anderen zu helfen; vgl. Thomas GENSICKE (2010), 203.

28 Vgl. Bernhard DRESSLER (2003), 152 im Hinblick auf BERGAU (1987).

tensweisen soziologisch eher als Transformationsprozess zu verstehen.[29] Aus der Beobachtung, dass Kinder und Jugendliche das Christentum als Fremdreligion wahrnehmen, kann didaktisch keine Resignation folgen, sondern sie muss als „Lernchance“[30] verstanden werden. Resignation entsteht, wenn Traditionsabbruch und Wissensverlust beklagt werden und daraus eine religionspädagogische Kompensationsstrategie folgt. Der Mangel an religiöser Sozialisation kann durch religiöse Bildung nicht ausgeglichen werden. Religion wird – insofern die religiöse Sozialisation fehlt – in erster Linie als Bildungsreligion wahrgenommen, was wiederum Auswirkungen auf die christliche Religion selbst hat.[31]

Die sich ergebende Lernchance meint eine Didaktik, die Religion „in ihren *Vollzügen*, d. h. in ihren narrativen und liturgischen Gestalten“ *zeigt*.[32] Dies eröffnet auch Perspektiven für das diakonische Lernen. Wenn die Einsicht gilt, „dass die christliche Religion nicht *mitgeteilt* werden kann, ohne immer auch zugleich *dargestellt* zu werden“,[33] folgt daraus diakoniedidaktisch, dass diakonische Handlungsvollzüge didaktisch zu inszenieren sind. Diakonisches Lernen und Performative Religionsdidaktik haben ihren Überschneidungsbereich in der Performanz ihrer Unterrichtsgegenstände (Religion bzw. Diakonie), die durch Praxisprojekte[34] und die Darstellung im Religionsunterricht[35] didaktisch inszeniert werden. Der thematischen Weite Performativer Religionsdidaktik[36] steht die thematische Fokussierung diakonischen Lernens gegenüber, gleichwohl geht es bei beiden um die Darstellung von Religion als einer kulturellen Praxis.

---

29 Vgl. Mathias BURKERT/Dietmar STURZBECHER (2010) und Wilfried SCHUBERT (2010).

30 Vgl. Bernhard DRESSLER (2012b), 15. Martina Kumlehn regt an darüber nachzudenken, unter welchen Bedingungen Fremdheitserfahrungen Bildungsprozesse anregen oder gar behindern; vgl. Martina KUMLEHN (2010), 48.

31 Vgl. Bernhard DRESSLER (2012b), 16. Worin die Auswirkungen bestehen, kann nach Dressler noch nicht ausgemacht werden, jedoch erwartet er, dass die Traditionskritik weit weniger wichtig ist. „Mit einer traditions- und religionskritischen Haltung ist heute kein Gewinn an Unkonventionalität und Individualität mehr verbunden“ (16).

32 Bernhard DRESSLER (2003), 157.

33 Bernhard DRESSLER (2003), 157.

34 Vgl. dazu Kap. 0 und 5.1.

35 Vgl. dazu Kap. 0.

36 Vgl. Bernhard DRESSLER/Thomas KLIE (2008), 218 in Auseinandersetzung mit Christian GRETHLEIN (2005).

1.1.2 Aspekte einer Zeichendidaktik

Neben der Rede von einem Traditionsabbruch ist die Semiotik als weitere Voraussetzung Performativer Religionsdidaktik anzusehen. Im Folgenden werden daher religionsdidaktische Aspekte der Semiotik dargestellt, ebenso wie diakonisches Handeln semiotisch interpretiert wird.

Die Bedeutung der Semiotik für die Religionspädagogik haben insbesondere Michael Meyer-Blanck[37], Bernhard Dressler[38] und Thomas Klie[39] herausgestellt.[40]

Meyer-Blanck stellt in seiner Fundamentalkritik an der Symboldidaktik zunächst symboldidaktische Ansätze vor. Er geht dabei von Paul Ricœur[41] und Paul Tillich[42] aus, um anschließend die Entwürfe von Halbfas, Früchtel und Biehl[43] zu skizzieren. Die Kritik Meyer-Blancks an den symboldidaktischen Ansätzen lässt sich auf zwei zentrale Aussagen konzentrieren:

- Der Symbolbegriff selbst ist unklar. Mit Umberto Eco[44] schreibt er, dass die Definition des Begriffs „Symbol“ ein „reiner Ionesco“ sei.[45] Diese Unklarheit bezieht sich vornehmlich auf die Disparität zwischen den „primären“ und den „sekundären“ Symbolen, einer letztlich künstlichen Unterscheidung, die weder zum Verständnis des Begriffs „Symbol“ beiträgt, noch didaktisch relevant ist.
- Zudem stellt sich die Frage der ontologischen Dimension des Symbolbegriffs. Hierbei zeigen sich in den symboldidaktischen Entwürfen die größten Unterschiede. Während Peter Biehl betont, dass die Lebenserfahrungen der Lernenden und das gesellschaftliche Umfeld beim Symbolver-

---

37 Vgl. insbesondere das grundlegende Buch Michael MEYER-BLANCK (2002); ferner Bernhard DRESSLER/Michael MEYER-BLANCK (2003).

38 Vgl. Bernhard DRESSLER/Michael MEYER-BLANCK (2003).

39 Vgl. insbesondere die Habilitation von Thomas KLIE (2003b).

40 Vgl. als Überblick über die Diskussion auch Robert MAHLING (2010).

41 Ausgehend von Ricœurs Satz: „Le symbole donne à penser“ (Das Symbol gibt zu denken) kritisiert Meyer-Blanck, dass Ricœur – obwohl er zwischen Symbol und Zeichen differenziert – den Subjektcharakter der Zeichen ignoriert und stattdessen von einem ontologischen Symbolbegriff ausgeht. Vgl. Michael MEYER-BLANCK (2002), 20–22 sowie Paul RICŒUR (1960) und Paul RICŒUR (1993).

42 An Tillich kritisiert Meyer-Blanck die Überfrachtung des Symbolbegriffs, der unter Symbol nicht nur Gegenstände oder Sachverhalte (z. B. Kreuz, Brot, Weg) versteht, sondern auch das Göttliche selbst und insofern zwischen „primären“ und „sekundären“ Symbolen differenziert. Vgl. Michael MEYER-BLANCK (2002), 23–26 und Paul TILLICH (1964), 196–212.

43 Vgl. Michael MEYER-BLANCK (2002), 27–38. Vgl. zu den genannten Autoren insbesondere Peter BIEHL (1985); Ursula FRÜCHTEL (1991); Hubertus HALBFAS (2011).

44 Umberto ECO (1985).

45 Michael MEYER-BLANCK (2002), 37.

ständnis berücksichtigt werden müssen[46] und Ursula Früchtels Symbolverständis biblisch-hermeneutisch begründet ist,[47] geht Hubertus Halbfas von einem ontologisch begründeten Symbolbegriff aus. Auch wenn Symbole für Halbfas nicht definiert werden können,[48] so umschreibt er doch Symbole als geschichtsverhaftet und Ausdruck einer bestimmten – geschichtlich geprägten – Geisteshaltung, die eine „archetypische Struktur und eine kategoriale Bedeutung" aufweisen.[49]

Meyer-Blanck stellt in diesem Zusammenhang heraus, dass Symbole nicht dyadisch zu verstehen sind, sondern triadisch. Es geht ihm weniger um die dyadische Integration von Theologie und Sprachhermeneutik als vielmehr um die triadische Semiotik.[50] Symbole gibt es als Zeichen nur im Gebrauch, als ein Kommunikationsprozess zwischen dem Zeichen und dem Rezipienten. „Zeichen funktionieren, indem ihre Signifikanten durch einen Code durch bestimmte Signifikate interpretiert werden, welche ihrerseits im Prozess der Semiose weiter signifiziert werden."[51] In der semiotischen Literatur[52] haben sich die Begriffe „Signifikant", „Signifikat" und „Referent" durchgesetzt, um zu verdeutlichen, was unter einem „Zeichen" zu verstehen ist.

„Signifikant" meint die Formgestalt, mit der etwas bezeichnet wird. Dieses „etwas" wird als „Referent" bezeichnet. „Signifikat" meint schließlich den Gehalt bzw. die Bedeutung eines Zeichens.[53] So kann es zum Signifikant „Kreuz" bspw. unterschiedliche Signifikate und Referenten geben. Ob sich „Kreuz" auf einen konkreten Gegenstand (Referent), ein Bergkreuz oder auf das Kreuz, das man im Leben zu tragen hat, bezieht, entscheidet der Rezipient bzw. die Kommunikationsumgebung auf der Basis konventionalisierter Codes. Eine begriffliche Trennung von Signifikant, Signifikat und Referent ist nur dann möglich, wenn man sie als Funktionen innerhalb eines Signifikationsprozesses begreift.

---

46 Vgl. zum Symbolverständnis Biehls Peter BIEHL (1991), 46ff.

47 Vgl. Ursula FRÜCHTEL (1991).

48 Vgl. Hubertus HALBFAS (2011), 85.

49 Vgl. Hubertus HALBFAS (2011), 107.

50 Vgl. Michael MEYER-BLANCK (2002), 29.

51 Michael MEYER-BLANCK (2002), 94.

52 Zum Begriff der Semiotik vgl. Charles Sanders PEIRCE (1931–1935). Er definiert Semiotik als „the doctrine of the essential nature and fundamental varieties of possible semiosis" (1934, 5, 488). Solche Semiose ist als „action" oder „influence" der wechselseitigen Beziehungen von Signifikat, Signifikant und Referent zu verstehen, auch wenn Peirce von „sign", „object" und „interpretant" spricht (484).

53 Zum Überblick über verschiedene semiotische Ansätze und damit auch über die Begriffsbestimmung vgl. Michael MEYER-BLANCK (2002), 57–89. Einen guten Überblick über den Zeichenbegriff gibt auch Sabine BAYREUTHER (2010), 19–42.

Zeichen[54] sind nicht auf einzelne Lexeme festgelegt, auch ein ganzer Text, ein Bild, ein Buch oder ein Film können Zeichen sein. Eco beschreibt sogar die ganze Kultur als ein Zeichensystem, „bei dem das Signifikat eines Signifikanten wiederum zum Signifikanten eines weiteren Signifikats oder sogar zum Signifikanten des einen Signifikats wird".[55]

Meyer-Blanck betont, dass es didaktisch im Unterricht nicht nur um die bloße Darstellung von Signifikanten (Symbolen) gehen kann, sondern dass Codes aufgedeckt werden müssen, um Verständigung zu ermöglichen.[56] In einer semiotischen Didaktik geht es darum, den Gebrauch von Zeichen zu *studieren*, *probieren* und zu *kritisieren*.[57] Die Frage nach dem „Gebrauch von Zeichen" berührt theologisch und didaktisch Fragen nach Relevanz und Wahrheit. Nach Relevanz, weil die Behandlung im Religionsunterricht sich nach der Relevanz des Zeichens bemisst.[58] Die Frage nach der Wahrheit wird mit der Behandlung selbst gestellt, nicht jedoch vor ihrer Beantwortung festgelegt. In didaktischer Perspektive richtet die Semiotik das Augenmerk auf den Prozesscharakter religionsdidaktischer Performanzen. Klie stellt die „semiosische Verfaßtheit des Evangeliums" selbst heraus[59], aus der folgt: „Christliche Wahrheit selbst ist nicht semiotisierbar."[60]

Die Trias von „studieren-probieren-kritisieren" verdeutlicht den Prozesscharakter semiotischen Denkens. Zeichen sind keine statischen Entitäten, sondern sie stellen Funktionen dar und sind darum prozesshaft zu betrachten.

Klie legt in seiner Habilitationsschrift „Zeichen und Spiel" die praktisch-theologischen Rezeptionsmöglichkeiten der Semiotik dar.[61] Dabei bezieht er sich insbesondere auf Eco und dessen Rückgriff auf die Terminologie des Spiels.[62] Klie sieht eine „Strukturanalogie" zwischen Spiel und Semiose.[63] Während die Semiose als „systemische Voraussetzung für sinnhafte Spielaktivitäten" zu verstehen ist, bezeichnet er das Spielen als äußere Vollzugs-

---

54 Zum Verständnis des Begriffs Zeichen vgl. Umberto ECO (1977) und Umberto ECO (2002).

55 Umberto ECO (1977), 185f.

56 Vgl. Michael MEYER-BLANCK (2002), 124.

57 Vgl. Michael MEYER-BLANCK (2002), 125.

58 Zur Thematisierung der Passion Jesu ist die Kreuzigung relevanter als der Name des Hauptmanns unterm Kreuz; Luthers dreifaches *sola* bei der Reformation relevanter als der Geburtsort Bugenhagens.

59 Vgl. Thomas KLIE (2003b), 441.

60 Thomas KLIE (2003b), 169.

61 Vgl. Thomas KLIE (2003b), für die Liturgik vgl. 234ff.; Homiletik 288ff.; Poimenik 348ff. und Religionspädagogik 397ff.

62 Vgl. zum Spielbegriff bei KLIE (2003b), 20ff. Zur ethischen Implikation des Spielbegriffs vgl. die Habilitationsschrift von Oliver KLISS (2008).

63 Vgl. Thomas KLIE (2003b), 227.

form der Semiose.[64] Aus dieser Bezogenheit ergibt sich für ihn ein „semiosisches Spiel", das abduktiv verläuft. Die abduktiven Schlüsse, die sich in diesem Spiel ergeben, offenbaren eine kontingente Vielfalt von Immanenz und Transzendenz.[65]

Bei der Darstellung der Rezeption der Semiotik in der Religionspädagogik stellt Klie die zentralen Protagonisten dar,[66] um anschließend sein Konzept einer spieltheoretischen Zeichendidaktik zu entfalten.[67] Eine solche Zeichendidaktik weist nach Klie folgende Charakteristika auf:

- Religion als Praxis zu erschließen bedeutet zeichendidaktisch, kommunikatives Handeln als Zeichenprozess zu erschließen bzw. unterschiedliche Codes zu inszenieren.
- „Zeichendidaktik zielt auf die Ausbildung einer Zeichenkompetenz, die sich an und in religiösen Gebrauchskontexten als funktional zu erweisen hat"[68]. Damit verbunden ist auch die Auflösung der Unterscheidung von materialer und formaler Bildung, weil angesichts religiöser Gebrauchskontexte weder einen Stoffkanon noch eine methodische Determination sinnvoll angegeben werden kann.
- Das Rollenverständnis und die Rollenwahrnehmung der am Unterricht Beteiligten haben Zeichencharakter, der interpretiert werden muss „und dem dadurch Erschließungskraft zukommt"[69].

Daraus ergeben sich für Klie „Lernspiele", in denen sich Religion unterrichtlich über das kommunikative Handeln erschließen kann. In einem spieltheoretischen und zeichendidaktisch informierten Religionsunterricht findet eine Re-Inszenierung von Religion statt. Für alle Beteiligten soll zwingend deutlich werden: es handelt sich um ein „Spiel". Inszeniert werden soll keine authentische Religionspraxis, sondern es soll ein unterrichtliches Probehandeln stattfinden, ein unterrichtliches religiöses Experiment. Bei der Behandlung des Sujets „Vaterunser" im Religionsunterricht soll nicht das Vaterunser „gebetet" werden, sondern es soll quasi didaktisch eingeklammert probehalber gesprochen werden („Wenn Christen beten, dann beten sie so ...").

---

64 Ebd.

65 Verwiesen sei in diesem Zusammenhang auf die Rede von der „abduktiven Korrelation", die zu verstehen ist als die „Deutung individueller Religiosität mittels Hypothesen durch die situationsspezifische Anwendung der christlichen Tradition"; in: Stefan HEIL/Hans-Georg ZIEBERTZ (2003), 292; vgl. auch Hans-Georg ZIEBERTZ/Stefan HEIL/Andreas PROKOPF (2003).

66 Vgl. Thomas KLIE (2003b), 397–425.

67 Vgl. Thomas KLIE (2003b), 425–454.

68 Thomas KLIE (2003b), 425.

69 Ebd.

Auf diese Weise werden Performanz und Semiotizität des im Unterricht Dargestellten stark gemacht.[70] Die unterrichtliche Darstellung (Inszenierung, Aufführung)[71] ist als Zeichen zu verstehen, dem immer bestimmte Codes zugrunde liegen. Diese Codes (Lektürekonventionen) können in der unterrichtlichen Ingebrauchnahme befragt und hermeneutisch geklärt werden, ohne dass die Lernenden dabei die Glaubensvoraussetzungen, aus denen sich die religiösen Codes ergeben, teilen müssen. Unterrichtlich darstellbar ist das Zeichen, der Glaubensausdruck, nicht jedoch die dahinter stehende, nicht semiotisierbare Glaubenswahrheit. Mit Verweis auf die „semiosische Verfaßtheit des Evangeliums" schreibt Klie im Hinblick auf die Lernenden: „Die Lernenden können durch die Inszenierung religiöser Texte und Texturen je aktuell in Erfahrung bringen, unter welchen Umständen ihnen welche Erschließungskraft zukommt. Dieser didaktische Modus stellt in Rechnung, daß auch und gerade religiöse Rede erst im Akt der ergänzenden Rezeption Bedeutung erlangt und daß sich theologische Normen bestimmten Übereinkünften verdanken. ‚Richtige' Lesarten entstehen durch Deklaration bzw. Konsensbildung. Beide Funktionen können Lernende im Rahmen von Deutungsspielen experimentell nachvollziehen und nach den Regeln der Kunst unterrichtlich zum Ausdruck bringen."[72]

Aus dem dargestellten semiotischen Verständnis ergeben sich diakoniedidaktische Konsequenzen, die im Folgenden näher beleuchtet werden sollen. Der kritischen Reflexion von Zeichen geht deren Gebrauch voraus, woraus didaktisch die Performanz[73] des Zeichengebrauchs folgt.[74] Zu unterscheiden ist an dieser Stelle „zwischen dem *Glauben* als einem individuellen Gottvertrauen, der *Religion* als kultureller Praxis, durch die der Glaube überindividuell kommunikabel wird und der *Theologie* als der wissenschaftlichen Reflexion der Religionspraxis."[75] Im Religionsunterricht geht es darum, Religion zu erschließen und das meint in erster Linie Religion als eine kulturelle Praxis.

Die ästhetischen Diskurse der Praktischen Theologie aufnehmend, fordert

---

70 Vgl. Thomas KLIE (2003b), 429f.

71 Vgl. zur Inszenierung Kap. 0.

72 Thomas Klie (2003b), 441.

73 Zum Performanzbegriff vgl. Kap. 0.

74 Vgl. Bernhard Dressler: „Eine Didaktik, die die Performanz religiöser Praxis in den Blick nimmt, macht sich die Einsicht zu eigen, dass die christliche Religion nicht *mitgeteilt* werden kann, ohne immer auch zugleich *dargestellt* zu werden.", Bernhard DRESSLER (2003), 157.

75 Bernhard DRESSLER (2012b), 17.

Klie, die im Religionsunterricht darzustellende und didaktisch zu vermittelnde evangelische Religion als eine kulturelle Praxis zu verstehen. Die semiotische Sichtweise rückt demnach den Religionsbegriff selbst in den Vordergrund. Evangelische Religion als Zeichen, als kulturell, gesellschaftlich und kirchlich vermittelte Praxis des Evangeliums, führt im Religionsunterricht zwangsläufig dazu, die Zeichengehalte und Zeichengestalte zu vermitteln. *Eine* Praxis des Evangeliums ist das diakonische Handeln. Diakonisches Handeln ist eine solche Praxis, *insofern* es sich auf das alt- und neutestamentlich begründete Liebeshandeln bezieht.[76] Nur in dieser Bezogenheit ist diakonisches Handeln als *religiöses* Handeln interpretierbar. Der Zeichencharakter diakonischen Handelns ergibt sich also gerade aus dieser Bezogenheit von Praxishandeln und biblischer Fundamentierung.

In den meisten Abhandlungen zum diakonischen Lernen kommt dieser Zusammenhang zu kurz. Diakonisches Lernen ist dann nicht auf eine Praxis des Evangeliums bezogen, sondern auf eine Institution oder auf allgemein soziales Verhalten.[77]

Diakonisches Handeln als Praxis des Evangeliums[78] heißt didaktisch, diese Praxis des Evangeliums auch darzustellen. Dies kann nicht gelingen, wenn diakonisches Lernen auf soziales Lernen reduziert wird. Nach Klie kommt es „auf das Spiel konnotativer Verknüpfungen und auf bewußte Veränderungen der Signifikat-Signifikant-Relation“ an.[79] Diakonisches Lernen erschließt den Lernenden diakonisches Handeln als eine Form religiöser Praxis, insofern sie an den diakonischen Handlungen teilhaben und sich wiederum davon distanzieren können, indem sie sie ausüben und reflektieren. Diakonisches Handeln ist insofern als pragmatische Folge von Signifikanten (semiotischer Text) zu verstehen, die in der Regel auf biblische Grundtexte verweist. Eine solche pragmatische Folge von Signifikanten wird im Religionsunterricht erst dadurch verstehbar, dass sie in ihrem Gebrauch erfasst, gedeutet und reflek-

---

76 Vgl. zur biblischen Begründung Kap. 0.

77 Vgl. hierbei besonders die Beiträge im „Handbuch des diakonisch-sozialen Lernens“, Gottfried ADAM/Helmut HANISCH/Heinz SCHMIDT/Renate ZITT (2006). Darin besonders den Beitrag von Markus WILD, der den didaktischen Prozess bestimmt sieht durch vier wesentliche Aspekte: Soziales Lernen (soziales Verhalten in der Lerngruppe), Diakonie kennen lernen (Unterrichtseinheit zu Diakonie), Diakonie entdecken (diakonische Inhalte in anderen Fächern) und die diakonische Praxis (z. B. Praxisprojekte); vgl. Markus WILD (2006). Die diakonische Perspektive bleibt dabei jedoch unklar. Die Lernzielformulierung „Diakonie kennen lernen“ deutet an, dass die Lernenden bei Wild Diakonie tatsächlich nur „kennen lernen“ sollen, in der stillschweigenden Hoffnung, dass daraus auch diakonisches Handeln resultiert.

78 Im Leitbild der Diakonie heißt es bspw.: „Wir orientieren unser Handeln an der Bibel“ und „Wir sind Kirche“, Kirchenamt der EKD (1998), 76.

79 Thomas KLIE (2003b), 434.

tiert wird. „Die Produktion von Lesarten zielt … auf eine Semiotisierung ihrer Gebrauchszusammenhänge."[80]

Didaktisch folgt daraus, die Gebrauchszusammenhänge diakonischen Handelns unterrichtlich zu entschlüsseln. Dabei ist die semiotisch bedingte perspektivische Lesart der diakonischen Handlung zu berücksichtigen. Jede Lesart greift auf bereits vorhandene Codes zurück und ist darum durch diese Codes bestimmt. Damit hängt zusammen, dass die Deutung einer Handlung als diakonische Handlung von den individuellen Codes abhängt, weil die Relation von Referent-Signifikant-Signifikat kontingent ist. Ob sich nämlich eine Handlung als diakonische Handlung erweist (und dann didaktisch decodiert werden kann), ergibt sich nur bedingt aus der Handlung selbst. Indem Lernende bspw. alte Menschen in ihrem Praktikum in einem Pflegeheim versorgen, ist dies nicht zwangsläufig eine diakonische Handlung. Auch die Versorgung durch die dort angestellten Pflegekräfte ist nicht in erster Linie diakonisch. Die Lernenden erfüllen ihre Praktikumsverpflichtung, die Pflegekräfte ihren Arbeitsvertrag. Insofern ist ihr Handeln institutionalisiert. Dieses helfende Handeln kann z. B. mit Verweis auf Lk 10,25–37 aber auch diakonisch interpretiert werden, doch ist dies nur *eine* mögliche Lesart. Referent, Signifikant und Signifikat[81] stehen demnach in einem Wechselverhältnis, das entschlüsselt werden muss, um Ästhetik und Ethik des Handlungsvollzugs unterrichtlich klären zu können.

Indem diakonisches Handeln als Zeichen betrachtet wird, kann didaktisch mit Meyer-Blanck der Zeichengebrauch studiert, probiert und kritisiert werden.[82] Da es nicht „die Sache" an sich gibt, sondern diese nur im Modus kulturell vermittelter Deutungen gegeben ist, kann es auch den Gegenstand diakonischen Handelns nur als Kommunikation geben. In dieser Kommunikation fließen Studium, Probehandeln und Kritik ineinander. Indem im Unterricht unterschiedliche Formen diakonischen Handelns dargestellt und biblische Perspektiven aufgezeigt werden (Studium), legt die narrative Grundstruktur ein Probehandeln nahe, etwa durch Rollenspiele oder gestische Inszenierungen. Ein solches Probehandeln ist nicht selbst evident, sondern bedarf der Deutung, um herausfinden zu können, inwiefern das Dargestellte *als diakonische Handlung* zu verstehen ist. In einem solchen Szenario gibt es keinen materialen Stoffkanon, kein objektives Kriterium, an dem sich

---

80 Thomas KLIE (2003b), 433.

81 In Abhängigkeit vom zu betrachtenden Phänomen kann überhaupt erst benannt werden, wer oder was Referent, Signifikat und Signifikant ist.

82 Vgl. Michael MEYER-BLANCK (2002), 125.

eine Handlung als diakonisch erweist. Mit seiner „didaktischen Subjekt-Objekt-Dialektik“ und seiner Betonung, dass sich der Inhalt des Unterrichts nur im Prozess erschließt,[83] schafft Lothar Klingberg eine grundlegende didaktische Voraussetzung für das diakonische Lernen. Was ist der Stoff, dessen Inhalt im Unterrichtsprozess geschaffen wird? Definiert man als den „Stoff“ die (helfende) Handlung (jenseits des Unterrichts), folgt daraus didaktisch, dass die Handlung auch unterrichtlich dargestellt wird.[84] Versteht man als „Stoff“ hingegen die der Handlung vorausliegende (christliche) Motivation für die Hilfe, wird das Wechselspiel von Probehandlung und theoretischer Reflexion entscheidend. Diese Gewichtung verlagert sich noch einmal, wenn unter dem „Stoff“ die Geschichte der Diakonie und biblisch-theologische Grundlagen verstanden werden. Diakonisches Lernen bezieht sich also auf diakonisches Handeln als Handlungsvollzug, Handlungsnorm und auf die biblischen und historischen Grundlagen.[85]

Semiotisch gesehen lassen sich darum weder diakonisches Handeln noch diakonisches Lernen definieren, ohne Festschreibung eines bestimmten Signifikat-Signifikant-Referent-Verhältnisses. In semiotischer Perspektive bedarf es darum immer der Kommunikation über den jeweils zugrundegelegten Code. Die unterschiedlichen biblischen Perspektiven (Erinnerung an das Heilshandeln Gottes, Eschatologie, Fürsorge für Schwache und Nachfolge Jesu)[86] und die verschiedenen Lerndimensionen (Erinnerung, Verheißung, Verantwortung, Deixis und Mimesis)[87] drücken ein multikausales und multimodales Verständnis aus, das einer semiotischen Sichtweise entspricht. Religiöses Lernen zielt nicht auf Eindeutigkeit, „sondern auf das Verstehen von und den Umgang mit Mehrdeutigkeiten“.[88] Indem also diakonisches Lernen als religiöses Lernen verstanden wird, zielt auch dies nicht auf Eindeutigkeit, sondern auf Mehrdeutigkeiten. Die jeweilige unterrichtliche Inszenierung verweist auf einen Bedeutungszusammenhang, legt mögliche Lesarten nahe, ohne diese letztlich verifizieren oder falsifizieren zu können.

Ein semiotisch verstandenes diakonisches Lernen schafft durch die unterrichtlichen Inszenierungen Lesartenproduktionen, durch die die Lernenden Handlungen als diakonisch beurteilen können; sie werden dazu befähigt, selbst so handeln zu können, dass andere ihre Handlung als diakonisch

83 Vgl. Lothar KLINGBERG (1995), 104.
84 Dann ist die Unterscheidung von diakonischem und sozialem Lernen aber auch aufgehoben.
85 Vgl. Kap. 1.2.
86 Vgl. Kap. 2.2.4.
87 Vgl. Kap. 2.2.5.
88 Bernhard DRESSLER (2012a), 7.

wahrnehmen. Beides weist deutlich über die Unterrichtsprozesse hinaus und ist didaktisch nicht operationalisierbar.

1.1.3 Die Diskussion um die Performative Religionsdidaktik

„Religion zum Sprechen bringen ist mehr als Reden über Religion. Ohne konkrete Wahrnehmungen von Religion, die Bewegung in ihren Räumen und den leiblichen Kontakt mit ihren Formen, ist religiöses Lernen nicht darstellbar. Religion ist immer konkret erfahrene und gelebte Religion. Solche gelebte Religion kann über Erfahrungen und Handlungen gelernt und gelehrt werden, wenn sie in ihren Erscheinungen und Verdunkelungen vernommen und leibräumlich gestaltet wird. Dies ist der didaktische Ort der Performativen Religionspädagogik.“[89]

Mit diesen Worten beginnen Silke Leonhard und Thomas Klie die Einleitung in ihren Sammelband „Schauplatz Religion“, der eine wichtige Programmschrift für die Performative Religionsdidaktik darstellt.[90] In dem Zitat kommen bereits wesentliche Aspekte Performativer Religionsdidaktik zum Ausdruck, so die Erkenntnis, dass Religion nur als „gelebte Religion“, als eine Form kultureller Praxis im Unterricht dargestellt werden kann.[91] Wie ein Notenblatt keine Musik ist, ist auch ein Arbeitsblatt mit der Beispielgeschichte vom barmherzigen Samariter (Lk 10,25–37) keine religiöse Ausdrucksform. Da Religion „immer konkret erfahrene und gelebte Religion“ ist, folgt daraus didaktisch, diese *erfahrene* und *gelebte Religion* zu lehren und zu lernen. Bezogen auf Lk 10,25–37 bedeutet die Darstellung der kulturellen Praxis, der gelebten Religion im Unterricht, dass die Lernenden sich weniger mit exegetischen und religionskundlichen Fragen (Wer ist ein Samariter? Wie ist der Weg zwischen Jerusalem nach Jericho?) befassen, sondern stärker die religiöse Handlung, d. h. in diesem Fall die tätige Hilfe, betrachten und darstellen. Die These der vorliegenden Arbeit ist, dass diakonisches Lernen durch die Performative Religionsdidaktik eine didaktische Vertiefung erfährt, die darin besteht, dass diakonisches Handeln als eine Form kultureller Praxis dargestellt wird und damit die diakonische Handlung als religiöse Ausdrucksform verstanden werden kann. Diakonisches Handeln ist darum eine Performanz von Religion.

---

89 Silke LEONHARD/Thomas KLIE (2003b), 7. Vgl. zum leiblichen Aspekt insbesondere Silke LEONHARD (2006).

90 Vgl. Silke LEONHARD/Thomas KLIE (2003a) und die darin enthaltenen Beiträge.

91 Vgl. auch Bernhard DRESSLER (2003), 157.

Zum besseren Verständnis dessen ist darum zunächst der Begriff der Performanz zu präzisieren. Die Begriffe *Performanz*, *Performance* und *Performativität* werden in der Diskussion um die Performative Religionsdidaktik sehr vielschichtig benutzt.[92] Der Rückgriff auf die Sprechakttheorie von John Austin, den insbesondere Michael Domsgen und Hanna Roose kritisiert haben,[93] wird auch von Klie und Dressler nur insofern herangezogen, als dadurch die Unterscheidung von konstativen und performativen Sätzen in der Hinsicht wichtig ist, „dass sich Aussagen auf der Ebene von Sachverhaltsbehauptungen oder -vermutungen kategorial unterscheiden von Sprechakten im Sinne des *credo*: Ich glaube bzw. vertraue *jemandem* oder einer nicht tatsachenförmig zu verstehenden Aussage".[94] Damit ist auch die Unterscheidung von Hanna Roose zwischen Performativität und Performance[95] eine Engführung der Sprechakttheorie von Austin[96] und übersieht die Diskussion um die Performative Didaktik in der allgemeinen Erziehungswissenschaft.[97] Zudem ist diesen Begriffen gemeinsam, „dass sie sich weniger um Tiefer- bzw. Dahinterliegendes als um das phänomenale Geschehen, weniger um die Struktur und die Funktionen, als um den Prozess, weniger um den Text oder Symbol als eben um die Herstellung von Wirklichkeit bemühen."[98] Die begriffliche Unterscheidung von Performanz, Performance und Performativität[99] spielt darum bei der Frage nach der Bedeutung des Performativen eine untergeordnete Rolle.[100] „Die Begriffe ‚performativ', ‚performance' und der diese Zusammenhänge übergreifend thematisierende Begriff ‚Performativität' verdeutlichen die Bedeutung der Form und der ästhetischen Dimension für das Gelingen sozialer Arrangements."[101] Form und ästhetische Dimension verdeutlichen die Bedeutung von Aufführungen und Ritualen,

---

92 Vgl. als Überblick Bernhard DRESSLER/Thomas KLIE (2008), sowie Silke LEONHARD/Thomas KLIE (2012), 94ff.

93 Vgl. z. B. Michael DOMSGEN (2005) und Hanna ROOSE (2006).

94 Bernhard DRESSLER (2012b), 29 (Hervorhebungen im Original). Dressler macht auch darauf aufmerksam, dass die Unterscheidung zwischen performativen und konstativen Äußerungen nicht immer klar ist, so dass dem jeweiligen Gebrauchszusammenhang eine klärende Rolle zukommen kann.

95 Vgl. Hanna ROOSE (2006).

96 Vgl. hierzu die Argumentation von Klie und Dressler in Thomas KLIE/Bernhard DRESSLER (2008), 226f.

97 Vgl. insbesondere die Beiträge in Christoph WULF/Jörg ZIRFAS (2007a).

98 Christoph WULF/Jörg ZIRFAS (2007b), 10.

99 Vgl. zu den Begriffen die Beiträge in Uwe WIRTH (2002a), insbesondere Uwe WIRTH (2002b).

100 Vgl. zur Entwicklung des Begriffs Christoph WULF/Jörg ZIRFAS (2007b), 10–16. Zilleßen stellt die Begriffe Performance und Performativität dar und betont die Bedeutung der Subjektivität für die Performative Religionsdidaktik; vgl. Dietrich ZILLEßEN (2008), 32–36.

101 Christoph WULF/Jörg ZIRFAS (2007b), 16.

die sich in einem wechselseitigen Spiel von Akteuren und Zuschauern zeigen. Menschen bringen, indem sie etwas zur Aufführung bringen, „gemeinsam, gestisch, sprachlich, körperlich, mimetisch Wirklichkeiten hervor".[102] Performativität meint damit eine Konkretisierung, die auf das singuläre Ereignis gerichtet ist, auf die konkreten Ausdrucks- und Wahrnehmungsprozesse. „In performativen Konstellationen wird die Fokussierung auf die Zeichenprozesse abgelöst durch die Fokussierung auf die konkrete Materialität von räumlichen, zeitlichen Bedingungen und Gegenständen".[103] Mit dem Begriff des Performativen ist nicht etwas Vorgegebenes gemeint, sondern etwas, das erst entsteht, indem es getan wird. „Ein performativer Akt ist ausschließlich als ein verkörperter zu denken."[104] Dies verweist wiederum auf Austins Sprechakttheorie, wonach performative Sätze selbstreferenziell und wirklichkeitskonstruierend sind. Mit der hier zugrunde gelegten weiteren Bestimmung des Performativen auch auf performative Handlungen sind auch diese selbstreferenziell und wirklichkeitskonstruierend. Sie sind selbstreferenziell, weil sie sich auf sich selbst beziehen und nicht etwas schon Vorgegebenes ausdrücken, und sie sind wirklichkeitskonstruierend, weil sie durch den Vollzug der Handlung Wirklichkeit herstellen.[105] Erika Fischer-Lichte beschreibt vier Eigenschaften des Performativen, diese bestehen in der Unvorhersehbarkeit (dem Verhältnis also von Planung und Emergenz)[106], der Ambivalenz (das Aktive und Passive, das Tun und Erleiden)[107], der Wahrnehmung performativer Prozesse sowie der Wahrnehmung als performativer Prozess[108] und der transformativen Kraft des Performativen.[109] Zudem zeigt Fischer-Lichte die Performativität von Texten, Bildern und Dingen,[110] was für das Verständnis diakonischen Handelns und Lernens besonders hilfreich ist.[111]

Rudolf Englert hat in seiner „Zwischenbilanz" zum Performativen Religionsunterricht evangelische und katholische „Varianten" gegenüberge-

---

[102] Christoph WULF/Jörg ZIRFAS (2007b), 17.

[103] Christoph WULF/Jörg ZIRFAS (2007b), 17f. Da Zeichenprozesse auch materialen Charakter haben können, ist hier aber weniger von einer „Ablösung" der Fokussierung auf die Zeichenprozesse als vielmehr von einer Konkretisierung auf die Materialität zu sprechen.

[104] Vgl. Erika FISCHER-LICHTE (2012), 44.

[105] Vgl. Erika FISCHER-LICHTE (2012), 40f. mit Verweis auf Judith BUTLER (1990).

[106] Vgl. Erika FISCHER-LICHTE (2012), 76–85.

[107] Vgl. Erika FISCHER-LICHTE (2012), 87–99.

[108] Vgl. Erika FISCHER-LICHTE (2012), 101–112.

[109] Vgl. Erika FISCHER-LICHTE (2012), 113–129.

[110] Vgl. Erika FISCHER-LICHTE (2012), 133–178.

[111] Vgl. Kap. 0.

stellt.[112] Auf katholischer Seite macht er dabei eine „Kompensationsstrategie“ aus, nach der der Performative Religionsunterricht dazu beitragen soll, die Distanz gegenüber Kirche und kirchlicher Tradition zu reduzieren.[113] Dabei bezieht er sich insbesondere auf Eckhard Nordhofen und Mirjam Schambeck und den von beiden favorisierten Begriff der „Mystagogie“.[114] Beim mystagogischen Lernen geht es um die Sichtbarmachung der Gotteserfahrungen der Lernenden, die sich im Alltag zeigen. Die Gotteserfahrung steht damit im Zentrum des Religionsunterrichts, insbesondere dann, „wenn das Vorfindliche nicht mehr alles sein kann“.[115]

Davon zu unterscheiden ist der Ansatz des katholischen Religionspädagogen Hans Mendl,[116] dem es vornehmlich darum geht, dass religiöse Praxis unmittelbar im Unterricht vorkommt, diese dort vor- und nachbereitet wird.[117] Bei den Lernenden kommt es zu einer „subjektiven Bedeutungszuweisung“.[118] Dabei differenziert Mendl den Erfahrungsbegriff und schlussfolgert didaktisch, dass sich dieser unterscheidet in der „Begegnung mit einer fremden Erfahrung“, dem „Prozess der Begegnung mit dieser fremden Erfahrung“ und dem „Ergebnis dieses Prozesses der Erfahrungsbildung“.[119] „Ein performativer Religionsunterricht bezieht sich auf alle drei Perspektiven: Auf der Sachebene geht es um eine erfahrungsgesättigte Präsentation, auf der Subjektseite wird es das Ziel sein, gerade den selbstverantwortlichen und eigenaktiven Umgang mit fremden Erfahrungen zu schulen. Dieser muss auch reflexive Elemente enthalten, um sich über die Bildung und mögliche Umbildung seiner Erfahrungskonstrukte klar zu werden.“[120] Das „performative Erleben“ wird nach Mendl kognitiv-reflexiv gerahmt und erst dadurch wird aus dem Erleben Erfahrung.[121]

Trotz ihrer Unterschiedlichkeit geht es bei den katholischen Ansätzen nicht nur um eine „Kompensationsstrategie“, sondern auch um eine „Über-

112 Vgl. Rudolf ENGLERT (2008), 4–10.
113 Vgl. Rudolf ENGLERT (2008), 6.
114 Vgl. Eckhard NORDHOFEN (2007), Mirjam SCHAMBECK (2006) und Sekretariat der Dt. Bischofskonferenz (2005).
115 Mirjam SCHAMBECK (2006), 328.
116 Vgl. Hans MENDL (2008). Vgl. auch zur Darstellung des Ansatzes von Mendl Martina KUMLEHN (2010), 39–41.
117 Vgl. hierzu auch den Ansatz des Compassion-Projekts; vgl. Kap. 0.
118 Vgl. Hans MENDL (2008), 67f.
119 Hans MENDL (2012), 22.
120 Hans MENDL (2012), 22. Martina Kumlehn kritisiert, dass die von Mendl dargestellte Grundformel der Reflexion „Was macht das mit mir?“ einem therapeutischen Sprachgestus gleicht, der, „auf Dauer gestellt, zur Leerformel werden kann.“; Martina KUMLEHN (2010), 41.
121 Vgl. Hans MENDL (2012), 23f.

wältigungsstrategie". In den katholischen Konzepten wird nämlich der Probecharakter, der für alle Unterrichtsfächer in Anschlag zu bringen ist, aufgehoben.[122] Die Erfahrungen und das Erleben der Lernenden werden zum zentralen Unterrichtsgegenstand. Es ist zu bezweifeln, ob die kritische Reflexion, wie gerade Mendl sie fordert, unterrichtlich geleistet werden kann, wenn Gegenstand der Reflexion die subjektive Erfahrung der Lernenden ist. Die Lernenden werden „überwältigt", weil sie selbst zum Unterrichtsgegenstand geworden sind.

Demgegenüber macht Englert in evangelischer Perspektive[123] eine Transformationsstrategie aus.[124] Der Mangel an religiöser Sozialisation der Lernenden soll im Religionsunterricht demnach nicht nachgeholt bzw. kompensiert werden. „Vielmehr sollen die Schüler/innen die ihnen zugespielten Ausdrucksmöglichkeiten religiösen Lebens in das eigene Relevanzsystem und Ausdrucksverhalten übersetzen, auf diese Weise transformieren und probeweise in Gebrauch nehmen."[125] Eine solche „Transformationsstrategie" orientiert sich nicht nur an den Bedürfnissen der Lernenden, die hier nicht als defizitär wahrgenommen werden, sondern ist auch bildungstheoretisch geboten. „Aus bildungs- und lerntheoretischen Gründen, aber auch aus theologischen Gründen hat nämlich die Frage Vorrang, in welchem Modus religiöse Geltungs- und Wahrheitsansprüche im Verhältnis zu den Geltungs- und Wahrheitsansprüchen der in den anderen schulischen Fächern repräsentierten Weltmodellierungen jeweils begegnen."[126] Indem die Lernenden sich Religion als *einen* Modus der Weltbegegnung probeweise erschließen, erfahren sie, dass Gott „im Modus des credo" kein Verfügungsobjekt ist und sich nicht durch die Summe religiösen Wissens erschließt.[127]

Die von Thomas Klie und Silke Leonhard herausgegebenen Bände „Schauplatz Religion"[128] und „Performative Religionsdidaktik"[129] geben einen Überblick über den aktuellen Diskussionsstand zur Performativen Religionsdidaktik. Als Ausgangsthese formulieren die Herausgeber: „Um Religion zu lernen und lernen zu geben, muss man auf das schauen, was sich religiös

122 Vgl. Bernhard DRESSLER (2012a), 9.

123 Vgl. hierzu insbesondere die Perspektiven von Thomas KLIE (2006, 2007, 2008) und Bernhard DRESSLER (2003, 2007b), sowie Thomas KLIE/Bernhard DRESSLER (2008) und Bernhard DRESSLER/Thomas KLIE (2008).

124 Vgl. Rudolf ENGLERT (2008), 8.

125 Rudolf ENGLERT (2008), 8.

126 Bernhard DRESSLER (2012a), 7.

127 Vgl. Bernhard DRESSLER (2012a), 8 und die Unterscheidung von *puto* und *credo*.

128 Silke LEONHARD/Thomas KLIE (2003a).

129 Thomas KLIE/Silke LEONHARD (2008).

äußert. Oder in der Sprache der Kulturwissenschaft: Man muss auf das schauen, was sich performiert, in Erscheinung tritt, sich zeigt."[130] Da sich Religion ja nur als Religions*praxis* zeigt,[131] kann religionsdidaktisch nur das dargestellt werden, was sich religionspraktisch zeigt. Es geht hier aber – im Unterschied zu Mendl – um eine *probeweise* Teilhabe. „Im Religionsunterricht wird zu einem Weltbetrachtungsexperiment eingeladen. Es geht darum, sich selbst und die Welt – und damit auch die Wissensbestände und Geltungsansprüche der anderen Schulfächer – probeweise unter die Hypothese zu stellen: *etsi deus daretur*, als ob es Gott gäbe."[132] Dem Begriff der Inszenierung kommt hierfür eine besondere Bedeutung zu, geht es doch in diesem Ansatz um die Inszenierung von Religion, d. h. um deren Darstellung und Reflexion.[133] Eine diakoniedidaktische Inszenierung berücksichtigt in diesem Sinne die Inszenierung diakonischen *Handelns* als Handlungsvollzug und Handlungsnorm ebenso wie die biblischen und theologischen Grundlagen. Didaktisch muss dabei „die Stimmigkeit von Inhalt, Form, Stil, Lernort und beteiligten Personen"[134] gewahrt bleiben. Gelingen kann dies durch ein permanentes Ineinander von performativen und reflexiven Phasen. Ein performativ verstandenes diakonisches Lernen inszeniert diakonisches Handeln. Die Lernenden erschließen sich diakonisches Handeln performativ und setzen so Realität (diakonisches Handeln als Form kultureller Praxis) und Proberealität (unterrichtliche Inszenierung diakonischen Handelns) miteinander in Beziehung. Da mit pädagogischer Performativität weniger die Deutung der Handlung, als vielmehr deren Darstellung gemeint ist,[135] folgt die didaktische Notwendigkeit der Reflexion. „Die didaktische Inszenierung von probeweisen Aufenthalten in den Zeichen- und Sprachräumen der christlichen Religion soll Spielräume eröffnen, in denen sich Deutungskompetenz [und Handlungskompetenz, J. K.] entwickeln kann."[136] Dies kann unterrichtlich und außerunterrichtlich geschehen.

Unter der außerunterrichtlichen Inszenierung diakonischen Lernens werden zumeist diakonische Praxisprojekte verstanden, die in der Schule vor-

---

130 Silke LEONHARD/Thomas KLIE (2008), 11.

131 Vgl. Silke LEONHARD/Thomas KLIE (2008), 13; vgl. auch Bernhard DRESSLER (2003), 153.

132 Bernhard DRESSLER/Thomas KLIE (2008), 221. In seinem polemischen Aufsatz „Reli auf der Show-Bühne" verkennt Godwin Lämmermann gerade den Aspekt des Probehandelns, vgl. Godwin LÄMMERMANN (2008), 108.

133 Vgl. zum Begriff der Inszenierung Kap. 0.

134 Martina KUMLEHN (2010), 48.

135 Thomas Klie redet gar von der evangelischen Religion als „Inszenierungsreligion"; vgl. Thomas KLIE (2006), 106.

136 Bernhard DRESSLER/Thomas KLIE (2008), 221. Vgl. auch Martina KUMLEHN (2012a), 39.

und nachbereitet werden (müssen).[137] Allerdings besteht die Gefahr, dass der probeweise Charakter dieser außerunterrichtlichen Inszenierung verlorengeht. Nicht die Realität wird probeweise inszeniert, sondern es besteht ein inszenierter Aufenthalt in je unterschiedlichen, nicht-inszenierten Realitäten.[138] Der probeweise Charakter des Lernprozesses ist umso mehr fraglich, je weniger dieser von den Lehrkräften begleitet wird. Darum wird in dieser Arbeit nicht nur eine Modifikation des diakonischen Lernens vorgeschlagen, sondern auch des lerntheoretischen Hintergrunds für diakonische Praxisprojekte. Es wird dargestellt, dass es in diakonischen Praxisprojekten zu einer permanenten Durchdringung von Impuls, Mimesis und Reflexion (als vorlaufende, mitlaufende und nachlaufende) kommt und dass sich die Performanz diakonischer Praxisprojekte auf Verhältnis-Raum, Wort-Raum, Leib-Raum und Zeit-Raum bezieht und dass Impuls, Mimesis und Reflexion auch hierauf bezogen werden müssen.[139] Damit steht auch der performative Charakter diakonischer Praxisprojekte selbst zur Disposition. Ein *„performing with limited competence“* ist nicht per se performativ in dem oben beschriebenen Sinn, da zum einen der probeweise Charakter nicht gewährleistet werden kann und zum anderen, weil diakonisches Handeln damit als ein institutionelles Handeln dargestellt wird und nicht als kulturelle Praxis. Performativ sind diakonische Praxisprojekte, wenn die Lernenden hineingenommen werden in das diakonische Handeln als einer Form kultureller Praxis, das sich unterscheidet vom institutionellen Handeln. Ein diakonisches Praktikum wird nicht durch den Praktikumsort selbst diakonisch, sondern durch die Lernerfahrung, die an diesem Ort ermöglicht wird.

Darüber hinaus kann diakonisches Lernen auch im Religionsunterricht und in der Schule inszeniert werden. Indem nämlich diakonisches Handeln nicht institutionalisiert, sondern individualisiert wird, wird der Lernprozess selbst stärker in den Blick genommen. Diakonische Lernprozesse können sich überall ereignen. Der probeweise Charakter dieser Prozesse wird umso deutlicher, je stärker diese in den schulischen Rahmen eingebunden sind. Dies eröffnet den Lernenden einen Schutzraum, der auch für andere Lernprozesse in Anschlag gebracht werden kann. Indem also diakonisches Handeln unterrichtlich inszeniert wird, erhält es für die Lernenden einen probeweisen Charakter. Gleichwohl besteht die Gefahr, dass die Lernenden die

[137] Vgl. zu den Praxisprojekten Kap. 0 und 0.

[138] Vgl. Kap. 5.1.4.

[139] Vgl. Kap. 5.1.2 und insbesondere 5.1.3.

dahinterliegende kulturelle Praxis diakonischen Handelns aus dem Blick verlieren.

Wie eine Verbindung von Probehandeln und diakonischem Handeln gelingen kann, sei exemplarisch an dem Unterrichtsvorschlag von Jeannette Eickmann vorgeführt.[140] Anhand der Geschichte von der Heilung der gekrümmten Frau (Lk 13,10–13) und des Holzschnitts „Die gekrümmte Frau“ von Sigmunda May führt sie vor Augen, wie eine beobachtende Teilnahme und eine teilnehmende Beobachtung unterrichtlich möglich sind.[141] In dem geschützten Raum Religionsunterricht spielen die Lernenden die beteiligten Personen nach (erst die gekrümmte Frau, dann die Menschenmenge und schließlich Christus), geben den Gefühlen dieser Personen Ausdruck, entwickeln Handlungsmöglichkeiten und stellen in einem Rollenspiel die Heilungsszene dar. In einem abschließenden Gespräch geht es um die Fragen „Für wen ist diese Geschichte eine wichtige Geschichte? Was zeigt sie denjenigen, die in unserem eigenen Umfeld ausgegrenzt werden?“[142]

Der performative Charakter dieses Unterrichtsbeispiels zeigt sich daran, dass eine Beziehung von biblischer Geschichte zur Lebenswelt der Lernenden hergestellt wird[143] und dass mithilfe von Gesten die „leibliche Wahrnehmung des Anderen“ didaktisch inszeniert wird.[144]

Gleichzeitig wird deutlich, wie die neutestamentlichen Wundergeschichten auch für diakonische Lernprozesse bedeutsam sind, geht es doch in diesem Beispiel nicht nur um die Heilung selbst, sondern auch um die Ausgrenzung und Zuwendung. Jesus wendet sich der gekrümmten Frau zu, während sich die Menschenmenge von ihr abwendet. Hierin liegt die eigentliche diakonische Handlung und den Lernenden wird genau diese auch vor Augen geführt. Sie vollziehen nach, was Ausgrenzung bewirkt und welche Perspektiven sich aus der Zuwendung ergeben. Durch den Übertrag in die Lebenswelt der Lernenden („Für wen ist diese Geschichte eine wichtige Geschichte? Was zeigt sie denjenigen, die in unserem eigenen Umfeld ausgegrenzt werden?“) zeigt sich deren diakonischer Handlungsspielraum. Anhand dieses

---

140 Vgl. Jeannette EICKMANN (2008).

141 Vgl. Jeannette EICKMANN (2008), 191.

142 Jeannette EICKMANN (2008), 190.

143 „Die in Lk 13,10–13 geschilderte Episode der gekrümmten Frau ist den Schülerinnen und Schülern aus vielfältigen Lebensbezügen bekannt. Heutige Jugendliche leben in einer Gesellschaft, die Anderssein im Sinne von u. a. Krank- und Schwachsein weitgehend ausgrenzt und vor allem über die Werbung und andere Medien ein Menschenbild vermittelt bekommt, das Gesundheit, Schönheit, Dynamik und Leistungsstärke fordert“ Jeannette EICKMANN (2008), 191.

144 Vgl. Jeannette EICKMANN (2008), 192.

Beispiels wird deutlich, wie diakonisches Handeln gelingen kann. Auf der einen Seite bleibt Unterricht Probegeschehen (diakonisches Handeln anhand eines Beispiels) und auf der anderen Seite wird diakonisches Handeln als kulturelle Praxis dargestellt (anhand des Beispiels und im Übertrag auf die Lebenswelt der Lernenden).

1.2 Diakonisches Handeln und diakonisches Lernen

Diakonisches Lernen bezieht sich auf diakonisches Handeln als einen Handlungsvollzug (die diakonische Handlung selbst), eine Handlungsnorm (die Bezogenheit von Handlung und Motivation) und die biblische und historische Grundlage.[145] Günter Ruddat und Gerhard K. Schäfer verstehen in ihrer Einführung zum Diakonischen Kompendium Diakonie als „die im christlichen Glauben begründete … kirchliche Praxis des Beistands".[146] Während der Begriff des „Beistandshandelns" mit den Ergebnissen der vorliegenden Arbeit in Übereinstimmung zu bringen ist,[147] muss der Aspekt der Kirchlichkeit dieses Handelns kritisch reflektiert werden, insbesondere dann, wenn man diakonisches Handeln auf den Handlungsvollzug hin betrachtet, denn dieser ist in erster Linie eine ästhetische Ausdrucksform. Martina Kumlehn hat die Aufnahme des Ästhetischen als Kategorie in die Diakoniewissenschaft gefordert[148] und damit auch diakonisches Lernen auf das Ästhetische bezogen.

Unter der didaktischen Voraussetzung, dass Religion nur als *gelebte* Religion in ihrer Materialität dargestellt werden kann, hat dies insofern diakoniedidaktische Konsequenzen, als dann auch diakonisches Lernen nur insofern als diakonisches Lernen gelten kann, als es auf eine kulturelle Praxis bezogen ist. Die Berücksichtigung der Bezogenheit von diakonischem Lernen auf das diakonische Handeln als einen Handlungsvollzug, eine Handlungsnorm und die biblische und historische Grundlage hat zur Folge, dass die biblisch-historische Grundlage und die Handlungsnorm nur in ihrer Korrespondenz zum Handlungsvollzug als *gelebte* Religion zu verstehen sind.[149] Mit dem oben beschriebenen Verständnis von Performativität wird deutlich, dass

---

145 Vgl. zu den biblischen und historischen Grundlagen Kap. 1.

146 Günter RUDDAT/Gerhard K. SCHÄFER (2005), 11.

147 Vgl. dazu insbesondere die Ergebnisse biblischer und historischer Untersuchungen, vgl. Kap. 1.

148 Vgl. Martina KUMLEHN (2007a), 162.

149 Vgl. die Darstellung dazu die Ausführungen zu den Erscheinungsformen (Kap. 0) und die Kritik an Praxisformen Kap. 5.1.

auch diakonisches Handeln performativ ist. Darum wird zunächst der Begriff des Ästhetischen näher bestimmt und dessen Bedeutung für das diakonische Handeln und Lernen, um anschließend die Performativität diakonischen Handelns darzustellen.

1.2.1 Ästhetik und Performativität diakonischen Handelns und Lernens

„Daß Gott schön werde" nennt Rudolf Bohren seine „Praktische Theologie als theologische Ästhetik"[150]. Er geht dabei von zwei Thesen aus: „Praktische Theologie ist von der Pneumatologie her und auf die Pneumatologie hin zu denken. Sie reflektiert das Praktisch-Werden Gottes"[151] und: „Das Praktisch-Werden Gottes ist ein Schön-Werden, weil Gott selbst schön ist. Gott wird uns in seiner Gegenwart schön, so daß wir ihm in unserer Gegenwart schön werden."[152]

An diesem Schön-Werden Gottes muss sich für Bohren kirchliches Handeln orientieren, damit dies wiederum für Gott „schön" wird. Gott wird „schön" in viererlei Gestalt: In der Natur (qua Schöpfung), in der Kunst (qua schöpferischem Wirken des Menschen), der Geschichte (die vom Glauben und den Erfahrungen mit Gott redet) und der Gemeinde (in den von ihm erwählten und ihm dienenden Menschen). Überträgt man diesen religionsästhetischen Ansatz auf die Diakonie-Thematik, dann bedeutet dies, dass Gott auch im diakonischen Handeln „schön" wird. Dieses Schön-Werden Gottes im diakonischen Handeln ergibt sich aus der Gemeinde, insofern die Gläubigen diakonisch handeln, ebenso wie aus der Geschichte, in der Menschen diakonisch handelten.

Mit seinem Ästhetik-Begriff grenzt sich Bohren von Friedrich Schleiermacher ab,[153] der Ästhetik als Folge der Ethik ansieht,[154] und befreit den Begriff der Ästhetik aus seiner Engführung auf die Ethik. Die theologische Ästhetik „geht nicht von der Ethik aus, wohl aber auch auf eine Ethik zu"[155]. Für Bohren muss die theologische Ästhetik darum weit gefasst werden, damit kirchli-

150 Rudolf BOHREN (1975). In Anlehnung darin schreibt Thomas Klie: Daß *Religion* schön werde; vgl. Thomas KLIE (2007).
151 Rudolf BOHREN (1975), 14.
152 Ebd.
153 Vgl. Rudolf BOHREN (1975), 91.
154 Vgl. Friedrich SCHLEIERMACHER (1842), 23.
155 Rudolf BOHREN (1975), 93.

ches Handeln nicht zum „geschlossenen Kasten“ wird, sondern damit es „für den Wind“ offen bleibt.[156]

Gottes Schön-Werden in der Geschichte heißt für Bohren, dass Gott in der Geschichte entdeckt werden kann.[157] Er beschreibt dabei den „prophetischen Sinn“ der Geschichte, der verdeutlicht, was diese Geschichte gegenwärtig und zukünftig bedeutet. „Dieser prophetische Sinn sucht im Vergangenen das Künftige, erzählt Geschichte, um anzusagen, was geschehen kann, erzählt Geschichten, um Mögliches anzusagen.“[158] Mit diesem Verweis auf die Geschichte erschließt sich auch ein Sinn der Diakoniegeschichte. Der Verweis auf die Geschichte diakonischen Handelns,[159] auf Martin von Tours, Elisabeth von Thüringen oder J. H. Wichern, bekommt seinen Sinn aus der Bedeutung dieses Handelns für die Gegenwart und Zukunft. Nur insofern die Diakoniegeschichte als relevant für die Zukunft diakonischen Handelns dargestellt werden kann, hat sie überhaupt eine diakonische oder didaktische Relevanz.

Die Schönheit Gottes in der Gemeinde sieht Bohren durch das Moment der Freiheit bestimmt (2. Kor 3,17f.). Der Heilige Geist bewirkt eine Freiheit, die die Menschen verwandelt, die ihre Gesichter aufklaren lässt, und bewirkt, dass Gott an ihnen schön wird.[160] Theologische Ästhetik muss darum für Bohren die „Häßlichkeit der Gemeinde“ ernst nehmen, aber nicht in dem Sinne, dass sie sich über die Gemeinde erhebt, sondern in dem Sinne, dass sie die Hässlichkeit als „Quellort des Schönen“ erkennt.[161] Die Gemeinde (und jedes einzelne Glied) in diesem Sinne zur Freiheit zu verwandeln, ist als diakonische Handlung zu betrachten. Jesus nahm die „Häßlichkeit“ der Menschen an und hat sie verwandelt, damit in ihnen die Schönheit Gottes aufscheint.

Das Ästhetische ist in der Praktischen Theologie neben Bohren vor allem durch Albrecht Grözinger[162] starkgemacht worden, ohne jedoch darzulegen, was dieser Ansatz für das diakonische Handeln bedeutet. Auf diakonischer

---

156 Ebd.

157 Bohren macht deutlich, dass Gott nicht aus der Geschichte bewiesen werden kann, sondern er kann nur in seinem „Praktisch-Werden“ entdeckt werden; Rudolf BOHREN (1975), 112. Mit „Geschichte“ meint Bohren damit die „Erfahrungen der Väter“.

158 Rudolf BOHREN (1975), 113.

159 Vgl. zur Geschichte der Diakonie z. B. Herbert KRIMM (1960, 1963 und 1967); Gerhard K. SCHÄFER/Volker HERRMANN (2005).

160 Vgl. Rudolf BOHREN (1975) 121.

161 Rudolf BOHREN (1975), 123.

162 Vgl. Albrecht GRÖZINGER (1987 und 1995).

Seite sind biblische, historische und systematische Perspektiven zur Diakonie breit diskutiert worden, sparen aber meist Ästhetik aus.[163]

Martina Kumlehn rezipiert insbesondere Grözinger und dessen Erkenntnis, dass aus der ästhetischen Wahrnehmung auch ein entsprechendes Handeln folgen kann. Sie stellt heraus, dass eine solche Wahrnehmungskompetenz stärker hermeneutisch, kommunikativ und diskursiv geprägt sein muss.[164] „Praktische Theologie ... hat die Aufgabe, die tradierten Darstellungsformen ästhetisch vermittelter Glaubenserfahrung hermeneutisch zu erschließen und mit der komplexen Wirklichkeitswahrnehmung der Gegenwart und ihrer Repräsentationsformen in den verschiedenen Vermittlungsfeldern kirchlichen Handelns zu verknüpfen."[165] Wer sich nach Kumlehn „flexibel und virtuos in tradierten Wahrnehmungs- und Deutungsspuren bewegen" kann, der kann auch Gegenwart besser wahrnehmen, deuten und verstehen.[166]

Christlichen Glauben versteht Kumlehn mit Ricœur als Sehschule, die ihren Blick zunächst auf Christus, dann aber auch auf „den Anderen" richtet. Bezogen auf diakonisches Handeln ergibt sich für sie daraus die Frage, „wie die Wahrnehmung des Anderen aus der Perspektive des Evangeliums ihre spezifische Färbung bekommen kann, die sein Anderssein nicht hintergeht, aber ihn auch nicht einfach auf sein So-Sein festlegt, sondern gemeinsam mit dem, der ihn helfend wahrnimmt, in eine bestimmte Blickrichtung stellt, die eben von dem Blick aufs Kreuz ihre Ausrichtung erfährt und die das diakonische Handeln transparent werden lässt für seine spezifisch christliche Motivation"[167]. Kumlehn folgert: „Die Phänomenologie der Wahrnehmung muss sich mit der Phänomenologie der Liebe verbinden"[168] und entfaltet dies am „Positionswechselmotiv" von Gerd Theißen[169] und stellt die Ästhetik diakonischen Handelns am Beispiel von Gesten dar.[170]

Bereits aus der für Kumlehn zentralen Frage wird deutlich, inwiefern diakonisches Handeln Teil der Ästhetik ist. Zunächst geht es ihr um das Wahr-

---

163 Vgl. z. B. die Aufsatzsammlung Volker HERRMANN/Martin HORSTMANN (2006), Diakonisches Kompendium: Günter RUDDAT/Gerhard K. SCHÄFER (2005). In beiden Werken findet sich kein Abschnitt zur Ästhetik diakonischen Handelns.

164 Vgl. Martina KUMLEHN (2007a), 153.

165 Martina KUMLEHN (2007a), 153.

166 Martina KUMLEHN (2007a), 153.

167 Martina KUMLEHN (2007a), 159f.

168 Martina KUMLEHN (2007a), 160.

169 Vgl. Gerd THEIßEN (2003), 161f., der mit dem Positionswechselmotiv insbesondere die Umkehrung bestehender Strukturen im Blick hat: Herr und Diener, Erster und Letzter etc.

170 Vgl. Martina KUMLEHN (2007a), 162f.

nehmen des Anderen „aus der Perspektive des Evangeliums", damit mit dem Blick auf das Kreuz die spezifische christliche Motivation diakonischen Handelns deutlich werden kann.

Klaas Huizing begründet in seiner „Ästhetischen Theologie"[171] die Theologie als Ganze ästhetisch.[172] Grundlegend ist für Huizing, dass er die „Ästhetik als Elementarwissenschaft der Theologie"[173] versteht. In seiner Begriffsbestimmung von Ästhetik geht er von Alexander Gottlieb Baumgarten[174] über Immanuel Kant[175] und Theodor W. Adorno[176] bis zu Hermann Schmitz,[177] mit dem er das ästhetische Urteil (etwas ist schön oder hässlich) ablehnt und stattdessen die sinnliche Wahrnehmung betont, „die affektive Betroffenheit oder das eigenleibliche Spüren"[178]. Ästhetisch wahrgenommen wird nicht ein Gegenstand, sondern „Atmosphären", so dass die Beziehung von menschlichem Empfinden und Umgebung entscheidend ist.[179]

Für Huizing ist der „Zugang zur Welt … immer medial vermittelt"[180] und darum stellt er dar, dass sich die christliche Religion „im Kontext der audiovisuellen Medien als religiös-ästhetische Erfahrung" artikuliert.[181] Ohne Ästhetik, so die These Huizings, gibt es keine christliche Religion und umgekehrt: Religion gibt es nur in ihrer ästhetischen Ausdrucksform.[182] Inhaltlich bedeutet das für die christliche Religion, dass sie „an die in Jesus inkarnierte Liebesatmosphäre"[183] rückgebunden ist. Diese „Liebesatmosphäre" drückt sich in den Gesten Jesu aus, die Gesten der Barmherzigkeit und Solidarität sind. Formal heißt dies, dass die christliche Religion durch die „eigenleiblich gespürte Erfahrung bestimmt" wird.[184] Funktional versteht Huizing Religion

---

171 Vgl. Klaas HUIZING (2000, 2002 und 2004).

172 Er geht damit über Bohren und auch über Grözinger hinaus, wenngleich Grözinger die Bedeutung biblischer Texte für die ästhetische Wahrnehmung betont, vgl. Albrecht GRÖZINGER (1987), 154f.

173 Klaas HUIZING (2000), 16.

174 Alexander Gottlieb Baumgarten (1714–1762) gilt als Begründer der Ästhetik als philosophischer Disziplin und er versteht in seiner „Aesthetica" (1750–58) die Ästhetik als „Wissenschaft der sinnlichen Erkenntnis"; vgl. Alexander Gottlieb BAUMGARTEN (2007a und b).

175 Immanuel Kant (1724–1804) betont in seiner „Kritik der Urteilskraft" die Individualität bei der ästhetischen Erkenntnis; vgl. Immanuel KANT (2006).

176 Vgl. Theodor W. ADORNO (1970).

177 Vgl. Hermann SCHMITZ (1980).

178 Klaas HUIZING (2000), 17.

179 Vgl. Klaas HUIZING (2000), 18.

180 Klaas HUIZING (2002), 70.

181 Klaas HUIZING (2002), 35.

182 Herbert Marshall MCLUHAN stellt in „Die magischen Kanäle" dar, dass der Inhalt eines Mediums immer ein Medium ist; vgl. Herbert Marshall MCLUHAN (1997), 113.

183 Klaas HUIZING (2002), 35.

184 Ebd.

schließlich als „Wiedergeburt oder Konversion“[185], die sich in einer Lebenswende ausdrückt.

Mit einer solchen Bestimmung von christlicher Religion ist diese deutlich an diakonisches Handeln verwiesen. Wenn Huizing darlegt, dass das Charisma Jesu (Liebesatmosphäre) „durch überzeugende Gesten der Humanität, genauer: der Kreatürlichkeit“[186] begründet wird, sind dadurch die diakonischen Texte des Neuen Testaments neu akzentuiert. Insbesondere die „Geste des Kniefalls“, die er aus dem Gleichnis vom barmherzigen Samariter (Lk 10,25–37) ableitet, wird zum zentralen Paradigma christlichen Handelns. Es besteht damit nicht nur eine Verbindung von diakonischem Handeln und Ästhetik, sondern vielmehr geschieht diakonisches Handeln aus der ästhetischen Wahrnehmung heraus.[187] Diese führt zu einer „spielerischen Identifizierung“[188] mit den Protagonisten, „die zu einer Einleibung der (vielleicht zentralen) christlichen Geste der Zuneigung oder Güte motiviert“[189]. Die Wahrnehmung eines Hilfsbedürftigen (Lk 10,33) kann[190] zur Identifizierung mit ihm führen und damit zur Einleibung der helfenden Geste (Lk 10,34).

So verstanden ist die christliche Religion für Huizing eine Religion der *caritas*[191], die sich nur leiblich ausdrücken kann, weil sich diese *caritas* nur in den für sie charakteristischen Gesten und Handlungen ausdrückt. Diakonisches Handeln ist damit die genuine Ausdrucksform christlicher Religion und umgekehrt zeigt sich diakonisches Handeln nur ästhetisch, indem es leiblich ausgedrückt und wiedererkannt wird und so schließlich zu einer Lebensveränderung führen kann. Mit Blick auf Kumlehn kann aber nicht der Umkehrschluss gelten, dass jede helfende Handlung diakonisch ist. Wenn Huizing deutlich macht, dass es darum geht, für die „Gesten der Güte zu sensibilisieren“[192], dann ist damit auch eine religionspädagogische Programmatik angezeigt. Die „spezifisch christliche Motivation“ (Kumlehn) solcher „Gesten der Güte“ (Huizing) macht sich dann an der Rückgebundenheit an die Liebesatmosphäre Jesu deutlich. Das helfende Handeln selbst kann also

---

185 Klaas HUIZING (2002), 35f.

186 Klaas HUIZING (2002), 33.

187 Vgl. Huizings Beispiel des Barmherzigen Samariters: Klaas HUIZING (2000), 202–208.

188 Klaas HUIZING (2002), 20; wenngleich er an dieser Stelle vornehmlich die Wirkung des biblischen Textes beschreibt.

189 Klaas HUIZING (2002), 20.

190 Lk 10,31f. macht die Betonung des „kann“ deutlich, die Wahrnehmung allein reicht nicht aus, wenn es nicht zur spielerischen Identifizierung und Einleibung kommt.

191 Gianni VATTIMO bezeichnet die caritas als die „Grenze der Säkularisierung“. Im Handeln Jesu zeigt sich die Liebe Gottes zu seinen Geschöpfen, vgl. Gianni VATTIMO (1997), 65–69.

192 Klaas HUIZING (2002), 263.

nicht von vornherein als diakonisch angesehen werden, sondern es wird es erst dann, wenn es aus der christlichen „Liebesatmosphäre" heraus geschieht. Anders ausgedrückt: Helfendes Handeln ist dann diakonisch, wenn es einzig „aus Liebe" geschieht.[193] Diakonisches Lernen eröffnet den Lernenden einen Perspektivwechsel. Sie betrachten die Welt aus der Perspektive der „Liebesatmosphäre Jesu"[194]. Ob der Helfende sich als Christ versteht, ist zweitrangig, weil das Verhalten, der körperliche Ausdruck, christlich ist. Handlungsvollzug und Handlungsnorm sind somit ineinander verschränkt.

Dass sich diakonisches Handeln ästhetisch zeigt, wird deutlich, wenn die Ebene der Medialität berücksichtigt wird. Die von Huizing beschriebene „Identifizierung und Einleibung" setzen Wahrnehmung voraus. Nur indem Gesten der Güte (ästhetisch) wahrgenommen werden, kann es auch zur Identifizierung und Einleibung und schließlich auch zur Konversion kommen.

Primärmedium ist bei allem der Körper.[195] Alle anderen Medien sind Extensionen dieses Primärmediums.[196] Diakonisches Handeln äußert sich, auch in der biblischen Grundlegung, körperlich, wenn der Samariter sich zum Verletzten niederkniet, ihm die Wunden verbindet und ihn auf sein Tier hebt (Lk 10,34). Der Verletzte erlebt die Hilfe körperlich, indem die Schmerzen gelindert werden.

Ausgehend von diesem Primärmedium sind Körperextensionen sekundäre und tertiäre Medien.[197] Medien als Körperausweitungen bieten neue Ausdrucksmöglichkeiten und sind „Eindrucksverstärker"[198]. Aufgrund der Eigenschaft der Medien, Eindruck hervorzurufen, laden sie ein zur spielerischen Identifizierung mit den Protagonisten und bieten damit die Chance zur Konversion. Thomas Klie macht Gleiches für die Performative Religions-

---

193 Diakonische Krankenhäuser sind nicht per se diakonisch, insofern die Hilfe für die Patienten aus dem Berufsbild heraus geschieht.

194 Vgl. Kap. 6, These XIV.

195 Vgl. die fünf Charakteristika von Medien bei Klaas HUIZING (2002), 92–94. Vgl. ferner die religionspädagogischen Betrachtungen zur Bedeutung des Köpers bei Silke LEONHARD (2006).

196 Vgl. Marshall MCLUHAN (1997), 124f. (Die magischen Kanäle).

197 Vgl. Klaas HUIZING (2002), 92f. Zu den sekundären Medien (Buch, Film) vgl. Marshall MCLUHAN (1997), 84–111 (Die Gutenberg-Galaxis). Die Erweiterung von tertiären Medien nimmt Huizing in Bezug auf das „Cyberspace" vor, weil hier keine für alle Nachvollziehbare Öffentlichkeit mehr gegeben ist.

198 Klaas HUIZING (2002), 93. Marshall McLuhan spricht davon, dass Produzenten von Medien „Hitze, nicht Licht" erzeugen wollen, was, positiv verstanden, bedeutet, dass die Produktion Medien dazu dient, einen Eindruck (Hitze) hervorzurufen; vgl. Marshall MCLUHAN (1997), 29 (Die mechanische Braut).

didaktik geltend: „Performanzphänomene heben die ästhetische Frage ins Ethische (und umgekehrt). Religiöse Performanzphänomene nötigen gewissenmaßen zu einer spielerischen Identifizierung mit den Protagonisten“[199].

Damit klingt die Bedeutung der Ästhetik für die Performativität an, die im Folgenden näher entfaltet und auf das diakonische Lernen bezogen wird.

Der Journalist Hanno Rauterberg sagt in Bezug auf die Kunst der Moderne: „Soll niemand sagen, die Kunst sei doch nur Tralala. … Kunst geht aufs Ganze“[200], was prinzipiell für die Bedeutung der Kunst als medialer Ausdrucksform gilt. Ein Kunstwerk wirkt insofern nach außen, als dass die Betrachtung eines Kunstwerks auch zu Veränderungsprozessen führen kann. „Das Bild verstrickt das wahrnehmende Subjekt in eine Sache“[201], so beschreibt Roland Degen die Wirkung ästhetischer Darstellungen auf die religiöse Bildung.

Um dies genauer darstellen zu können, ist es zunächst notwendig, den Begriff „Bild“ zu definieren und die kommunikative Funktion von Bildern darzustellen.[202] Der Bildtheoretiker Klaus Sachs-Hombach versteht als „Bild im engeren Sinn“ einen Gegenstand, der „(1) flächig, artifiziell sowie relativ dauerhaft ist und (2) innerhalb eines kommunikativen Aktes zur Veranschaulichung realer oder auch fiktiver Sachverhalte dient und (3) visuell-wahrnehmungsnah rezipiert wird. […] Ein zunehmend weiterer Bildbegriff ergibt sich nun, wenn immer mehr Bedingungen unter (1) oder (2) aufgegeben werden. Ein Gegenstand ist etwa dann ein Bild im weiteren Sinne, wenn er visuell-wahrnehmungsnah rezipiert wird, und eine, mehrere oder auch alle Bedingungen unter (1) nicht erfüllt. Entsprechend können als Bilder im weiteren Sinne Skulpturen oder auch Wolkenbilder gelten. Die wesentliche Bedingung, die sie mit den Phänomenen des Kernbereichs teilen müssen, ist die wahrnehmungsnahe Rezeption. Diese ließe sich folgendermaßen präzisieren: Ein Gegenstand wird wahrnehmungsnah rezipiert, wenn er (A) auf Grund seiner intrinsischen Struktur und (B) relativ zu unserer Wahrnehmungskompetenz interpretiert wird.“[203]

Ein solches Bildverständnis macht deutlich, dass Bildern eine „kommunikative Kernfunktion“ zugrunde liegt,[204] die Sachs-Hombach als eine „prä-

---

199 Thomas Klie (2007), 62.
200 Hanno Rauterberg (2007), 49.
201 Roland Degen (2008), 91.
202 Vgl. zur Begriffsbestimmung auch Martin Seel (2003), 255–293.
203 Klaus Sachs-Hombach (2011), 60f.
204 Klaus Sachs-Hombach (2011), 69.

dikative Funktion" beschreibt.[205] Eine solche prädikative Funktion, nach der Bildern also die Funktion von Prädikaten zukommt, differenziert er in Anlehnung an die Semiotik, indem er zwischen Bildinhalt, Bildreferenz, Sinnbild und dem kommunikativen Bildgehalt unterscheidet.[206] Bildinhalt beschreibt das, was im Bild gesehen wird, allerdings nicht im Sinne eines konkreten einzelnen Gegenstands, sondern in der Deskription der Darstellung. Mit Bildreferenz ist der Gegenstand gemeint, auf den sich der Bildinhalt bezieht. „Die Referenz eines Bildes ist prinzipiell unsicher, weil unterschiedliche Gegenstände unter bestimmten Perspektiven denselben Wahrnehmungseindruck hervorrufen können. Zur Bestimmung der Referenz liefert der Bildinhalt höchstens eine notwendige Bedingung, die durch den Verwendungskontext ergänzt werden muss, keineswegs eine hinreichende. Bildreferenz ist daher immer eine kontextuell verankerte Funktion."[207]

Mit „Sinnbild" meint Sachs-Hombach die „symbolische Bedeutung" eines Bildes, die sich nicht selbst erschließt, sondern wesentliche Kenntnisse zu Inhalt und Referenz erfordert. Den kommunikativen Gehalt eines Bildes beschreibt Sachs-Hombach mit der Botschaft, „die mit dem Bild vermittelt werden soll, bzw. das, was die Bildverwendung bezweckt"[208]. Kommunikativer Gehalt eines Bildes ist demnach die Analyse und das In-Beziehung-Setzen von Bildinhalt, Referenz und Sinnbild, semiotisch gesprochen also die Semiose.

Christoph Wulf und Jörg Zierfas beschreiben Bilder als „*Darstellungen von etwas und Darbietungen ihrer selbst*. Sie sind Rahmungen von semiotischen Ereignissen, indem sie Zeichen dergestalt sichtbar machen, dass diese für Erfahrungen aufschließbar sind"[209]. Bilder verweisen damit auf etwas außerhalb ihrer selbst und „repräsentieren als Anwesende etwas Abwesendes, und stellen als Abwesende etwas Anwesendes dar".[210] Es besteht eine Differenz zwischen dem Gegenstand des Bildes und dem Bild als Gegenstand. Wulf und Zierfas betonen, dass Bilder unbestimmbar sind, weil sie zum einen so differentiell sind, dass sie nicht umfassend erfasst werden können und zum anderen oszilliert die Betrachtung zwischen individuellen Bedeutungszuschreibungen und Generalisierungen.[211]

[205] Vgl. zum Begriff der prädikativen Funktion von Bildern Klaus SACHS-HOMBACH (2011), 72–75.
[206] Vgl. zu dieser Unterscheidung Klaus SACHS-HOMBACH (2011), 75–77.
[207] Klaus SACHS-HOMBACH (2011), 76.
[208] Ebd.
[209] Christoph WULF/Jörg ZIRFAS (2005b), 18.
[210] Ebd.
[211] Vgl. Christoph WULF/Jörg ZIRFAS (2005b), 19.

Die im Zusammenhang dieser Arbeit besonders relevante Frage nach der Performativität von Bildern wird deutlich, wenn neben der *Darstellung von etwas* und der *Darbietung ihrer selbst* der *Blickakt* untersucht wird. Erika Fischer-Lichte unterscheidet zwischen „blicken" und „sehen" und versteht unter dem Blickakt die ambivalente Beziehung, „die der Blick zwischen zwei Subjekten herstellt [...]. In ihr ist keines der beiden den jeweils anderen anblickenden Subjekte nur Subjekt oder nur Objekt. Während der andere zum Objekt wird, wenn ich ihn an*sehe*, kann er im *Blick* grundsätzlich nicht zum Objekt werden. Allerdings gilt, dass der Blick dem anblickenden Subjekt *agency* verleiht, während er dem(selben) angeblickten Subjekt *agency* entzieht. Im Spiel der Blicke vermischen sich Ermächtigung und Entmächtigung. Für den Blick ist nicht nur diese Ambivalenz kennzeichnend. Zugleich gilt, dass der Blick sowohl die Distanz zum Angeblickten aufhebt als auch ihn auf Distanz hält. Der Blick konstituiert so eine spezifische Wirklichkeit, die von Ambivalenz gekennzeichnet ist. Er erweist sich daher als ein performatives Phänomen *par excellence*."[212]

Im Blickakt wird ein angeblicktes Bild verlebendigt, es entsteht eine Kommunikation zwischen Betrachter und Bild. „Der Blickakt bringt auf diese Weise eben das hervor, worauf der Blickende reagiert."[213]

Der Kunsthistoriker Hans Belting betont den Performanzcharakter des Bildes. „Bilder, die sich zeigen oder die man uns zeigt, haben einen *performativen* Zug, wie umgekehrt die meisten Gesten, die wir machen, einen *bildhaften* Zug besitzen."[214] Erst durch den Blick wird ein Bild zu einem Bild, ansonsten wäre es „nur ein Ding" oder „mediale Technik"[215]. Performanz läuft für ihn auf Bilderzeugung hinaus, die sich mit dem Körper und im Körper vollzieht. „In diesem Sinne also lässt sich auch der Blick, gerade in seinem performativen Vollzug, als *Bildträger* wie auch als *Bilderzeuger* verstehen."[216]

Die Theaterwissenschaftlerin Doris Kolesch und die Medienwissenschaftlerin Annette Jael Lehmann[217] stellen an verschiedenen Beispielen das Verhältnis von „Performanz, Inszenierung und subjektbezogener Wirklichkeits-

212 Erika FISCHER-LICHTE (2012), 149 (Hervorhebungen im Original).
213 Erika FISCHER-LICHTE (2012), 151.
214 Hans BELTING (2005), 51.
215 Hans BELTING (2005), 50.
216 Hans BELTING (2005), 51.
217 Vgl. Doris KOLESCH/Annette Jael LEHMANN (2002).

konstitution“[218] dar. Sie betonen, dass eine bildlich dargestellte Szene zunächst zum „Schauraum“ wird, d. h. dass das Dargestellte als performativer Akt wahrgenommen wird. Der Betrachter oszilliert dann zwischen dargestellter Szene und Schauraum. Aus der Betrachtung des performativen Aktes wiederum, aus der Imagination, ergibt sich ein weiterer performativer Akt. War die Performanz bisher auf das Bild und die mit dem Bild verbundene Performanz der dargestellten Szene verbunden, so folgt die Performanz der Imagination. Der Betrachter oszilliert zwischen der dargestellten Szene, seiner Kenntnis darüber, den historischen Hintergründen und dem Schauraum also seiner Imagination dessen, was er sieht. „So wird die Imagination zum szenischen Raum einer tastenden Beobachtung, die sich zwischen dem Gesehenen und Imaginierten, Erhofften, Begehrten hin- und herbewegt. Die Performanz des Geschehens potenziert sich in der Performanz eines Wahrnehmens, Denkens und Imaginierens“[219]. Künstlerische Darstellungen sind für Kolesch/Lehmann doppelt performativ. Sie sind performativ, weil sie ein Geschehen inszenieren *und* weil sie das inszenierte Geschehen in der Imagination der Betrachtenden lebendig werden lassen.[220] Zudem folgt aus der Re-Inszenierung von Eigenschaften und Verhaltensweisen deren Nachahmung[221] (im Sprachgebrauch Huizings: spielerische Identifizierung und daraus folgende Konversion). Dabei geht es um eine möglichst perfekte Nachahmung, so dass die Unterscheidung von Vorbild und Abbild nicht immer möglich ist.

Aus diesen bildtheoretischen Überlegungen ergibt sich, dass sowohl das Bild[222] selbst performativ ist in Bezug auf die Performanz der dargestellten Szene als auch eine Performanz, die sich aus dem Blickakt ergibt. „Performanz braucht eine Szene, um sich vollziehen zu können. Zugleich ist das, was auf dieser Szene stattfindet und als solches wahrnehmbar wird, ein performativer Akt.“[223]

Daraus folgt für das hier näher zu betrachtende diakonische Handeln und Lernen, dass auch mediale Ausdrucksformen diakonischen Handelns doppelt

---

218 Doris KOLESCH/Annette Jael LEHMANN (2002), 347. Bei den drei Beispielen handelt es sich um Diderots Darstellung des Bildes *La jeune fille qui pleure son oiseau mort*, die Fotoserie *Self-Portait* von Yasomasa Morimura und der fotographischen Arbeit *Mimic* von Jeff Wall.

219 Doris KOLESCH/Annette Jael LEHMANN (2002), 353.

220 Vgl. Kap. 6, These VI.

221 Ob an dieser Stelle tatsächlich von Mimikry – so Doris KOLESCH/Annette Jael LEHMANN (2002), 354ff. – gesprochen werden kann, darf bezweifelt werden, sehr wohl aber von Mimesis.

222 Für die Begriffsbestimmung „Bild“ wird die oben zitierte Definition von Klaus Sachs-Hombach zugrunde gelegt.

223 Doris KOLESCH/Annette Jael LEHMANN (2002), 363.

performativ sind, weil sie einen performativen Akt darstellen und einen produzieren. Ein Beispiel hierfür beschreibt Klaas Huizing, wo eine Museumsbesucherin durch eine Darstellung von Christus als „Schmerzensmann" innerlich ergriffen ist und diesen „Schmerzensmann" nach dem Museumsbesuch in einem Obdachlosen wiederfindet und in ein Hostel bringt.[224] Performanz setzt auf eine ethische Fortschreibung. Mediale Darstellungen diakonischen Handelns sind Aufforderungen an den Betrachter, selbst diakonisch zu handeln.[225]

Ein historisches Beispiel findet sich in der St. Katharinenkirche in Brandenburg an der Havel, einer kunsthistorisch reich ausgestatteten Hallenkirche aus der ersten Hälfte des 15. Jahrhunderts. Von den zahlreichen mittelalterlichen Altären sind noch zwei erhalten. Im Zentrum der Aufmerksamkeit steht in der Regel der Hochaltar der Katharina. Unter der hier verhandelten Perspektive, die im weitesten Sinne eine didaktische ist, soll das besondere Augenmerk allerdings auf den Hedwigsaltar gelegt werden, der sich in der Fronleichnamskapelle befindet. Dieser wurde 1457 geweiht, das Flügelretabel wird zwischen 1470 und 1480 datiert.[226] Szenen aus dem Leben der Hl. Hedwig finden sich auf den Flügeln. Rechts oben ist die Vermählung mit Herzog Heinrich I. von Schlesien zu sehen, unten rechts betet sie vor einem Altar. Auf der linken Seite unten ist die sterbende Hedwig zu sehen, die die Hand der Mutter Gottes hält. Um sie herum stehen die Heiligen Barbara, Katharina und Magdalena, sowie drei weitere Nonnen. Auf der linken oberen Seite sieht man, wie Hedwig Bedürftige versorgt. Dieses Bild ist in diesem Zusammenhang von Bedeutung, weil drei der dargestellten Pilger das Pilgerzeichen aus Wilsnack tragen. In den dem Altar zugrundeliegenden Codices sind die Pilger an der Jakobsmuschel zu erkennen, hier an den drei Hostien.[227] Die drei Personen[228] tragen jeweils zwei weitere Pilgerzeichen, während die übrigen Abgebildeten kein Pilgerzeichen tragen. Die mit der Darstellung verbundene Absicht ist eine doppelte. Einmal geht es um St. Hedwig, wie sie sich um die Bedürftigen kümmert. Dabei spielt es keine Rolle, dass zwischen ihrem Tod 1243 und der Auffindung des Wunderblutes in Wilsnack 1383 einhundertvierzig Jahre liegen. Nicht das historische Ereignis ist für die Darstellung entscheidend, sondern die mit der Ikonographie

224 Vgl. Klaas HUZING (2002), 101.
225 Vgl. Kap. 6, These IV.
226 Vgl. Fitz WOCHNIK (2000) und Fritz WOCHNIK (2008), 12.
227 Vgl. Fritz WOCHNIK (2000), 233.
228 Der Mann hinten in der Mitte, die Frau rechts und das rechte Kind im Vordergrund.

verbundene Aussageabsicht der Fürsorge. Die Heiligen sind damit nach katholisch-mittelalterlicher Lesart nicht nur Vorbilder im Glauben, sondern auch Vorbilder im aktuellen Handeln. Das bildlich fixierte Handeln der Hedwig wird für den Betrachtenden zum ethischen Paradigma. Die fromme Schau wird zur Anleitung, die Ästhetik wird ethisch in Anschlag gebracht.[229] Bezogen auf die Pilger legt sich etwa folgende Lesart nahe: ‚Nehmt euch der Pilger an und sorgt für sie!'

„Das Bild verstrickt das wahrnehmende Subjekt in eine Sache",[230] so beschreibt Roland Degen die Wirkung ästhetischer Darstellungen auf die religiöse Bildung. Aus der Re-Inszenierung von Eigenschaften und Verhaltensweisen folgt deren Nachahmung[231] (im Sprachgebrauch Huizing: spielerische Identifizierung und daraus folgende Konversion). Dabei geht es um eine möglichst perfekte Nachahmung, so dass die Unterscheidung von Vorbild und Abbild nicht immer möglich ist.

„Performanz braucht eine Szene, um sich vollziehen zu können. Zugleich ist das, was auf dieser Szene stattfindet und als solches wahrnehmbar wird, ein performativer Akt."[232] Damit sind auch mediale Ausdrucksformen diakonischen Handelns doppelt performativ, weil sie einen performativen Akt darstellen und einen produzieren. Gleichwohl gibt es für die Produktion eines solchen performativen Akts, für das Verlebendigen des betrachteten Bildes auch „Gelingensbedingungen", die Erika Fischer-Lichte näher entfaltet.[233] Neben subjektiven Bedingungen (Erfahrungen und Überzeugungen des Betrachtenden, seine Stimmung etc.) und Bedingungen, die mit dem Bild selbst zu tun haben (Bildgenre, Farbgebung etc.), gibt es auch „institutionelle" Bedingungen, die beispielsweise durch religiöse Räume und Kontexte bestimmt sind.[234] In zahlreichen Beispielen verdeutlicht Fischer-Lichte, dass der religiöse Kontext bei der Betrachtung eines Bildes zu einer „transformativen Kraft des Bildes" führen kann.[235]

Eine solche doppelte Performanz liegt im Hedwigsaltar vor. Den Betrachtenden wird nicht nur ein Geschehen vor Augen geführt, sondern sie werden

---

[229] Zur Verbindung von ethischer Orientierung und historischen Biographien vgl. Hans MENDL (2002), 272.

[230] Roland DEGEN (2008), 91. Zum Zusammenhang von Ästhetik und Performanz vgl. Kap. 1.2.1.

[231] Ob an dieser Stelle tatsächlich von Mimikry – so Doris KOLESCH/Annette Jael LEHMANN (2002), 354ff. – gesprochen werden kann, darf bezweifelt werden, sehr wohl aber von Mimesis.

[232] Doris KOLESCH/Annette Jael LEHMANN (2002), 363.

[233] Vgl. Erika FISCHER-LICHTE (2012), 151–159.

[234] Vgl. Erika FISCHER-LICHTE (2012), 151. Weitere institutionelle Bedingungen sind öffentliche Räume, Museen und die Wissenschaft.

[235] Erika FISCHER-LICHTE (2012), 152.

im Betrachten Teil des Geschehens. Diese Performanz eröffnet eine *diakonische* Perspektive auf die dargestellte und für wahrgenommene Szene.[236] Im Blickakt, in der Betrachtung des Altarbildes also, wird das dargestellte Geschehen im Betrachter verlebendigt.[237]

Das Brandenburger Altarbild verweist auf die Wunderblutkirche von Wilsnack, bei deren Gestaltung diakonische Aspekte eine zentrale Rolle spielen. Bei der St. Nikolaikirche handelt es sich um die zweite Wallfahrtskirche an gleicher Stelle, deren Bau um 1450 begonnen wurde.[238] In diakonischer Perspektive ist zunächst der architektonische Raum insgesamt zu betrachten. Was Thomas Klie für den Raum als religionsdidaktischer Kategorie feststellt, gilt auch für diesen Kirchraum,[239] nämlich dass Religion hier als „leib-räumliches Geschehen“ in Szene gesetzt wird. Die religiösen Inhalte erschließen sich *handelnd*.[240] Das zentrale Heiligtum der Kirche war der Wunderblutschrein, der sich im Ostschiff des südlichen Querhausarms befindet. Auch wenn dieser für Laien möglicherweise nicht zugänglich war,[241] so ist doch die Schau der Monstranz Teil der Pilgerfahrt und ein Akt der Demut, denn die Pilger durchquerten dabei kniend – in einem performativen Akt der Hinwendung – das Kirchenschiff. Auf diese Weise wurde nicht nur die Verehrungswürdigkeit der Hostien betont, sondern auch das Kreuz und die Leiden Christi.[242]

Die Monstranz wurde im Wunderblutschrein aufbewahrt, auf dessen Türen außen die Gregorsmesse[243] und innen die Geißelung Christi sowie eine Gnadenstuhldarstellung zu sehen sind. Während die Gregorsmesse Bezug nimmt auf die Hostien und die Eucharistie, so verweisen die Geißelung Christi und der Gnadenstuhl auf das Leiden Christi. Den Betrachtern des Wunderblutschreins wurde damit der leidende und sterbende Christus vor Augen geführt. Die Betrachtung des Wunderblutschreins ließ also deutlich eine diakonische Botschaft zu. Das Anschauen des leidenden Christus ver-

---

236 Verstärkt wird diese diakonische Perspektive durch die Rückseite des rechten Retabelflügels, auf dem sich Hedwig um die Gefangenen kümmert, vgl. Fritz WOCHNIK (2008), 235.

237 Am Beispiel der Predella des Altarbildes von St. Marien in Wittenberg spricht Philipp Stoellger von der „*Öffnung* im Bild“, durch die die Betrachtenden in die „*communio*“ einbezogen werden; vgl. Philipp STOELLGER (2011), 240.

238 Vgl. zur Baugeschichte Alexander KRAUß/Detlev VON OLK (2005), 126–132.

239 Vgl. Thomas KLIE (2003a).

240 Vgl. Thomas KLIE (2003a), 208.

241 Vgl. Claudia LICHTE (1990), 38; anders bei Ulrich WORONOWICZ (1994), 12ff., der die Betrachtung des Schreins durch die Pilger betont. Vgl. zum Weg des Priesters beim Wallfahrtszeremoniell Folkhard CREMER (1996b), IX–XI.

242 Zum Ablauf der Wallfahrt am Bartholomäustag vgl. Folkhard CREMER (1996a), 186ff.

243 Zum Bildtyp der Gregorsmesse vgl. Sabine POESCHEL (2005), 242.

mittelte die Botschaft, sich den leidenden Menschen zuzuwenden. Gleichzeitig wurde die damit einhergehende Verheißung deutlich: Gott Vater nimmt sich der Leidenden an und damit auch derjenigen, die sich für die Leidenden einsetzen. Das Kreuz kann damit zu Recht als „tiefster Grund" christlicher Diakonie angesehen werden, weil es das „Zeichen des Widerspruchs gegen jedes Arrangement mit gesellschaftlichen Unrechtssituationen"[244] ist. Die Verbindung zum Wunderblut wird ikonographisch hergestellt, indem das Kreuz durch zwei Engel gehalten wird. Zwei die Monstranz tragende Figuren finden sich an anderen Stellen in der Kirche (Epitaph am Strebepfeiler des Nordquerhauses und im Giebelfeld des Wunderblutschreins).[245]

Das Leiden Christi drückt sich in vielen Darstellungen aus, beispielsweise in der Statue des leidenden Christus mit besonderer Betonung der Wundmale und der Statue Christus auf der Rast. Gerade mit dem Bildtypus Christus auf der Rast wird in der Wilsnacker Wunderblutkirche gleichsam eine bildgesteuerte Inszenierung vorgenommen. In der Betrachtung des leidenden Christus erkennen die Pilger sich selbst wieder, die möglicherweise gerade hunderte Kilometer gelaufen sind, und gleichzeitig wird ermöglicht, im anderen Christus zu erkennen: „Was ihr getan habt einem von diesen meinen geringsten Brüdern, das habt ihr mit getan" (Mt 25,40). Diese *aisthesis* des Leidens bedingt eine Performanz des Mitleidens. „Die vor Augen gemalten Bilder, sprich: die Eindrucksbewegungen eines prototypischen Lebens, das sich in Gesten artikuliert, prägen das eigene Verhalten."[246] Wer den leidenden Christus sieht, kann daran nicht vorübergehen, ohne dass sich auch in seinem Verhalten etwas verändert. Was Klaas Huizing für das Gleichnis vom barmherzigen Samariter feststellt, gilt auch hier: „Der biblische Text (oder die künstlerische Darstellung, J. K.) nötigt den Leser (oder Betrachter, J. K.) zu einer spielerischen Identifizierung mit der Hauptfigur, die zu einer Einleibung der (vielleicht zentralen) christlichen Geste der Zuneigung oder Güte motiviert."[247] Der Betrachter ist „immer auch zugleich ein Handelnder",[248] denn Rezeption ist Aktion. „Mit jeder Darstellung, jedem Spiel, jedem Zeigen sind jeweils operative Lektürestrategien mitgesetzt."[249] Demzufolge sind diese Lektürestrategien auch in der Darstellung des leidenden Christus mitgesetzt. Eine solche Performanz führt zu Deutungen, die „Einleibung" – wie Huizing

---

244 Marie-Louise GUBLER (2007), 103.
245 Vgl. Folkhard CREMER (1996a), 185.
246 Klaas HUIZING (2002), 20.
247 Klaas HUIZING (2002), 20.
248 Thomas KLIE (2007), 63.
249 Thomas KLIE (2007), 62.

sagt – führt über die „spielerische Identifikation“ zu aktivem Handeln. So wird aus der ästhetischen Erfahrung ein „Teil religiöser Bildung“.[250]

Gleichwohl gibt es für die Produktion eines solchen performativen Akts, für das Verlebendigen des betrachteten Bildes auch „Gelingensbedingungen“, die Erika Fischer-Lichte näher entfaltet.[251] Neben subjektiven Bedingungen (Erfahrungen und Überzeugungen des Betrachtenden, seine Stimmung etc.) und Bedingungen, die mit dem Bild selbst zu tun haben (Bildgenre, Farbgebung etc.), gibt es auch „institutionelle“ Bedingungen, die beispielsweise durch religiöse Räume und Kontexte bestimmt sind.[252] In zahlreichen Beispielen verdeutlicht Fischer-Lichte, dass der religiöse Kontext bei der Betrachtung eines Bildes zu einer „transformativen Kraft des Bildes“ führen kann.[253]

Erika Fischer-Lichte geht darüber hinaus, indem sie nicht nur die Performativität von Bildern[254], sondern auch die von Texten[255] und Dingen[256] darstellt. Texte sind zunächst insofern performativ, als bestimmte Texte – ähnlich den Sprechakten – bestimmte Wirkungen entfalten, wie beispielsweise die Veröffentlichung von Gesetzestexten oder Urkunden.[257] Darüber hinaus sind auch literarische Texte performativ, indem der Leser das Gelesene inkorporiert. Das Gelesene wird zum Teil des Lesers und auf diese Weise entfaltet es seine Wirkungen. „Lesen vollzieht sich als ein leiblicher Prozess.“[258]

Darüber hinaus beschreibt Fischer-Lichte den Akt des Lesens als eine „liminale Situation“. Durch das Lesen erfolgt eine Loslösung vom Alltag, in der Imagination, Identifikation u. a. möglich sind, durch das Lesen entsteht so eine „transformative Kraft“. Die Länge dieses liminalen Zustands ist variabel und kann über den Akt des Lesens hinaus andauern. Das Lesen eines (literarischen) Textes ist also insofern performativ, als sich durch das Lesen

---

250 Vgl. Tilly MILLER (2008), 19.

251 Vgl. Erika FISCHER-LICHTE (2012), 151–159.

252 Vgl. Erika FISCHER-LICHTE (2012), 151. Weitere institutionelle Bedingungen sind öffentliche Räume, Museen und die Wissenschaft.

253 Erika FISCHER-LICHTE (2012), 152.

254 Vgl. Erika FISCHER-LICHTE (2012), 147–159.

255 Vgl. Erika FISCHER-LICHTE (2012), 135–145.

256 Vgl. Erika FISCHER-LICHTE (2012), 161–178.

257 Vgl. Erika FISCHER-LICHTE (2012), 136. Fischer-Lichte beruft sich in ihrer Argumentation auch auf die Enzyklika *Spe Salvi* von Papst Benedikt XVI., in der es heißt: „Die christliche Botschaft war nicht nur ‚informativ‘, sondern ‚performativ‘ – das heißt: Das Evangelium ist nicht nur Mitteilung von Wissbarem; es ist Mitteilung, die Tatsachen wirkt und das Leben verändert.“ Vgl. http://www.dbk-shop.de/media/files_public/yufrjmghpmkj/DBK_2179.pdf (Zugriff am 8.10.2012).

258 Erika FISCHER-LICHTE (2012), 138.

eine neue Wirklichkeit konstituiert. Sofern Texten im allgemeinen Performativität zugesprochen werden kann, gilt dies auch im Konkreten für diakonische Texte. Diakonische Texte sind nun Texte diakonischen Handelns, Texte also, in denen diakonisches Handeln beschrieben und dargestellt wird.[259] Die Unterscheidung zwischen struktureller und funktionaler Performativität ist hierbei insofern hilfreich, als dass bei der strukturellen Performativität die Betrachtungsweise auf den Leser gerichtet ist. Die sich aus der Lektüre ergebenden Wirkungen beziehen sich auf den Akt des Lesens selbst und auf die sich daraus ergebenden Wirkungen, während die funktionale Performativität nach dessen kultureller Wirkung fragt. Bei der funktionalen Performativität geht es darum auch nicht um die Frage, wie ein Text eine bestimmte Wirkung beim Leser entfaltet, sondern darum, welche kulturellen Wirkungen dieser Text hat. So kann beispielsweise das Gleichnis vom barmherzigen Samariter (Lk 10,25–37) strukturell ganz andere Wirkungen erzeugen (z. B. das von Lukas dargestellte Verhalten von Priester und Levit), als dies funktional naheliegend ist (Mitleiden mit dem Verletzten, Sympathie mit dem Samariter). „Denn es hängt vom jeweiligen Umgang mit den Textstrukturen und rhetorischen Strategien ebenso wie vom kulturellen Kontext ab, welche Wirkungen die Lektüre im lesenden Subjekt und durch Vermittlung vieler lesender Subjekte in der Gesellschaft auszulösen vermag."[260]

Neben der Performativität von Texten und Bildern gibt es auch eine Performativität von Dingen.[261] Im Unterschied zu Texten und Bildern, bei denen die Wahrnehmung zumeist mit einem Sinn erfolgt, können bei der Wahrnehmung von Dingen alle Sinne wesentlich sein, es handelt sich hierbei meist um synästhetische Wahrnehmungsprozesse. Dies gilt auch für Dinge, die für diakonisches Handeln wesentlich sind.[262] Unter *diakonischen Dinge* sollen hier Gegenstände verstanden werden, deren Wirkung darin besteht, diakonisches Handeln hervorzurufen. Dies gilt beispielsweise für „heilige Dinge", wie Reliquien, deren Schau oder Berührung Wunder hervorgebracht haben soll[263] oder Pilgerzeichen, die den Schutz der Pilger (also einer bestimmten

---

259 Neben den biblischen Grundlagen (vgl. Kap. 0.), sind dies auch historische Texte; vgl. die verschiedenen Texte in Herbert KRIMM (1960, 1963, 1967).

260 Erika FISCHER-LICHTE (2012), 141.

261 Vgl. Erika FISCHER-LICHTE (2012), 161–178.

262 Die Unterscheidung von Fischer-Lichte in heilige Dinge, Gebrauchsdinge, Prestigedinge, musealisierte und vermüllte Dinge braucht an dieser Stelle nicht weiter verfolgt zu werden, da es an dieser Stelle um „diakonische Dinge" gehen soll.

263 Vgl. Kap. 2.3.6.

Handlungsweise den Pilgern gegenüber) beinhalteten.[264] Prinzipiell können alle Gegenstände zu diakonischen Gegenständen werden, je nachdem, welche Narrationen sich zu den Gegenständen jeweils ausgebildet haben.[265]

Ausgehend von der Erkenntnis, dass sich diakonisches Handeln immer ästhetisch zeigt, folgt, dass es synästhetisch, d. h. mit allen Sinnen wahrgenommen werden kann. Daraus folgt aber auch, dass es ästhetisch dargestellt werden kann, z. B. in der Kunst und Literatur. Diakonische Lernprozesse sind damit auch ästhetische Lernprozesse. Der Begriff des ästhetischen Lernens (bzw. der ästhetischen Bildung) ist im religionsdidaktischen Diskurs vielfach dargestellt worden.[266] An dieser Stelle soll darum der Zusammenhang von ästhetischem und performativem Lernen am Beispiel der Diakonie dargestellt werden.

Claudia Gärtner teilt die Ansätze ästhetischen Lernens in drei Kategorien ein: den kunstorientierten, den wahrnehmungsorientierten und den performativen Ansatz.[267] Während der kunstorientierte Ansatz das Kunstwerk in den Mittelpunkt rückt und ihm den Status eines *locus theologicus* zuerkennt,[268] geht es beim wahrnehmungsorientierten Ansatz eher um eine Subjektorientierung, die auf die antike Unterscheidung von *Aisthesis*, *Poiesis* und *Katharsis* zurückgreift.[269] Unter *Aisthesis* wird hierbei die ästhetische Wahrnehmungsfähigkeit verstanden, die einerseits im konkreten Wahrnehmen besteht, andererseits aber auch eine Kritik dieser Wahrnehmung einschließt.[270] Neben der Wahrnehmungsfähigkeit gehört für Hilger zur ästhetischen Bildung auch die *Poiesis*, also die ästhetische Ausdrucks- und Gestaltungsfähigkeit, sowie die *Katharsis* (Urteilsfähigkeit).[271] Noch weitgehender ist für Gärtner ein performatives Verständnis ästhetischer Bildung[272], dass sie darin sieht, dass gelebte Religion „in ästhetisch orientierten religiösen Lernprozessen wahrgenommen und erschlossen"[273] wird. Ästhetische Bildung besteht damit nicht nur in Kunstbetrachtung (kunstorientierter Ansatz) und der Auseinandersetzung mit Kunst (wahrnehmungsorientierter Ansatz), weil

---

264 Vgl. Kap. 2.3.5.

265 Vgl. zur Ausbildung von Narrationen Kap. 0.

266 Vgl. z. B. Stefan ALTMAYER (2006); Georg HILGER (2010).

267 Vgl. Claudia GÄRTNER (2009).

268 Als Vertreter hierfür nennt sie u. a. Günter Lange und dessen 5 Stufen der Bildbetrachtung; vgl. z. B. Günter LANGE (2002).

269 Vgl. hierzu insbesondere Georg HILGER (2010).

270 Vgl. Georg HILGER (2010), 335f.

271 Vgl. zu *Poiesis* und *Katharsis* Georg HILGER (2010), 336.

272 Gärtner bezieht sich hierbei insbesondere auf Silke LEONHARD (2006).

273 Claudia GÄRTNER (2009), 22.

diese Kunst (und damit die ästhetische Wahrnehmung und ästhetisches Gestalten) medial-methodisch zu verstehen ist. Performativ verstanden erschließt sich Religion nur ästhetisch, weil es sie nur ästhetisch, d. h. in konkret wahrnehmbarer Gestalt gibt.

Für diakonisches Lernen bedeutet dies, dass diakonisches Handeln als ästhetische Ausdrucksform zu verstehen ist und damit diakonisches Lernen die didaktische Inszenierung dieser ästhetischen Ausdrucksform und die Reflexion derselben ist. Diakonisches Handeln zeigt sich ästhetisch und es ist performativ, weil es selbstreferenziell und wirklichkeitskonstruierend ist. Damit ergibt sich auch eine Performativität diakonischen Lernens.

1.2.2 Zum Begriff des diakonischen Lernens

Unter diakonischem Lernen wird in der Literatur meist die Durchführung und reflexive Begleitung diakonisch-sozialer Praktika, die Auseinandersetzung mit den biblisch-theologischen Grundlagen und der Tradition diakonischen Handelns, der Diskurs mit den Helfenden und Hilfebedürftigen und die reflexive und perspektivische Erfassung von Diakonie als kirchlichem Handlungsfeld verstanden.[274] Dabei wird die Begriffsbestimmung von Huldreich David Toaspern besonders breit rezipiert.[275] Toaspern ordnet das diakonische Lernen in das soziale Lernen ein und stellt es „in den Glaubens- und Wertezusammenhang, der sich aus dem christlichen Menschenbild ergibt."[276] Diakonisches Lernen meint nach Toaspern: Lernen, diakonisch zu handeln, meint das „Kennenlernen und Einüben von Nächstenliebe als sozial verantwortliches Handeln".[277] Didaktisch und methodisch bleibt diese Begriffsbestimmung unklar, weil nicht deutlich wird, was es heißt, Nächstenliebe kennenzulernen und einzuüben. Geschehen soll dies durch Praktika in diakonischen Einrichtungen, so dass diakonisches Lernen als „Lernweg religiöser Bildung"[278] verstanden wird, durch den Lernende hineingenommen werden in eine religiöse Praxis. Sie wird ihnen dabei nicht nur gezeigt (Deixis im Sinne eines Museumsbesuchs), sondern sie nehmen „probehalber" an ihr

---

274 Vgl. zur Auseinandersetzung mit dem Begriff „diakonisches Lernen" insbesondere Kap. 0.

275 Vgl. Huldreich David TOASPERN (2007) und die Aufnahme bei Gottfried ADAM (2008) und Christoph GRAMZOW (2010).

276 Huldreich David TOASPERN (2007), 18.

277 Huldreich David TOASPERN (2007), 22.

278 Harry NOORMANN (2005), 24 (Hervorhebungen im Original).

teil (Praxis).[279] Lernende absolvieren demnach Praktika in diakonischen Einrichtungen.

Ihren Anfang nahmen diese Praktika in konfessionellen Schulen, sie haben aber auch Einzug in öffentliche Schulen gehalten, nicht zuletzt dadurch, dass diakonisches Lernen Teil des Rahmenlehrplans für den evangelischen Religionsunterricht geworden ist.[280] Im Religionsunterricht sollen diese Projekte vor- und nachbereitet werden, ebenso wie die Lernenden durch Lehrkräfte während des Praktikums begleitet werden sollen.[281] Ergänzt werden diese Praktika zudem durch das Thema Diakonie im Religionsunterricht, wo die verschiedenen Arbeitsfelder der Diakonie vorgestellt und mit „empathiefördernden und identifikatorischen Lernprozessen, die hilfsbedürftige Menschen in den Mittelpunkt stellen", verbunden werden.[282] Gramzow beschreibt fünf Ziele diakonischer Bildung: Persönlichkeitsentwicklung, Sensibilisierung für ethische und theologische Fragen, Erfahrung christlichen Glaubens im Alltag, soziale Verantwortung und das Kennenlernen diakonischer Handlungsfelder, die sich sowohl aus dem Unterricht als auch aus den Praxisprojekten ergeben sollen.[283]

Aus dem dieser Arbeit zugrundeliegenden Verständnis diakonischen Handelns als einer ästhetischen Ausdrucksform folgt die Performativität diakonischen Handelns. Diakonisches Handeln ist selbstreferenziell, da das getan wird, was der Begriff ausdrückt, und es ist wirklichkeitskonstruierend, weil durch das diakonische Handeln eine (neue) Wirklichkeit geschaffen wird. Performativ ist diakonisches Handeln auch, indem es dargestellt wird, z. B. auf Bildern oder in Texten. Daraus folgt für das diakonische Lernen, dass auch dies ästhetisch bestimmt werden kann und muss. Walter Boës greift in seiner Dissertation zur diakonischen Bildung den ästhetischen Ansatz auf und beschreibt diakonisches Lernen als einen Dreischritt aus Ansehen, Deuten und Handeln.[284] Die zuvor skizzierte Begriffsbestimmung diakonischen Lernens greift darum zu kurz, weil dieser Aspekt dabei vernachlässigt wird. Unter diakonischem Lernen soll hier die Didaktisierung diakonischen Han-

---

279 Vgl. zu den Praktika Kap. 5.1.

280 Vgl. z. B. Konsistorium der Evangelischen Kirche Berlin-Brandenburg-schlesische Oberlausitz (2007). Zu den unterschiedlichen Formen diakonischen Lernens vgl. Heinz SCHMIDT/Renate ZITT (2004), 61ff., sowie hier Kap. 0.

281 Vgl. die zahlreichen Beziehungen zu anderen Fächern in Lothar KULD/Stefan GÖNNHEIMER (2004) und die Praxisberichte in Bärbel HUSMANN (2005).

282 Heinz SCHMIDT/Renate ZITT (2004), 64.

283 Vgl. Christoph GRAMZOW (2010), 57f. Vgl. zu den unterschiedlichen Formen diakonischen Lernens Kap. 4.5.

284 Vgl. Walter BOËS (2013), 13f. und 211ff.

delns verstanden werden, die probeweise Teilnahme an diakonischen Handlungsvollzügen, die Ästhetisierung diakonischen Handelns und deren kritische Reflexion.[285] Performativ ist demnach nicht nur die probeweise Teilnahme an diakonischen Handlungsvollzügen, sondern auch die Ästhetisierung diakonischen Handelns.

Aufgrund der Bezogenheit diakonischen Lernens auf das diakonische Handeln werden in dieser Arbeit Lerndimensionen diakonischen Lernens entfaltet (Erinnerung, Verheißung, Verantwortung, Deixis und Mimesis),[286] die verdeutlichen, dass diakonisches Lernen nicht auf diakonische Praxisprojekte beschränkt werden kann, dass diese didaktisch gesehen auch nicht notwendig ist. *Diakonisches Lernen* wird in dieser Arbeit bestimmt als die Didaktisierung diakonischen Handelns, als *probeweise Teilnahme an diakonischen Handlungsvollzügen, als didaktische Inszenierung diakonischen Handelns als einer ästhetischen Ausdrucksform sowie deren kritischer Reflexion.*[287] Genauer bestimmt sich diese didaktische Inszenierung als die *Inszenierung diakonischer Gesten der Güte.*[288]

---

[285] Vgl. zur Begriffsbestimmung diakonischen Lernens Kap. 6, Thesen I und XVIII.
[286] Vgl. Kap. 0.
[287] Vgl. Kap. 6, These I
[288] Vgl. Kap 6, These XV.

2 Biblische Aspekte diakonischen Lernens

2.1 Klärungen

Geht es um die Ursprünge diakonischen Handelns, dann wird in der Geschichte der christlichen Liebestätigkeit mit Recht ostinat auf die Bibel verwiesen, so schon Johann Hinrich Wichern 1848: „Bei der ganzen Arbeit bin ich davon ausgegangen, dass tiefer und umfassender, als es bis jetzt geschehen, zur Anschauung gebracht werden müsse, in welchem organischen Zusammenhang die Antwort auf die Frage der Diakonie mit der ganzen Offenbarung Gottes im alten und neuen Bunde, ja, mit den noch erst verheißenen, noch nicht erfüllten Entwickelungen des Heils steht."[1]

Auch jüngere Grundlagenwerke zur Diakonie beginnen meist mit einem Verweis auf die biblischen Wurzeln der Diakonie.[2] Auf der Ebene des diakonischen Lernens hingegen spielt dagegen eine biblische Grundlegung nahezu keine Rolle. Heinz Schmidt ist mit seinem Verweis auf Luther[3] nahezu der einzige Religionspädagoge, der nicht nur diakonisches Handeln, sondern auch diakonisches Lernen als in der Bibel begründet ansieht.[4]

In diesem Kapitel geht es um die Frage, inwiefern bereits in biblischen Texten – als den narrativen und theologischen Grundlegungen diakonischen *Handelns* – auch die narrativen und theologischen Grundlegungen diakonischen *Lernens* liegen. Die Bibel – so die hier vertretene These – ist nicht nur Basis diakonischen *Handelns*, sondern auch die des diakonischen *Lernens*. Der impliziten Didaktik biblischer Texte soll in der Perspektive diakonischen Handelns exemplarisch nachgegangen werden.

---

1 Johann Heinrich WICHERN (1968), 128.

2 Vgl. z. B. Günter RUDDAT/Gerhard K. SCHÄFER (2005); Volker HERRMANN/Martin HORSTMANN (2006); Gerhard K. SCHÄFER/Theodor STROHM (1990); Volker HERRMANN/Reiner MERZ/Heinz SCHMIDT (2003).

3 Vgl. Heinz SCHMIDT (2005), 423f. Schmidt bezieht sich auf Luthers Schrift: Eine Predigt, dass man Kinder zur Schule halten solle. Darin heißt es: „‚Denn das Predigtamt (wo es ist, wie es Gott geordnet hat) bringt und gibt ewige Gerechtigkeit, ewigen Frieden und ewiges Leben, […] Aber das weltliche Regiment erhält zeitlichen und vergänglichen Frieden, Recht und Leben.' Jedenfalls alle Knaben sollen lernen, ‚was unseres weltlichen Reiches Recht und Weisheit ist.'" Zitiert nach Heinz SCHMIDT (2005), 423f.

4 Vgl. Heinz SCHMIDT (2004), 11ff.

2.2 Biblische Spurensuche

2.2.1 Zum Begriff διακονία

Ausgehend von John N. Collins[5] und dem programmatischen Text von Hans-Jürgen Benedict: „Beruht der Anspruch der evangelischen Diakonie auf einer Mißinterpretation der antiken Quellen?"[6] wird in jüngster Zeit die Frage gestellt, inwiefern biblische Texte zu *διακονία* überhaupt für Diakonie und diakonisches Handeln relevant sind.[7]

Ausgangspunkt dieser Frage ist der Befund, dass *διακονία* im Neuen Testament an keiner Stelle kategorial entfaltet wird. Vielmehr meint *διακονία* mit seinen Derivaten[8] in der Antike vornehmlich Botengänge, die Übermittlung von Botschaften, Beauftragungen.[9] Dabei ist der *διάκονος* seinem Auftraggeber zumeist untergeordnet, nicht aber im Sinne eines Sklaven, auch spielt der Status des *διάκονος* keine Rolle.[10] Dieses Verständnis ist von dem des „Dienens am Tisch" – und damit dem Grundverständnis von *διακονία* als Dienst – zu unterscheiden.[11]

Hans-Jürgen Benedict folgert aus diesem semantischen Befund für das Neue Testament, dass *διακονία* nicht sozial-karitativ, sondern gesellschaftskritisch zu verstehen ist und dass der Auftrag, der der *διακονία* zugrunde liegt, ein Auftrag Gottes ist zur Kommunikation seiner Versöhnung.[12]

Aus der exegetischen Erkenntnis, dass *διακονία* im Neuen Testament eher „ein technischer Begriff" ist, „der eine Beauftragung signalisiert und gemäß den neutestamentlichen Zeugnissen v.a. in den Bereichen Verkündigung und Gemeindeleitung"[13] verwendet wurde, folgt nicht, dass das in der Kirchengeschichte herausgebildete Verständnis von Diakonie damit in keinem Zusam-

---

5 Vgl. John N. COLLINS (1990).

6 Vgl. Hans-Jürgen BENEDICT (2000).

7 Vgl. z. B. Anni HENTSCHEL (2007 und 2008), sowie Eberhard HAUSCHILDT (2008). Zur Auseinandersetzung um den Begriff vgl. auch Dirk JONAS (2003); Stefan DIETZEL (2003) und Ismo DUNDERBERG (2003).

8 Vgl. Anni HENTSCHEL (2007), 85ff.; 433ff. und dies. (2008), 292f.

9 Vgl. Langenscheidts Großwörterbuch Altgriechisch (1997), 170.

10 Vgl. Alfons WEISER (1992), 726f.

11 Vgl. Hans-Jürgen BENEDICT (2003), 128f. in Bezug auf Hermann Wolfgang BEYER (1935).

12 Vgl. Hans-Jürgen BENEDICT (2000), 363 und ders. (2003), 133ff. Dies beinhaltet eine umfassende Infragestellung diakonischen Selbstverständnisses, Hans-Jürgen BENEDICT (2003), 133ff., der an dieser Stelle nicht nachgegangen werden kann. Ebenso wenig braucht berücksichtigt zu werden, wann es zu der Bedeutungsverschiebung gekommen ist.

13 Anni HENTSCHEL (2008), 305f.

menhang steht. In systematisch-theologischer Lesart[14] hat Diakonie ihren Ursprung in der Liebe, die sich als Zuwendung zum Nächsten äußert.[15] Eine solche Zuwendung kann spontan aus einer spezifischen Situation heraus entstehen, sie kann aber auch beruflich bedingt sein. In jedem Fall gilt sie „Menschen, die in Lebenskonflikte geraten" sind, „mit denen sie nicht selbständig umgehen können."[16] Die etymologische Bedeutung von *διακονία* für das Verständnis von Diakonie – und damit auch für das diakonische Lernen – darum auch von geringer Bedeutung. Diakonie ist ein historisch gewachsener Begriff, der auf der neutestamentlichen Vokabel *διακονία* fußt, aber über die griechische Wortbedeutung hinausweist. In den für diakonisches Handeln zentralen neutestamentlichen Texten kommt das Wort *διακονία* mit seinen Derivaten zudem nur am Rande vor (Mt 25,44; Lk 10,40 im Anschluss an Lk 10,25–37). Darum kann Diakonie und sozial-karitatives Handeln biblisch begründet werden, ohne dass in den biblischen Texten das Wort *διακονία* vorkommen muss. Umgekehrt kann sozial-karitatives Handeln nur dann als diakonisch angesehen werden, wenn die christliche Motivation deutlich wird, wenn dieses also biblisch legitimiert wird.[17]

Für die pädagogische Konzeption des diakonischen Lernens bedeutet dies, dass vom *diakonischen* Lernen gesprochen werden kann, auch wenn der Begriff der *διακονία* auf etwas anderes weist. Aus der Frage Benedicts, ob der „Anspruch der evangelischen Diakonie auf einer Mißinterpretation der antiken Quellen" beruhe, folgt weder für Benedict noch in diesem Zusammenhang eine Kritik an diakonischem Handeln selbst, sondern höchstens an dessen Überhöhung und einer Gleichsetzung von Kirche und Diakonie.[18] Diakonisches Handeln, hier verstanden als ein Handeln aus der „Liebesatmosphäre Jesu"[19], kann auch ferner *als diakonisch* bezeichnet werden und ein Lernen, das sich auf dieses Handeln bezieht, ist dann diakonisches Lernen.

---

14 Vgl. die Darstellung unterschiedlicher Ansätze bei Eberhard HAUSCHILDT (2008), 313.

15 Vgl. Trutz RENDTORFF (1991), 177ff.

16 Trutz RENDTORFF (1991), 177.

17 Vgl. Eberhard HAUSCHILD (2008), 313f. Vgl. zur Begründung auch Kap. 0.

18 Gegen eine solche Gleichsetzung wendet sich mit anderer Argumentation auch Eberhard HAUSCHILDT (2000). Trutz Rendtorff stellt klar: „Diakonie ist von der Kirche ausgegangen, aber in ihrer praktischen Tätigkeit nicht auf sie beschränkt." Trutz RENDTORFF (1991), 178.

19 Vgl. Kap. 0.

2.2.2 *Altes Testament*

Frank Crüsemann betrachtet das „Alte Testament als Grundlage der Diakonie".[20] Crüsemann sieht hierfür zwei Ansatzpunkte: der eine liegt in der Klage, insbesondere in den Klagepsalmen.[21] Nach Crüsemann gibt die Klage dem Klagenden die Möglichkeit, seiner Trauer, Wut etc. Ausdruck zu verleihen. Nicht die Antwort ist entscheidend, sondern der Ausdruck: „So wie in der Klage die Gottverlassenheit als ein grundlegender Aspekt des Leides begriffen, aber das Leid gerade nicht darauf reduziert wird, so wird die Wende als von der erneuten Zuwendung Gottes getragen gesehen. Die – diakonische – Ermöglichung von Klage ist Voraussetzung der Erfahrung solcher Zuwendung, durch die der Beter dem Netz der Not, in das er geraten ist, entrissen werden kann."[22]

Das andere Ansatzpunkt Crüsemanns liegt in der alttestamentlichen Sozialgesetzgebung.[23] Diese betrifft den Schutz der Alten (Ex 20,12; Ex 21,15.17; Dtn 27,16; Lev 19,3; Lev 20,9), der Witwen und Waisen (Ex 22,21ff.; Dtn 24,17; 1. Kön 17,10ff.; 2. Kön 4,1ff.) und der Fremden (Ex 22,20; 23,9; Lev 24,22f.; Num 15,15f.). Darüber hinaus ist in diesem Zusammenhang auch das Liebesgebot (Lev 19,18) und die Sozialsteuer (Dtn 14,28f.) zu sehen, nicht zuletzt die Wirtschaftsgesetze zum Schutz sozial Schwacher (Ex 22,26; 23,10f.; Dtn 15,1ff.). Insgesamt wird damit nach Crüsemann im Alten Testament ein „soziales Netz" durch die Schutzbestimmungen geknüpft.[24]

Die theologische Begründung sieht Crüsemann in erster Linie in der Geschichte Israels, das Gott als Befreier erfahren hat,[25] z. B. Ex 22,20: „Einen Fremden sollst du nicht bedrücken, und sollst ihn nicht bedrängen, denn ihr seid im Land Ägypten Fremde gewesen". Die Kenntnis der eigenen Tradition, der erlebten Geschichte, ermöglicht, dass sich das Volk Israel in die Situation der Benachteiligten einfühlt. Dabei geht es zunächst nicht um die Befreiung, sondern um die Erfahrung der Unfreiheit. Die Konsequenz, die sich nach Crüsemann aus dieser Erfahrung ergibt, ist die, dass, wer Unterdrückter war, sich nicht als Unterdrücker verhalten kann. „Die eigene Tradi-

---

20 Vgl. Frank CRÜSEMANN (2006).

21 Vgl. Frank CRÜSEMANN (2006), 62ff.

22 Frank CRÜSEMANN (2006), 68f.

23 Vgl. Frank CRÜSEMANN (2006), 69ff. Auch in der Denkschrift der EKD zur Diakonie wird alttestamentlich auf die Sozialgesetzgebung verwiesen, vgl. Kirchenamt der EKD (1998), 15f.

24 Vgl. Frank CRÜSEMANN (2006), 79.

25 Vgl. Frank CRÜSEMANN (2006), 77ff.

tion und damit Identität ermöglicht die Einfühlung, ja nötigt geradezu zu ihr."[26]

Doch die theologische Argumentation im Alten Testament ist nach Crüsemann noch umfassender. Gottes Liebe hat das Handeln Gottes Israel gegenüber bestimmt (Dtn 6,4ff.; 7,7ff.), deswegen muss sich menschliches Tun nun auch vom Handeln Gottes bestimmen lassen. Besonders deutlich wird diese Argumentation Dtn 10,17–10: „Denn der HERR, euer Gott, ist der Gott aller Völker und der Herr über alle Herren, der große Gott. Der Mächtige und der Schreckliche, der die Person nicht ansieht und kein Geschenk annimmt und Recht schafft den Waisen und Witwen und hat die Fremdlinge lieb, dass er ihnen Speise und Kleider gibt. Darum sollt ihr auch die Fremdlinge lieben; denn ihr seid auch Fremdlinge gewesen in Ägyptenland." Die Begründung für den Schutz der Benachteiligten erfolgt an dieser Stelle nicht allein mit dem Verweis auf die Zeit als Fremde in Ägypten, sondern auch mit der Liebe Gottes zu Fremden sowie zu den Witwen und Waisen.

Nach Crüsemann hat Gerechtigkeit im Alten Testament auch eine eschatologische Dimension und hat das rechte Tun auch seinen Grund im bevorstehenden Heil Gottes (Jes 56,1). „Daß Israel nicht mehr vor allem von den in Vergangenheit und Gegenwart erfahrenen Taten Gottes, sondern von den in Zukunft bevorstehenden lebt, daß es auf eine neue und umfassende, die Schöpfung umgestaltende Heilstat Gottes zugeht, ist in den prophetischen Büchern spätestens aber der Exilszeit vorherrschend. Und es ist diese Zukunft, und die Ausrichtung an ihr, die dann auch in manchen Texten das gegenwärtige Handeln stärker bestimmen als die Tora."[27] So heißt es beispielsweise Mal 3,5: „Ich will zu euch kommen zum Gericht und will ein schneller Zeuge sein … gegen die, die Gewalt und Unrecht tun den Tagelöhnern, Witwen und Waisen und die den Fremdling drücken und mich nicht fürchten, spricht der HERR Zebaoth."

Auch wenn der Begriff der *διακονία* nicht im Alten Testament (d. h. nicht in der Übersetzung der Septuaginta) vorkommt, so kann doch als Grundlage dessen, was unter diakonischem Handeln verstanden wird, das Alte Testament gelten. Diakonisches Handeln zeigt sich in „Gesten der Güte"[28], die auch im Alten Testament vorkommen: Der Schutz von Alten, Fremden, Witwen und Waisen. Die Begründungen für die Sorge um Benachteiligte liegen im geschichtlichen Tun Gottes und im Verweis auf das bevorstehende

[26] Frank CRÜSEMANN (2006), 87.
[27] Frank CRÜSEMANN (2006), 90.
[28] Vgl. Kap. 0.

Heil. Demzufolge sind auch alttestamentlich Handlungsvollzug und Handlungsnorm verschränkt.

Eine Erweiterung des alttestamentlichen Verständnisses erfolgt dann bereits im Frühjudentum.[29] Aus dem *Testament des Hiob* geht beispielsweise hervor, dass barmherziges Handeln mit einer pragmatischen Grundhaltung einhergehen muss, dass Armenfürsorge sich finanziell selbst trägt. Fürsorge ist Sache derer, die es sich leisten können.[30]

Im *slawischen Henochbuch* wird der Blick nicht mehr nur auf das Handeln selbst, sondern auch auf die Motivation des Handelnden gelenkt.[31] So heißt es beispielsweise (42,3): „Selig, welchem ist Barmherzigkeit in seinem Mund und Sanftmut in seinem Herzen" und (52,2): „Verflucht, wer auftut seinen Mund zur Schmähung des Armen und lästernd den Nächsten".[32] Klaus Berger deutet diesen Befund eschatologisch: „Es gilt, um der Zukunft willen gerade das zu tun, was hier und jetzt ohne entsprechende Vergeltung bleibt."[33]

Der alttestamentliche Befund und insbesondere dessen Interpretation durch Frank Crüsemann legen nahe, dass diakonisches Handeln nicht ausschließlich aus dem Neuen Testament begründet wird, sondern schon im Alten Testament seine Grundlegung hat.

Drei Aspekte sind bei der Frage nach der Grundlegung diakonischen Lernens im Alten Testament zentral: Da ist zum einen das geschichtliche Heilshandeln Gottes. Weil Gott sich seinem Volk gegenüber als barmherzig erwiesen hat, soll sich auch das Volk gegenüber den Notleidenden barmherzig erweisen.[34] Die Verbindung zwischen dem Handeln Gottes und den sich daraus ergebenden Konsequenzen für die Menschen, wird besonders deutlich Dtn 6,20ff.: „Wenn dich nun dein Sohn morgen fragen wird: Was sind das für Vermahnungen, Gebote und Rechte, die euch der HERR, unser Gott, geboten hat?, so sollst du deinem Sohn sagen: Wir waren Knechte des Pharao in Ägypten, und der HERR führte uns aus Ägypten mit mächtiger Hand … Und der HERR hat uns geboten, nach all diesen Rechten zu tun, das wir den HERRn, unsern Gott, fürchten, auf dass es uns wohlgehe unser Leben lang, so wie es heute ist. Und das wird unsere Gerechtigkeit sein, dass wir alle diese

---

29 Vgl. Klaus BERGER (1990).
30 Vgl. Klaus BERGER (1990), 97.
31 Vgl. Klaus BERGER (1990), 99.
32 Klaus BERGER (1990), 99.
33 Klaus BERGER (1990), 100.
34 Vgl. zur Argumentation Kap. 2.2.2.1.

Gebote tun und halten vor dem HERRn, unserm Gott, wie er uns geboten hat.“ (Dtn 6,20f. 24f.)

Die Verbindung vom Tun Gottes in der Geschichte und dem Handeln des Menschen wird an dieser Stelle evident. Darüber hinaus wird auch deutlich, dass das geschichtliche Tun Gottes einer Erinnerung in der Gegenwart für die Gegenwart und Zukunft bedarf. Die Erinnerung an das Heilshandeln Gottes ist kein Selbstzweck, sondern soll dazu führen, dass sich das Handeln der Menschen am Handeln Gottes orientiert, dass sie sich der Alten, Witwen, Waisen etc. annehmen. Die Sorge um sozial Benachteiligte wird damit begründet, dass Gott sich Israels in der Not angenommen hat. Aus dem eigenen Erleben und dem der Vorfahren wächst Verantwortung, und wenn das eigene Erleben in Vergessenheit geraten ist, muss man sich daran erinnern bzw. erinnert werden.

„Diakonisches“ Lernen in diesem Sinne ist zu verstehen als Erinnerung an das Heilshandeln Gottes, als Erinnerung an die Barmherzigkeit Gottes, um deswegen – also um Gottes Willen – barmherzig zu handeln.

Der zweite Aspekt liegt in der eschatologischen Begründung diakonischen Handelns. Hierbei geht es weniger um das Tun um Gottes Willen, sondern vielmehr um das Tun um des Menschen Willen. Deutlich wird dies Jes 56: „So spricht der HERR: Wahrt das Recht und übt Gerechtigkeit; denn mein Heil ist nahe, dass es komme, und meine Gerechtigkeit, dass sie offenbart werde. Wohl dem Menschen, der dies tut, und dem Menschenkind, das daran festhält. Einen ewigen Namen will ich ihnen geben, der nicht vergehen soll“ (Jes 56,1–2a.5b).

Barmherziges Handeln findet also seine weitere Begründung im künftigen Heil. Wer Barmherzigkeit übt, der wird in das kommende Reich Gottes aufgenommen. Dieser Gedanke korrespondiert insofern mit dem diakonischen Lernen, als es zum einen um die von Gott geoffenbarte Erfüllung des Gesetzes geht und an das sich die Menschen erinnern müssen. Zum anderen wird das kommende Reich Gottes als Ideal dargestellt, das auch erst lernend erschlossen werden muss, da es ja nicht allen vor Augen ist (eschatologischer Aspekt).

Beide Aspekte verbindet, dass barmherziges Handeln nicht um seiner selbst willen verstanden wird, sondern um Gottes oder des Menschen Willen. Darum ist auch „diakonisches“ Lernen auf Gott und auf den Menschen verwiesen.

Der dritte Aspekt besteht in der Klage. Indem mit Crüsemann die Klage als diakonische Dimension verstanden wird – weil in der Klage die Not zum

Ausdruck kommt, die durch die Klage und die Einbindung in ihren liturgischen Rahmen gemindert wird[35] –, gehört dazu auch das Lernen der Klage. Diakonisches Lernen heißt in diesem Zusammenhang, lernen zu klagen. Klagen bedeutet alttestamentlich gesehen nicht ein „Jammern", sondern nach Antworten suchen. Nach Antworten auf die Not zu suchen gehört zum diakonischen Lernen.[36] In der Klage liegt damit auch ein performativer Aspekt, der sich im Aufführen der Klage ebenso zeigt wie in der didaktischen Einübung. Die Klage ist performativ, weil sie wirklichkeitskonstruierend und selbstreferenziell ist. Sie ist wirklichkeitskonstruierend, weil durch die Klage eine neue Wirklichkeit entsteht (z. B. durch die liturgische Annahme durch Gott), insofern hat die Klage auch eine transformierende Kraft.[37]

2.2.3 Neues Testament

Während die Bedeutung des Alten Testaments für diakonisches Handeln und Lernen noch näherer Erklärungen bedurfte, erscheint die Bedeutung des Neuen Testaments dafür evident. Nicht nur die zentralen Texte für diakonisches Handeln (Lk 10,25–37; Mt 25,31–46 et al.) stammen aus dem Neuen Testament, Christus selbst gilt als Vorbild diakonischen Handelns, wie es im Leitbild der Diakonie ausgedrückt wird:

„Wir orientieren unser Handeln an der Bibel. *Wir nehmen den einzelnen Menschen wahr.*

Darin sehen wir unseren Auftrag in der Nachfolge Jesu. Wir schauen Not, Leid und Schwäche als Teil des Lebens ins Gesicht. Wir wenden uns nicht ab, sondern lassen uns anrühren."[38]

Die Orientierung am Handeln an der Bibel wird hier fokussiert auf die Nachfolge Jesu. Im Folgenden ist daher zu fragen, ob sich eine solche Sichtweise mit dem biblischen Befund deckt und worin die diakonischen Perspektiven des Handelns Jesu zu sehen sind und welche didaktischen Aspekte darin enthalten sind.

---

35 Vgl. zu den diakonischen Dimensionen der Klage Frank CRÜSEMANN (2006), 77. Crüsemann sieht diese in der Öffentlichkeit (weil dadurch zerrissene Beziehungen geheilt werden können), in den Gegenkräften (die Klage bleibt nicht singulär, sondern ist beispielsweise mit Hoffnung verbunden) und in der liturgischen Annahme durch Gott (durch Heilsorakel).

36 Vgl. auch Heinz SCHMIDT (2004), 11f., der diakonisches Lernen im Alten Testament auf das Hören und Antworten bezieht.

37 Vgl. dazu zum Begriff des Performativen Kap. 0.

38 Leitbild Diakonie, aus: Kirchenamt der EKD (1998), 76.

Der Neutestamentler Friedrich Wilhelm Horn sieht die „diakonischen Leitlinien Jesu“[39] zuerst in der Annahme der „Zöllner und Sünder“,[40] dann in der Verkündigung des Reiches Gottes und der Krankenheilung,[41] sowie schließlich in der Umkehrung geltender Wertmaßstäbe.[42] Das Auftreten Jesu hat nach Horn bereits eine eschatologische Dimension. „In dieser Bezogenheit auf das Reich Gottes sind Mission und Diakonie voneinander untrennbar, so zeigt es die Aussendungsrede (Lk 10,9). Zugleich relativiert das Kommen des Reiches gegenwärtige normative Größen ... Diese doppelte Bezogenheit auf das stellvertretende Handeln Christi und das Kommen des Reiches Gottes impliziert, daß Diakonie – anders als Ethik – nicht so sehr vom normativen Aspekt des Gebotes her zu begreifen ist, sondern ein Zeugnis der Gemeinde von Christus und dem Kommen des Reiches darstellt.“[43]

Auch der von der Neutestamentlerin Bettina Rost[44] beschriebene Gegensatz zwischen arm und reich ist „im Horizont der kommenden Gottesherrschaft“[45] zu sehen. Sie beobachtet einen konstruktiven Umgang mit Reichtum und Besitz, der den Reichen Perspektiven eröffnet.[46]

Ausgehend von den Beobachtungen Horns und Rosts, ergeben sich „diakonische Leitlinien“ im Handeln Jesu, wie sie in den Evangelien beschrieben werden. Diese Leitlinien beziehen sich auf die Annahme von gesellschaftlich Ausgegrenzten (vgl. z. B. Mk 2,15f. par.; Lk 19,1–10; Mt 11,19 par.; Mt 21,31; Mk 2,15f; Joh 4,1–42), die Zuwendung zu Bedürftigen (vgl. z. B. Mk 8,1–9 und Mk 10,46–52).sowie die Umkehrung von Wertmaßstäben (vgl. z. B. Mk 10,35ff., insbesondere V. 45).

Aus den diakonischen Leitlinien im Handeln Jesu, wie sie in den Evangelien dargestellt werden, ergeben sich Begründungszusammenhänge für diakonisches Handeln im frühen Christentum. Dabei geht es um das *gemeinsame Leben der ersten Christen* entsprechend den Schilderungen der Apostelgeschichte (vgl. Apg 2,42–47 und 4,32–35). Demnach lebten die ersten Christen als „ein Herz und eine Seele“ in Gütergemeinschaft beieinander. Sie verzichteten auf Privateigentum (4,32), verkauften ihren Besitz (2,45; 4,34), spendeten Geld für die Armen (2,45; 4,35), lebten zusammen und feierten

---

39 Vgl. Friedrich Wilhelm HORN (1990).
40 Vgl. Friedrich Wilhelm HORN (1990), 112ff.
41 Vgl. Friedrich Wilhelm HORN (1990), 117ff.
42 Vgl. Friedrich Wilhelm HORN (1990), 122ff.
43 Friedrich Wilhelm HORN (1990) 126.
44 Vgl. Bettina ROST (2003).
45 Die Untersuchung bezieht sich vornehmlich auf Lukas, vgl. Bettina ROST (2003), 12.
46 Vgl. Bettina ROST (2003), 47ff.

gemeinsam das Mahl (2,46).[47] Weiter bedeutsam ist das *Auseinandertreten des Diakonats Verkündigung vom Diakonat Armenfürsorge* (vgl. Apg 6,1–7).Beides wird als Dienst (*διακονία*) verstanden, doch es ergibt sich doch eine Trennung zwischen *διακονία* als Verkündigung (Apg 6,4) und *διακονία* als Armenfürsorge (Apg 6,3).[48] Damit verbunden ist die beginnende Institutionalisierung der gemeindlichen Diakonie, wie sie insbesondere in den Briefen zutage tritt[49] (vgl. z. B. Phil 1,1; 1. Tim 3,8–12).

Die Ermahnung zu diakonischem Handeln ergeht im Neuen Testament nicht an einige wenige ausgesuchte Menschen, sondern sie gilt allen Christinnen und Christen:[50] Einer trage des Anderen Last (Gal 6,2). Bereits in den Evangelien wird diese Sicht deutlich (vgl. Lk 22,26; Mk 10,43). Insofern ist jeder Jünger Jesu als Diakon zu verstehen.[51]

Verkündigung heißt darum neutestamentlich erst einmal nichts anderes, als Erinnerung *an Handeln und Lehre Jesu* und deren *Umsetzung im gemeindlichen und individuellen Leben.* In diesem Sinne sind die paulinischen Handlungsempfehlungen Röm 12,9–21 ebenso zu verstehen wie die Ermahnungen zum Herrenmahl 1. Kor 11,17–34.[52] Jesus wird damit auch zum Ursprung diakonischen Handelns in dem doppelten Sinne, dass einerseits seine Lehre tradiert und umgesetzt wird und andererseits sein Handeln als vorbildhaftes Handeln weiterwirkt.

Schließlich ist auch die *Kollekte für Jerusalem* in diesem Zusammenhang von Bedeutung, für die Paulus wirbt (z. B. 2. Kor 8f.). Fürsorge ist für ihn offenbar keine Selbstverständlichkeit, sondern sie bedarf der Werbung und des ausdrücklichen Hinweises auf den sozialen Charakter der Spende (Röm 15,26).[53]

2.2.4 Dimensionen diakonischen Handelns

Diakonisches Lernen hat seine Grundlegung in biblischen Texten. In diesen orientiert sich diakonisches Handeln an vier theologischen Dimensionen: den Erinnerungen an das Heilshandeln Gottes, der eschatologischen Per-

---

47 Vgl. zur Historizität der Ereignisse Friedrich Wilhelm HORN (1998); Ulrich LUZ (2005), 25f.; Jürgen ROLOFF (1990) und Bettina ROST (2003).

48 Entgegen Jürgen ROLOFF (1990), 195, der Beziehungen zum Dienst Jesu sieht.

49 Vgl. Ulrich LUZ (2005), 31ff.

50 Vgl. Ulrich LUZ (2005), 28f.

51 Vgl. Eduard SCHWEIZER (1990), 175.

52 Vgl. Jürgen ROLOFF (1990), 197f. und Ulrich LUZ (2005), 28f.

53 Vgl. Jürgen ROLOFF (1990), 199.

spektive, der Fürsorge für Schwache und dem Handeln in der Nachfolge Jesu.[54]

a) Erinnerung an das Heilshandeln Gottes

Diakonisches Handeln ist verwiesen auf das Heilshandeln Gottes. „Die Bibel macht deutlich: Der wahre und einzige Gott ist der, der sich der Geringen und Armen erbarmt, der Witwen und Waisen, Entrechteten und Fremdlingen zum Recht verhilft."[55] Aus diesem Handeln Gottes, verstanden als ein Handeln aus Liebe, ergibt sich die Verpflichtung für die Menschen, auch so zu handeln (vgl. z. B. Ex 22,20; Dtn 6,4ff.). Damit wird das diakonische Handeln zur Verpflichtung, die normativ und deskriptiv zugleich ist (vgl. Lk 10,25–37). Hinzu kommt die Perspektive des Glaubens. Der Verweis auf Gott und auf sein Heilshandeln ist nur insofern konstitutiv für diakonisches Handeln, als es aus dem Glauben erwächst.[56] Diakonische Handlungen werden an biblische Erzählzusammenhänge rückgebunden. Die diakonische Handlung als solche ist also als Bindeglied zwischen Vergangenem und Zukünftigem zu verstehen. Vergangenheit, Gegenwart und Zukunft fließen in der diakonischen Handlung zusammen. Sowohl der Bezug zu Vergangenem als auch der Verweis auf Zukünftiges machen die Verbindung von diakonischem Handeln und diakonischem Lernen evident. Barmherziges Handeln ergibt sich nicht von selbst, sondern es wird eingebunden in biblische Zusammenhänge, woraus sich die Motivation der Helfenden ergibt bzw. ergeben sollte.[57]

b) Eschatologische Perspektive

Die eschatologische Perspektive diakonischen Handelns wird besonders in den zentralen „diakonischen Texten" des Neuen Testaments deutlich. Lk 10,25 fragt der Schriftgelehrte: „Was muss ich tun, damit ich das ewige Leben ererbe?" Mt 25,31–46 geht es gerade um das Weltgericht und um die Folgen menschlichen Verhaltens auf der Erde für das Reich Gottes.

Auch in der Geschichte vom reichen Mann und armen Lazarus wird die eschatologische Perspektive deutlich. Der lukanische Jesus will, „dass die gegenwärtige Welt gerechter wird"[58]. Aus diesem Grund erzählt er die Ge-

---

54 Vgl. Kap. 6, These II.
55 Kirchenamt der EKD (1998), 15.
56 Vgl. Kirchenamt der EKD (1998), 16.
57 Vgl. Kap. 2.2.5.
58 Klaus BERGER (2012), 275. Vgl. zur didaktischen Inszenierung auch Kap. 5.2.

schichte und ermuntert die Zuhörer zum Nachdenken, mit dem Ziel, „wenigstens etwas zu verändern“[59].

c) Fürsorge für Schwache
Diese Fürsorge für Schwache ergibt sich nun diakonisch gesehen nicht aus einem allgemeinen ethischen Verhalten, das sich einem bestimmten Wertekonsens verdankt,[60] sondern ist theologisch begründet. Die Annahme der Schwachen und der Ausgegrenzten liegt in der Rechtfertigung des Einzelnen allein aus dem Glauben. Wer sich von Gott angenommen und geliebt weiß, kann sich auch um Alte, Kranke, Witwen und Waisen sorgen.[61]

d) Nachfolge Jesu
Auch wenn das klassische Verständnis, das Jesus als *διάκονος* sah[62], inzwischen ins Wanken gekommen ist[63], bleibt doch der „vor Augen gemalte Christus“ (Gal 3,1) Vorbild diakonischen Handelns. Deutlich wird dies nicht zuletzt aufgrund der Handlungsempfehlungen in den Episteln (z. B. 1. Kor 11,17–34;[64] Gal 6,2). Diakonisches Lernen ist nun nicht losgelöst vom diakonischen Handeln zu betrachten, ist doch Bildung selbst als diakonische Aufgabe zu verstehen.[65] Darum entsprechen den vier Aspekten diakonischen Handelns auch Dimensionen diakonischen Lernens.

2.2.5 *Implizite Didaktik*

Von den dargestellten exegetischen Befunden diakonischen *Handels* ausgehend, soll nun nach biblischen Aspekten diakonischen *Lernens* gefragt werden. Während in der diakoniedidaktischen Literatur der Rückgriff auf die biblischen Aspekte diakonischen *Handelns* häufig erfolgt, bleibt der Rückgriff auf die biblischen Aspekte diakonischen *Lernens* bislang aus.[66] Diakonisches Lernen spiegelt sich jedoch insofern in biblischen Texten wider, als die dar-

---

59 Vgl. Klaus BERGER (2012), 275.
60 Vgl. zur Differenzierung von ethischem und diakonischem Lernen Kap. 3.3.
61 Vgl. Kirchenamt der EKD (1998), 17.
62 Vgl. z. B. Traugott HOLTZ (1990).
63 Vgl. z. B. Hans-Jürgen BENEDICT (2000).
64 Vgl. Jürgen ROLOFF (1990), 197f. und Ulrich LUZ (2005), 28f.
65 Vgl. Silke KÖSER (2008), 77f.
66 So beispielsweise Christoph Gramzow in seiner Habilitation, wo er in Bezug auf den Begriff „Diakonie“ nach biblischen Grundlagen fragt, nicht aber in Bezug auf den Begriff „diakonisches Lernen“; vgl. Christoph GRAMZOW (2010).

gestellte diakonische Handlung nicht für sich steht, sondern eingebunden ist in einen Lernprozess, wobei verschiedene Lerndimensionen[67] zu unterscheiden sind. Diese Dimensionen verdeutlichen Perspektiven, vor deren Hintergrund diakonisches Handeln betrachtet und aus der heraus diakonisches Handeln didaktisch inszeniert wird. Diese Dimensionen gehen von den theologischen Dimensionen diakonischen Handelns aus. Aufbauend auf diesen biblisch begründeten theologischen Dimensionen diakonischen Handelns, ergeben sich folgende religionsdidaktische Dimensionen diakonischen Lernens: Erinnerung, Verheißung, Verantwortung, Deixis und Mimesis.[68]

a) Lerndimension Erinnerung

Diakonisches Lernen basiert auf Erinnerung, insofern biblische Geschichten erzählt oder Beispiele diakonischen Handelns dargestellt werden. Diakonisches Handeln wird in einigen biblischen Texten verbunden mit der Erinnerung an das Heilshandeln Gottes (vgl. z. B. Ex 22,20; Dtn 6,4ff.) bzw. der Erinnerungsaspekt liegt in der Beschreibung des diakonischen Handelns selbst (z. B. Apg 2,43–47; Apg 4,32–37)[69]. Bei der *Erinnerung* als Lerndimension geht es um Wissensvermittlung. Wer beispielsweise das Gebot der Nächstenliebe nicht kennt, kann sich auch nicht daran erinnern.

b) Lerndimension: Verheißung[70]

Diakonisches Handeln hat, so wurde durch den exegetischen Befund deutlich, auch eine eschatologische Dimension, wie sie insbesondere Lk 10,25–37 deutlich wird. Die Begründung für das Handeln am Nächsten wird eingebunden in eine eschatologische Perspektive. *Verheißung* macht deutlich, dass das Handeln der Menschen (und damit das der Lernenden) in einen größeren Zusammenhang verwiesen ist als es möglicherweise die gegenwärtige Situation erahnen lässt. Verheißung meint hier nicht, dass den Lernenden suggeriert wird, sie würden sich mit diakonischem Handeln einen „Schatz im

---

67 Zum Begriff der Lerndimension vgl. Kersten REICH (1983). Unterschieden werden in der Diskussion zumeist drei Lerndimensionen, die sich auf kognitives, affektives und pragmatisches Lernen richten. Dabei können die einzelnen Dimensionen konkretisiert werden; vgl. Kersten REICH (1983), 495–497. Hinzu kommt, dass diese Dimensionen noch nicht inhaltlich bestimmt sind, was jedoch notwendig ist, damit diese Dimensionen kein „Formalismus" sind; Kersten REICH (1983), 497.

68 Vgl. Kap. 6, These III.

69 Klaus Berger sieht im Besitzverzicht selbst einen „Weg der Überzeugung", Klaus BERGER (2012), 427. Die Beschreibung der Fürsorge ist Apg 4,33 mit dem Verweis auf die Auferstehung Jesu verbunden.

70 Vgl. Thomas KLIE (2000a).

Himmel“ erwerben, wohl aber in dem Sinne, dass deutlich wird: diakonisches Handeln ist eine biblische Lesart für das Verhalten anderen Menschen gegenüber. Thomas Klie schlägt in seiner Dissertation einen Dreischritt vor, um Verheißung zu vergegenwärtigen: 1. „Verheißungstexte zuspielen“. In der Konfrontation mit biblischen Texten wird der Alltag der Lernenden durchbrochen. Lernen beginnt neu, „wo es auf Glaube stößt und so orientierungsloses Unterwegssein provokativ unterbrochen wird“[71]. 2. Vergegenwärtigungen erspielen – si Deus daretur. „Unter der Prämisse *si Deus daretur* lassen sich Möglichkeitsbedingungen erspielen, erlernte Selbstverständlichkeiten verflüssigen. [...] In der spielerischen Auseinandersetzung mit Verheißungstexten können Kriterien dafür erprobt werden, inwieweit Vertrauensangebote zu Recht oder zu Unrecht Freiheit evozieren.“[72] 3. Orientierungsgewinne ausspielen – Bewährung zu wagender Freiheit. „Biblische Verheißungen lassen die qualifizierende Möglichkeit Gottes auf die Wirklichkeit zukommen. Erspielte Vergegenwärtigungen motivieren also dazu, wahrgenommene Lebenswirklichkeit elementar unter den Signaturen von Gesetz und Evangelium zu erschließen.“[73]

c) Verantwortung

Verantwortung stellt den Bezug zur Gegenwart her, zur Lebenswirklichkeit der Lernenden bzw. zu gesellschaftlichen Gegebenheiten. Die Lernenden können nur Verantwortung für sozial Benachteiligte übernehmen, wenn sie deren Situation nachvollziehen können. Indem die Lernenden bemerken, dass es Menschen gibt, die auf Unterstützung angewiesen sind, kann eine Verantwortungsbereitschaft entstehen, so dass aus der Beobachtung eine Handlung folgt.

d) Deixis und Mimesis

Bei der Deixis wird den Lernenden ein bestimmtes Verhalten (z. B. das Verhalten Jesu) „vor Augen gemalt“ (Gal 3,1). Dies kann beispielsweise mithilfe verschiedener Medien geschehen (Texte, Bilder etc.).

Dem Schriftgelehrten in Lk 10,25–37 war weder durch Erinnerung, noch durch Verheißung und Verantwortung bewusst, wer denn sein Nächster sei und was sich daraus für praktische Konsequenzen ergeben. Ihm musste erst eine Szene „vor Augen gemalt“ werden, damit er dem gleichtun kann.

71 Thomas KLIE (2000a), 196.
72 Thomas KLIE (2000a), 196 (Hervorhebungen im Original).
73 Thomas KLIE (2000a), 197.

Aus der Deixis folgt die *Mimesis*. Indem Lernende ein bestimmtes Verhalten wahrnehmen, werden sie angeregt, sich genauso oder ähnlich zu verhalten. „Wenn Menschen an szenischen Aufführungen sozialer Handlungen teilnehmen und wahrnehmen, wie andere Menschen in sozialen Szenen handeln“, erwerben sie ein mimetische Wissen,[74] das es ihnen ermöglicht, entsprechend zu handeln.

Bezogen auf das Gleichnis vom barmherzigen Samariter bedeutet das: Das Gleichnis ist die *Deixis* (Jesus wird gefragt und er antwortet mit „Es war einmal“); *Erinnerung* an Lev 19,18; *Verheißung* ewigen Lebens (Lk 10,25); *Verantwortung* für den Leidenden (Lk 10,33: „als er ihn sah, jammerte er ihn“) und die Aufforderung zur *Mimesis* barmherzigen Handelns (Lk 10,37: „So geh hin und tu desgleichen!“).

Diese fünf Dimensionen des Lernens weisen eine implizite Didaktik auf:

„So geh hin und tu desgleichen!“ Mit diesen Worten Jesu endet das Gleichnis vom barmherzigen Samariter Lk 10,37. Die Aufforderung zu barmherzigem Handeln wird an dieser Stelle exemplarisch greifbar. In den Schriften des Alten und besonders des Neuen Testaments geht es gerade darum, dass barmherziges Verhalten nicht nur auf die konkrete Situation bezogen wird, sondern dass es weiterwirkt. Diakonisches Handeln weist in die Zukunft, wie auch Bildung prinzipiell auf die Zukunft hin orientiert ist.

Gleichzeitig werden diakonische Handlungen an biblische Erzählzusammenhänge rückgebunden (z. B. an die alttestamentliche Tradition, an das Vorbild Jesu), so ja auch in dem benannten Gleichnis. Eindeutig wird Bezug genommen auf Lev 19,18 (vgl. Lk 10,27). Die diakonische Handlung als solche ist also als Bindeglied zwischen Vergangenem und Zukünftigem zu verstehen. Vergangenheit, Gegenwart und Zukunft fließen in der diakonischen Handlung zusammen. Sowohl der Bezug zu Vergangenem als auch der Verweis auf Zukünftiges machen die Verbindung von diakonischem Handeln und diakonischem Lernen evident. Barmherziges Handeln ergibt sich nicht von selbst, sondern es wird einerseits eingebunden in biblische Zusammenhänge, woraus sich die Motivation der Helfenden ergibt bzw. ergeben sollte. Gerade Lk 10,25–37 verdeutlicht, dass die Kenntnis biblischer Tradition und das Wissen um das Gebot der Nächstenliebe nicht zwangsläufig zu Nächstenliebe führen. Darum muss barmherziges Handeln andererseits auch immer wieder neu erklärt werden. Die Frage „Wer ist denn mein Nächster?“

---

[74] Christoph WULF (2005), 10. Mimesis bedeutet zum einem das Wahrnehmen von Deixis, zum anderen aber auch ein Hervorbringen, und ist damit selbst wieder deiktisch; vgl. Spyridon BOKOS (2006), 17.

(Lk 10,29) veranlasst Jesus zu einer zeitgemäßen Erklärung. Didaktisch gesehen parallelisiert Jesus die Welt der Zuhörer mit der Welt des Gleichnisses, wodurch dieser zu einer Perspektivübernahme kommen soll. Gleichzeitig schließt das Gleichnis mit der Aufforderung: „So geh hin und tu desgleichen!“. Inwiefern ein solcher Imperativ didaktisch sinnvoll ist, sei dahingestellt. Wir wissen nichts über den weiteren Weg des Schriftgelehrten. Den Lernerfolg hat Jesus aber gleich festgestellt, indem er den Schriftgelehrten fragt, wer denn dem Verletzten der Nächste war.

Einen Lernerfolg ganz anderer Art markiert Joh 8,1–11. Hier nimmt Jesus die Umstehenden direkt in die Verantwortung und sagt: „Wer unter euch ohne Sünde ist, der werfe den ersten Stein auf sie.“ (Joh 8,7) Keine Geschichte, auf die man sich wohlfeile Antworten überlegen könnte, sondern Aktion wird von Jesus gefordert – Performanz.

3 Diakonie inszenieren

Im Folgenden wird, ausgehend von den biblischen Perspektiven, danach gefragt, wie diakonisches Handeln didaktisch inszeniert werden kann. Dabei geht es zunächst (0) um den Inszenierungsbegriff im engeren Sinn und um damit verbundene didaktische Implikationen. Anschließend (0) wird die Erschließungsform der narrativen Didaktik entfaltet, um die Korrespondenz zwischen diakonischem Lernen und einer narrativen Didaktik aufzuzeigen. Der Zusammenhang und die Differenzierung von diakonischem und ethischem Lernen wird in 0 dargestellt.

3.1 Inszenierung diakonischer Lernprozesse

Angefangen von Gottfried Hausmann[1] über Lothar Klingberg[2] und Hilbert Meyer[3] bis zu Thomas Klie[4] und Bärbel Husmann[5] wird der Begriff der *Inszenierung* für unterrichtliche Prozesse zunehmend häufig gebraucht.[6] Programmatisch überschreibt Bärbel Husmann einen Aufsatz zum Thema: „Man kann nicht *nicht* inszenieren".[7] Dabei macht sie deutlich, dass *jeder* Unterricht, insofern er darstellendes pädagogisches Handeln ist, als Inszenierung analytisch betrachtet und normativ konzipiert werden kann. Inszenierungen können gelungen oder weniger gelungen sein, ebenso wie Inszenierungen am Theater, aber die Inszenierungslogik greift in jedem Fall. Vor diesem Hintergrund sieht sie zahlreiche Strukturanalogien zwischen dem Theater und der Schule. Diese Bezüge reflektiert sie hinsichtlich verschiedener pädagogischer Kategorien:

1. *Künstlichkeit.* Was in Schule und Theater geschieht, bleibt ohne Folge in der realen Mitwelt, es geschieht in einer Sphäre des *als ob.* Im Theater sterben Romeo und Julia *nicht wirklich,* die Künstlichkeit der Schule wird eher in

---

1 Vgl. Gottfried HAUSMANN (1959), der jedoch nicht von „Inszenierung", sondern von „Dramaturgie" spricht.
2 Vgl. Lothar KLINGBERG (1995).
3 Vgl. z. B. Hilbert MEYER (1987 und 2004).
4 Vgl. z. B. Thomas KLIE (2001 und 2003b).
5 Vgl. Bärbel Husmann (2008).
6 Vgl. beispielsweise Michael MEYER-BLANCK (1996); Dietrich ZILLEßEN (2006); Hans MENDL (2007); Hans Werner HEYMANN (2008).
7 Bärbel HUSMANN (2008). So auch schon Thomas KLIE (2001), 329.

ihrem Scheitern deutlich (misslungene Experimente bleiben ohne Folgen). In der Schule wird die außerschulische Wirklichkeit zeichenhaft dargestellt.

2. *Figuren*: Die Lehrkräfte fungieren in ihrer didaktischen Inszenierung als Regisseure, aber auch als Zuschauer und Kritiker, während Lernende „Schauspielernde und Zuschauende zugleich“[8] sind.

3. *Textbuch*: Grundlage einer Inszenierung im Theater ist zumeist der Text eines Autors, während die Schule eher als Improvisationstheater angesehen werden kann. Zwar gibt es auch hier eine textliche Grundlage (Stundenentwurf der Lehrkraft), doch diese beschreibt nur ein mögliches Szenario, Unterricht im Sinne eines programmierbaren Lernens mit prognostizierbarem Verlauf ist methodisch nicht darstellbar.

4. *Kunstanspruch und Erfolg*: Unterricht als „Lehrkunst“[9] hat ebenso einen Anspruch wie die Kunst im Theater. Die Erfolgskontrolle des Theaters ist beispielsweise am Beifall oder den Zuschauerzahlen ablesbar. „In der Schule muss es daneben aber auch Lernerfolgskontrollen geben. Und von einem freiwilligen Zulauf des Publikums wird man nur bedingt reden können.“[10]

5. *Handlungen*: „In Schule und Theater geht es um das Inszenieren existenzieller Handlungen. [...] Man mag einwenden, in der Schule müsse es um Handlungen gehen, die zu Erkenntnissen, nicht aber zu Affekten führen. Aber: Haben Erkenntnisse nicht auch eine existenzielle Dimension? Nachhaltiges Lernen hat sehr wohl eine starke Gefühlsdimension“[11].

Ein solch typologischer Vergleich von Theater (aber auch Film) und Schule, von Inszenierung im Unterricht bzw. auf Bühne und Leinwand wirft einige grundlegende didaktische Fragen auf. Diese betreffen einerseits die Kategorie der *Inszenierung* sowie die Darstellungsbedingungen „inszenierten“ Unterrichts. So geht es im hier diskutierten Kontext um die Frage, wie Diakonie im Sinne eines diakonischen Lernens unterrichtlich „inszeniert“ werden kann. Kann ein Handlungsvollzug, der einer eindeutig zweckrationalen Logik folgt (jemandem wird geholfen), „nur“ gespielt werden? Kann man helfen „spielen“ bzw. im Modus handelnder Figuren künstlich darstellen? Ist helfen nicht eine Form von unmittelbarer Eigentlichkeit, Spiel aber eine Form von ästhetischer Uneigentlichkeit? Wie können das „Als-ob-Szenario“ und die Faktizität diakonischen Handelns didaktisch sinnvoll zur Entsprechung kommen?

---

8 Bärbel HUSMANN (2008), 34.
9 Zum Konzept und zum Begriff „Lehrkunst“ vgl. Theodor SCHULZE (1995).
10 Bärbel HUSMANN (2008), 35.
11 Bärbel HUSMANN (2008), 35.

Ausgehend von Husmanns skizzierter Strukturanalogie von Theater und Schule, wird der Inszenierungsbegriff im Folgenden hinsichtlich der Frage diskutiert,[12] ob und inwiefern der Inszenierungsbegriff für didaktische Prozesse in Anschlag gebracht werden kann. Dies ist dann diakoniedidaktisch zu spezifizieren.[13] Zuvor werden drei Kategorien näher entfaltet, durch die der Zusammenhang von Schule und Theater deutlich wird. Dies sind der Rollenbegriff[14] und die Begriffe Setting[15] und Sujet.[16] Unter diakoniedidaktischen Gesichtspunkten sind Gesten von besonderer Bedeutung und werden darum eigens betrachtet.[17]

3.1.1 Rollen

Versteht man Unterricht als Inszenierung, so zerfließen starre Rollenzuschreibungen. Die Lehrkraft[18] ist sowohl *Dozent* (lat. *docere*[19] – lehren), als auch *Gesprächsleiter* (in der diskursiven Entfaltung eines fragend entwickelten Lerngegenstands), *Regisseur* (in der Planung und Strukturierung von Unterricht), *Animateur* (in der Motivation von Lerngruppen), *Bühnenbildner* (in der Bereitstellung von Lernarrangements und Medien), *Rezipient* (in der wertenden und strukturierenden Aufnahme von Schülervoten) und *Zuschauer* (in der Beobachtung und Begutachtung von Schüleraktivitäten). Auf der anderen Seite sind die Lernenden Zuhörer (indem Sie der Lehrkraft bzw. den Mitschülern zuhören), Gesprächspartner (in der Beteiligung an Unterrichtsgesprächen), Leser (bei der Lektüre vorgegebener Texte), Rezitatoren (bei der Wiedergabe von Texten), Schauspieler (in der Gestaltung von Rollenspielen) und Akteure (in der methodischen Gestaltung des Unterrichts).

In dramaturgischer Perspektive spielen Lehrkräfte und Lernende im Unterricht unterschiedliche Rollen. Die institutionell im System Schule zugewiesenen Rollen als Lehrkraft oder Schüler/in sind different. Insofern Unterricht künstliches Geschehen ist, in dem Akteure gemeinsam über Lerngegenstände

---

12 Vgl. Kap. 0.
13 Vgl. Kap. 0.
14 Vgl. Kap. 0.
15 Vgl. Kap. 0.
16 Vgl. Kap. 0.
17 Vgl. Kap. 0.
18 Vgl. zu den einzelnen Entfaltungen methodisch z. B. Ludwig Rendle (2009).
19 Neben der Bedeutung „lehren" hat *docere* weitere Bedeutungen, wie zeigen, darlegen, benachrichtigen, Vorträge halten, aber auch ein Theaterstück einstudieren.

ihre außerschulische Wirklichkeit zeichenhaft abbilden, ergeben sich innerhalb dieses Handlungsgefüges bestimmte Rollen.[20] Diese Rollenbeschreibungen gehen über das motivierende und unterstützende Helfen der Lehrkraft beim Lernen hinaus.[21] Auch die Lehrkraft lernt (beispielsweise durch Schüleräußerungen) und die Lerngruppe lernt nicht nur, sondern lehrt auch (beispielsweise bei der Präsentation von Ergebnisse einer Gruppenarbeitsphase).

Was Meyer-Blanck für den liturgischen Rahmen in Hinblick auf Authentizität und Rollenverhalten sagt, gilt auch für die Schule: Es kommt darauf an, dass „die Akteure ihre Rolle gut verkörpern. Nicht so sehr die Darstellenden als Person sind entscheidend, sondern die Schauspieler in ihrer Rolle, in der Aufführung“[22]. Person und Rolle sind hierbei nicht voneinander zu trennen. In ihrer Rolle sind Spielende (und damit auch die Lehrkraft) ganz präsent, vorausgesetzt, sie fallen nicht aus ihrer Rolle. Wenn Person und Rolle „verschmelzen“, dann wird die Rolle nicht mehr „nur“ gespielt, sondern dann ist der Darstellende diese Rolle.[23] Es geht also um eine bewusste Rollenübernahme und gleichzeitig um das Vergessen der Rolle, durch das ermöglicht ist, dass man selbst nicht die Rolle ist. Meyer-Blanck redet in diesem Zusammenhang von der *Präsenz*. Der Darstellende ist in der Rolle präsent, ohne diese zu sein.[24]

Die enge Verbindung von Rolle und Person, aber auch ihre signifikante Differenz, liegt bereits in der Semantik begründet. Person von griech. *πρόσωπον* ist die Maske, die die Schauspieler im griechischen Theater vor ihren Gesichtern trugen, um eine bestimmte Figur zu charakterisieren.[25] Das lateinische *persona*, von *personare* (hindurchtönen), bezeichnet die Identität eines Rechtssubjekts, da „das rechtsfähige Subjekt individueller, freibestimmter Rollenträger der römischen *res publica*“[26] war. Erweitert wurde dies in der christlichen Antike, indem *persona* nicht mehr nur die Identität im

---

20 Was Thomas Klie für das Theater beschreibt, gilt auch für den Unterricht; vgl. Thomas KLIE (2001), 322.

21 Hilbert Meyer definiert „Schülerinnen“ als „Menschen, die sich beim Lernen von Lehrerinnen helfen lassen“ und „Lehrerinnen“ als „ein Mensch, der Schülerinnen beim Lernen hilft“. Hilbert MEYER (1997), 88 und 134.

22 Michael MEYER-BLANCK (1997), 19.

23 Vgl. Michael MEYER-BLANCK (1996), 14.

24 Vgl. Michael MEYER-BLANCK (1996), 14. Zur Frage der Präsenz vgl. auch Thomas KLIE (2008). Den Zusammenhang der Präsenz in Liturgie und Religionsunterricht hat auch Christian Stäblein dargelegt, vgl. Christian STÄBLEIN (2003).

25 Vgl. Johannes HEINRICHS (2000), 220. Zur etymologischen Herleitung vom phönikischen *persu* vgl. Armin G. WILDFEUER (2006), 43. Zum Maskenbegriff im Theater vgl. Erika FISCHER-LICHTE (2007), 100–111.

26 Johannes HEINRICHS (2000), 220.

Rechtssystem charakterisiert, sondern auch in Bezug auf Gott. Damit ist die Unterscheidung von Person und Rolle im Personbegriff selbst aufgehoben.[27]

Für die unterrichtliche Inszenierung gilt darum (ebenso wie für das Theater und die Liturgie), dass die Darstellenden ihre Rolle nur dann gut verkörpern, wenn sie *in ihrer Rolle präsent* sind.[28] Sie spielen im Medium ihrer eigenen Person. Dies gilt auch im schulischen Kontext. Wer aus seiner Rolle fällt, sprengt den Rahmen der Inszenierung. Auf Seiten der Lehrkraft zeigt sich dies beispielsweise, wenn diese sich in Kleidung und Sprache an pubertierende Schüler anbiedert und auf Seiten der Schüler, wenn diese beispielsweise in die Lehrerrolle schlüpfen, um für Ruhe im Klassenzimmer zu sorgen.

Der Didaktiker Lothar Klingberg arbeitet, indem er zwischen Stoff und Inhalt des Unterrichts unterscheidet, die Oszillation zwischen den verschiedenen Rollen heraus. Er verweist in seinem Didaktik-Lehrbuch auf eine „Subjekt-Objekt-Dialektik", nach der „Lehrende und Lernende *Subjekte* des Unterrichtsprozesses"[29] sind. Sie nehmen, wie er es formuliert, unterschiedliche „Objektpositionen" ein, die im Unterrichtsprozess auch wechseln können. Lernende sind damit genauso wie Lehrkräfte Subjekte des Unterrichtsprozesses, genauso wie sie unterschiedliche Objektpositionen wahrnehmen. Der Unterrichtsinhalt ereignet sich also im Positionswechsel von Subjekt- und Objektwahrnehmungen. „Der Inhalt des Unterrichts wird in hohem Maße durch diese sich wechselseitig durchdringenden und überlagernden Objekt- und Subjektpositionen der Lernenden, durch ihr kognitives und kommunikatives Agieren zur Aneignung des Unterrichtsinhalts (sowohl des stofflichen Inhaltes als auch der relativ stoffunabhängigen Unterrichtsinhalte) geprägt."[30]

Die Unterscheidung didaktischer Rollen hat insbesondere Thomas Klie in seiner Habilitationsschrift „Zeichen und Spiel" herausgearbeitet.[31] Er betont dabei, dass die Lehrenden und Lernenden im Religions- bzw. Konfirman-

---

27 Deutlich macht dies Friedrich Nietzsche mit seinem Verständnis von Masken. In „Jenseits von Gut und Böse" schreibt er in Aphorismus 40: „Jeder tiefe Geist braucht eine Maske"; Friedrich NIETZSCHE (1990), 579 (Jenseits von Gut und Böse). Demnach gehört die Maske zum existenziellen Wesen des Menschen. Thomas Klie macht auf die Ironie aufmerksam, dass in unserem heutigen Sprachgebrauch die Bedeutung von Person und Maske geradezu auseinanderklaffen; vgl. Thomas KLIE (1994).

28 Vgl. Michael MEYER-BLANCK (1997), 19.

29 Lothar KLINGBERG (1995), 104 (Hervorhebung im Original).

30 Lothar KLINGBERG (1995), 105.

31 Vgl. Thomas KLIE (2003b), 448ff.

denunterricht „ein Stück Religion zur Darstellung" bringen.[32] Sie spielen damit Unterricht, indem sie bestimmte Figuren über die jeweilige Rollenwahrnehmung repräsentieren, allerdings nicht in ihnen aufgehen, sondern „im Medium der eigenen Person" einen Spielzug exemplarisch in Szene setzen.[33] Die Distanz zu sich selbst drückt sich in einem klaren Rollenbewusstsein aus, das nicht nur für die Lehrenden, sondern auch für die Lernenden wichtig ist. Die Qualität des Unterrichts bemisst sich entsprechend daran, inwiefern die Spielenden um ihre Rollen wissen und entsprechend interagieren. Treten diese nicht in Distanz zu ihrer Rolle, wird aus dem Spiel Unterricht leicht Authentizitätsnötigung. Wichtig ist Klie zudem die Gemeinsamkeit des Spiels von Lehrenden und Lernenden. Beide treten in ein „spielkonstitutives ‚Als ob' ein".[34] Es entsteht eine „Unterrichtswirklichkeit", die die „Alltagswirklichkeit" deutet, indem sie sie zu den Bedingungen unterrichtlichen Spielens zur Darstellung bringt. Für eine solche „Unterrichtswirklichkeit" ist es wesentlich, dass die Lehrenden nicht in einen Selbstbezug verfallen, der hinter der Sache zurücksteht und damit das Spiel außer Kraft setzt.

Aus einem solchen Rollenverständnis ergeben sich für Klie zwei Vorteile. Zum einen wird nicht die Lehrkraft selbst Verstehensvoraussetzung des Unterrichtsgegenstands, zum anderen wird auch nicht die Sache selbst um ihrer selbst willen vermittelt. Vielmehr geht der Lehrende „in die Rolle des mitspielenden Regisseurs und motiviert damit die Lernenden zum Mitspielen"[35]. Lehrende und Lernende begegnen sich im Modus des Spiels auf Augenhöhe (die Rolle des Regisseurs kann – zumindest partiell – auch von Lernenden übernommen werden) und entwickeln ein Verständnis dafür, dass die Übernahme bestimmter Rollen sowohl ein Verzicht auf Rollen, als auch die Hinwendung zu bestimmten Rollen einschließt.

Als *Rolle* kann demnach in diesem Zusammenhang die Präsentation einer bestimmten didaktisch sinnvollen Figur im Medium der eigenen Person verstanden werden, wobei hier wie im Theater die Unterscheidungsfähigkeit von Rolle und Person für ein differenziertes Rollenverständnis wesentlich ist.

In allen unterrichtlichen Prozessen oszillieren Lehrende und Lernende zwischen verschiedenen Rollen. So können auch in diakonischen Lernpro-

---

32 Thomas KLIE (2003b), 448.
33 Ebd.
34 Thomas KLIE (2003b), 451.
35 Thomas KLIE (2003b), 452.

zessen keine Rollenzuschreibungen vorgenommen werden, Schülerinnen und Schüler sind gleichermaßen Lernende und Lehrende.[36]

3.1.2 Gesten[37]

Das beschriebene Rollenverständnis findet seinen Ausdruck in einer multimodalen Kommunikation,[38] in der sich verbale und gestische Ausdrucksformen ergänzen, wobei die Geste als ein „Amalgam von kategorialen Modalitäten" gelten kann.[39] Die Bedeutung der Gesten ist – gerade in theologischen und religionspädagogischen Diskussionen – oft unterschätzt und die des Wortes überschätzt worden.[40] Gesten galten als Unterstützung verbaler Kommunikation oder es wurde deutlich gemacht, dass sie die Verba eben nicht unterstützen.[41] Ein solches Verständnis verkennt jedoch die Bedeutung, die Gesten in biblischen Texten zukommt, so sind z. B. die Zeichenhandlungen des Propheten Jeremia Handlungen in gestischen Zeichen (vgl. Jer 19,1–13: der zerschmetterte Krug). Auch die Handlungen Jesu vollziehen sich oft in Gesten, z. B. die Segnung der Kinder Mk 10,16. Diakonisches Handeln ist darum auch als ein *Handeln in Gesten* zu verstehen, als ein Handeln in Gesten, in denen sich die „Liebesatmosphäre Jesu ausdrückt".[42]

Auch für schulische und unterrichtliche Zusammenhänge spielen Gesten eine wesentliche Rolle.[43] Gesten sind für unterrichtliche Zusammenhänge insofern von Bedeutung, als durch sie nicht nur Gefühle ausgedrückt oder produziert werden, sondern auch, weil vermittels Gesten Denkprozesse dargestellt oder initiiert werden können.[44] Im Unterricht geschieht dies metho-

36 Vgl. Kap. 6, These VII.

37 Erika FISCHER-LICHTE verwendet in ihrer „Semiotik des Theaters" den Ausdruck „gestische Zeichen". Im Sinne einer Semiotisierung ist dieser Ausdruck notwendig, da an dieser Stelle aber nicht die anderen Zeichen der Tätigkeit eines Schauspielers betrachtet werden, kann hier darauf verzichtet werden, gleichwohl gilt: Gesten sind nur als deiktische Zeichen verständlich, sie stehen für bestimmte Personen in einem bestimmten Kontext für etwas anderes. Vgl. Erika FISCHER-LICHTE (2007), 60–87.

38 Vgl. zur multimodalen Kommunikation Adam KENDON (2010).

39 So Jörg ZIERFAS (2010), 78. Er betrachtet dabei die Geste als die Verknüpfung von Reellem und Virtuellem, Immanentem und Transzendentem.

40 Anders Klaas HUIZING in seiner „Ästhetischen Theologie", der darin auch geschichtliche Aspekte der Gestik darlegt, vgl. Klaas HUIZING (2002), 109–126.

41 Vgl. Christoph WULF/Erika FISCHER-LICHTE (2010b), 9.

42 Vgl. Kap. 2.2.3.

43 Vgl. Ingrid KELLERMANN/ Christoph WULF (2011). Vgl. ferner die Bedeutung des Hoch- und Tiefstatus und seine Konsequenzen für den Unterricht: Maike PLATH (2010).

44 Vgl. Christoph WULF/Erika FISCHER-LICHTE, Gesten (2010b), 9.

disch etwa durch den gezielten Einsatz von Rollenspielen oder Standbildern, aber auch in der unterrichtlichen Kommunikation, indem die Lehrkraft durch Gesten beispielsweise die Qualität von Schülerleistungen bewertet. Wer in einen bestimmten Gestus geht, stellt einen Denkprozess dar oder drückt Emotionen aus. Beides ist für den Betrachtenden – sofern er das dem Gestus zugrunde liegende Zeichensystem dechiffrieren kann – nachvollziehbar. Inwiefern es sich bei dem Gestus um den tatsächlichen Ausdruck eines Gefühls handelt oder um seinen taktischen Einsatz, ist zunächst irrelevant.[45]

Christoph Wulf und Erika Fischer-Lichte definieren in ihrer Einleitung zum „Gesten"-Buch den Begriff der Gesten folgendermaßen:

„Gesten [...] sind Bewegungen des Körpers, die auf Adressaten gerichtet eine geteilte Intentionalität zum Ausdruck und zur Darstellung bringen. Sie werden in mimetischen Prozessen hervorgebracht und verstanden; sie spielen für die menschliche Kommunikation, das kulturelle Lernen und die Künste eine zentrale Rolle. Gesten sind performativ, d. h. sie werden inszeniert und aufgeführt; sie gestalten Gemeinschaft, menschliche Kooperation und ästhetische Produktion. Sie zeigen etwas und zeigen dabei sich selbst; sie sind ludisch und selbstreferentiell. [...] Gesten bilden das psychosoziale Fundament für die Entstehung von Lautsprachen und sind eng mit der Erzeugung von Emotionen, Gedanken und Handlungen verbunden."[46] Die „geteilte Intentionalität" bezieht sich darauf, dass mit Gesten individuelle, aber auch gemeinschaftsstiftende Intentionen deutlich gemacht werden können. Der Gebrauch von Gesten beinhaltet auch eine gemeinschaftsstiftende Funktion, wie sie sich u. a. im Segensgestus ausdrückt: Die Gemeinde stellt sich unter den Segen Gottes. An diesem Beispiel wird deutlich, dass Gesten Teil einer multimodalen Kommunikation sind, da sie nicht für sich stehen, sondern eingebunden sind in einen Kommunikationsprozess. Dies gilt umgekehrt auch für die verbale Kommunikation als Teil eines multimodalen Kommunikationsprozesses.

Ferner sind Gesten mimetisch, insofern sie sich auf einen darstellenden Prozess beziehen. Der Adressat der Geste vollzieht sie mimetisch nach, um sie schließlich selbst darstellen zu können. So wird beispielsweise die erhobene Hand als Zeichen des Grußes nachgeahmt, womit sich gleichzeitig performativ die Bedeutungsaneignung vollzieht. Dies ist für die Frage, wie Menschen sich Gesten aneignen, von wesentlicher Bedeutung. Dadurch, dass ein

---

[45] Genauso wie auf verbalsprachlicher Ebene der Satz „Ich liebe dich" taktisch und faktisch determiniert sein kann.

[46] Christoph WULF/Erika FISCHER-LICHTE (2010b), 13 (im Original hervorgehoben).

Betrachter eine Geste wahrnimmt, wird ein „implizites Gesten-Wissen“[47] erworben, mit dem der Betrachter Gesten wahrnehmen, deuten und darüber kommunizieren kann. Darauf baut sich ein praktisches Gesten-Wissen auf, mit dem der vormalige Betrachter fähig ist, Gesten adäquat zu gebrauchen. Für einen performativ verstandenen Religionsunterricht sind der Aufbau des Gesten-Wissens und die daraus folgende Anwendung von besonderer Relevanz. Die unterrichtliche Darstellung einer Geste (Deixis) und deren Interpretation (im unterrichtlichen Kommunikationsprozess) führen zu der Möglichkeit, über und mit Gesten kommunizieren zu können (multimodale Kommunikation). Dabei spielt die Bezogenheit von verbalen und nonverbalen Elementen für den Kommunikationsprozess insofern eine Rolle, als dass vermittels Gesten Worte gedeutet werden und umgekehrt werden durch Worte Gesten interpretiert.

Ein solches Gesten-Wissen ist auch für diakonische Zusammenhänge wesentlich. So wird beispielsweise die Zuwendung Jesu zu Ausgestoßenen seiner Zeit von den Evangelisten als eine gestische Zuwendung beschrieben. Während etwa die Jünger nach Lukas Hilfesuchende abwehren, wendet sich Jesus ihnen zu (z. B. Lk 18,35–43)[48].

Gesten sind zudem auf ein kulturelles Referenzsystem[49] verwiesen, das dem Betrachter die Deutung möglich macht und demjenigen, der die Geste ausführt, die Sicherheit gibt, dass die Geste auch verstanden wird. Gesten sind damit als Code zu verstehen, den der Betrachter dechiffrieren muss.[50] So ist das Kopfnicken nicht in allen Kulturkreisen als Geste der Zustimmung verständlich, in Bulgarien etwa gilt das Nicken als Ablehnung.

Die Erzeuger und die Adressaten von Gesten stehen zudem in einem hermeneutischen Wechselverhältnis. Zunächst ist die Geste Ausdruck von Emotionen, Kognitionen etc., die sich leiblich-ästhetisch darstellen. Gleichzeitig wirkt die Geste auch auf Adressaten, wodurch dem Erzeuger die Wirkung seiner Geste gespiegelt wird. Erzeuger und Adressat der Geste bilden damit in eine kommunikative Gemeinschaft.[51] So folgt die Lerngruppe mit ihren Blicken dem Zeigegestus der Lehrkraft. Sollte dies bei einzelnen Schü-

47 Christoph WULF/Erika FISCHER-LICHTE (2010b), 11.

48 Lk 18,40 besteht die Zuwendung darin, dass Jesus seinen Bewegungsfluss unterbricht und stehenbleibt und auf den Blinden wartet, der zu ihm gebracht wird.

49 Zur Unterschiedlichkeit kultureller Referenzsysteme vgl. Christoph WULF (2011), 17f.

50 Vgl. dazu Kap. 0.

51 Vgl. Christoph WULF (2011), 16.

lern nicht der Fall sein, wird der Lehrkraft signalisiert, dass die Kommunikation gestört ist.[52]

Ferner sind Gesten in mehrerlei Hinsicht performativ. Sie artikulieren sich als Formen, durch die eine Handlung zum Ausdruck kommt. Unmittelbar performativ sind sie, wenn sie zu einer Handlung auffordern (z. B. sich zu nähern oder fernzubleiben), und sie sind mittelbar performativ, insofern sie eine Handlung generieren wollen (z. B. bei einer Geste, die Mitleid erregt). Gerade aufgrund ihrer Performativität wird deutlich, welche grundlegende Funktion Gesten für die menschliche Kommunikation und das soziale Handeln haben. Mit ihren Gesten drücken Menschen aus, in welchem Verhältnis sie zu anderen stehen oder stehen wollen, welche Intentionen sie verfolgen oder zu welchen Handlungen sie auffordern.

Der ludische und selbstreferentielle Charakter von Gesten ergibt sich aus ihrer Inszenierung. Wer eine Geste darstellt, spielt eine Rolle, wird zum Handlungsträger und erlangt dadurch als Schauspieler eine neue Identität und repräsentiert sich dennoch selbst.[53]

Weil Gesten nicht nur Emotionen hervorbringen, sondern auch Gedanken und Handlungen ausdrücken, spielen sie besonders für didaktische Prozesse eine wichtige Rolle. Adam Kendon[54] stellt unterschiedliche Anwendungsmöglichkeiten manueller Aktivitäten dar, die jedoch auch auf andere körperliche Aktivitäten erweitert werden können und mit emotionalen Ausdrucksformen erweitert werden müssen.[55] Demnach

- drücken Gesten Charakteristika von Objekten oder Handlungen aus;
- suggerieren sie die Gegenwart konkreter Objekte;
- drücken Gesten Handlungen aus;
- verweisen sie auf Objekte;
- drücken Gesten Interaktion aus und regulieren diese
- und sie sind Ausdruck von Emotionen.[56]

---

52 Die Gründe hierfür können vielschichtig sein, z. B. wird der Gestus nicht verstanden oder der Schüler ist durch andere Eindrücke abgelenkt.

53 Vgl. Christoph WULF/Erika FISCHER-LICHTE (2010b), 12f.

54 Vgl. Adam KENDON (2010). Zu anderen Kategorisierungen von Gesten vgl. Christoph WULF (2011), 14f.

55 Die Unterscheidung von sprachbegleitenden und sprachersetzenden Gesten kann an dieser Stelle unberücksichtigt bleiben, weil die im Folgenden beschriebenen Anwendungsmöglichkeiten von Gesten unabhängig von sprachlichen Äußerungen bestehen, wenngleich die Decodierung von Gesten, die sprachlich begleitet werden, erleichtert wird durch das zusätzliche Medium. Zur Unterscheidung sprachbegleitender und sprachersetzender Gesten vgl. Erika FISCHER-LICHTE (2007), 66–68.

56 Vgl. zu den letzen beiden Punkten Gunter GEBAUER/Christoph WULF (1998), 80ff. und Jörg ZIERFAS (2010), 78f.

Als Ausdruck der *Charakteristika von Objekten oder Handlungen* haben Gesten eine adjektivische beispielsweise eine adverbiale Funktion. Sie beschreiben benannte Objekte näher, indem sie bspw. ihre Größe darstellen. Der gesprochene Satz: „Peter ist nur 1,60 m groß" kann mit der Geste begleitet werden, dass die 1,60 m im Vergleich zur Körpergröße des Sprechenden dargestellt werden. Ferner kann die Form eines Kirchturms mithilfe von Gesten näher beschrieben werden. Um die räumliche Distanz von Prediger und Kirchenbesuchern darzustellen, kann der Höhenunterschied gestisch beschrieben werden. Die benannten Objekte werden also in Form (z. B. Kirchturm), Position (z. B. Prediger und Zuhörer) und Verhältnis (z. B. Peter) näher bestimmt.[57] Werden mit Gesten die Charakteristika von Handlungen beschrieben, so haben sie zudem die Funktion von Verben (z. B. der unterschiedliche gestische Ausdruck für Möglichkeiten der Fortbewegung: rennen, flanieren, schleichen).

Gesten *suggerieren die Gegenwart konkreter Objekte*,[58] indem sie sie repräsentieren, z. B. kann durch entsprechende Handhaltung ein Telefon oder eine Pistole repräsentiert werden. Wenn sprachlich beispielsweise davon die Rede ist, dass etwas „am seidenen Faden" hängt, kann dieser gestisch durch sich berührende Daumen und Zeigefinger dargestellt werden, wobei der Arm schräg nach oben gerichtet ist.

Gesten sind *Ausdruck von Handlungen*, „die der Sprecher im Sprechen unternimmt"[59]. Sie begleiten damit das Sprechen selbst und sind illokutionär. Der Sprecher begleitet beispielsweise seine Äußerungen mit Gesten des Bittens oder Forderns.

Der *Verweis auf Objekte* kann sowohl mithilfe der Hände (Zeigefinger) als auch mit dem Kopf, den Augen oder Beinen erfolgen. Für die Geste spielt es dabei keine Rolle, ob die Gegenstände tatsächlich oder imaginiert vorhanden sind.

Gesten *drücken Interaktionen aus und regulieren Interaktionen*. Hierfür können Gesten der Zuneigung oder Ablehnung ebenso benannt werden wie Gesten der Begrüßung oder Verabschiedung. Mithilfe von Gesten leiten Menschen andere zu Handlungen an, indem sie ihnen beispielsweise ein „Stopp!" signalisieren oder ein „Komm her!".

Schließlich sind Gesten auch *Ausdruck von Emotionen* und hierbei wiede-

---

57 Adam Kendon spricht von „der relativen Dimension, Form ober räumlichen Position", Adam KENDON (2010), 25.

58 Kendon spricht auch von „Entitäten"; vgl. Adam KENDON (2010), 25.

59 Adam KENDON (2010), 25.

rum adjektivisch bzw. adverbiell zu verstehen. Durch Gesten können Freude und Zufriedenheit ebenso ausgedrückt werden wie Trauer und Niedergeschlagenheit.

Gerade wenn man ein semiotisches Verständnis von Gesten zugrunde legt, wird deutlich, dass Gesten in Prozesse sozialen Lernens eingebunden sind.[60] Die große Vielzahl von möglichen Gesten, deren individuelle Ausformungen sowie die kontextabhängigen Bedeutungen machen deutlich, dass das Verständnis von Gesten eingeübt werden muss. Gesten erklären sich nicht von selbst, sondern müssen in sozialen Lernprozessen erschlossen werden. Didaktische Inszenierungen von Gesten schaffen die Voraussetzungen dafür, dass Gesten in ihrer kulturellen Bestimmtheit gelernt werden und dass sie multimodal kommunizieren können. Vor diesem Hintergrund kann diakonisches Lernen als ein Lernen *durch diakonische Gesten* gefasst werden, was den performativen Charakter deutlich macht. Ferner kann diakonisches Lernen als ein Lernen *über diakonische Gesten* beschrieben werden, insofern reflexive Lernprozesse ablaufen.

Martina Kumlehn nimmt mit ihrer Forderung, die Ästhetik als Reflexionsebene in die Diakoniewissenschaft einzubeziehen,[61] Gesten als ästhetische Kategorie besonders in den Blick, die es zu entdecken und zu gestalten gilt. „Denn zuwendende Haltung und Blickkontakte können als leibliche Einkleidung der eigenen Intention auch die verleiblichte Freiheit der Anderen in besonderer Weise erreichen. Werden die vielfältigen Wahrnehmungen im diakonischen Feld mit der christlichen Wahrnehmungsperspektive ästhetisch vermittelt und verschränkt, wie es sich natürlich auch in allen Formen der Andacht und des diakonisch-spirituellen Lebens ereignen kann, kann das vielfältig Bedrängende sowohl intensiv durchdrungen als auch in heilsame Distanz gebracht werden."[62] Diese Verbindung von Durchdringung und Distanz ist didaktisch bedeutsam und korrespondiert mit einem differenzierten Rollenverständnis.[63]

Klaas Huizing geht in seiner „Ästhetischen Theologie" noch weiter, indem er in systematisch-theologischer Perspektive darlegt, dass sich das Christentum selbst als „religiös-ästhetische Erfahrung" artikuliert[64] und das Charisma Jesu gerade durch „überzeugende Gesten der Humanität"[65] entsteht. Das

---

60 Vgl. Erika FISCHER-LICHTE (2007), 65.
61 Vgl. Martina KUMLEHN (2007a). Vgl. auch Kap. 0.
62 Martina KUMLEHN (2007a), 162.
63 Vgl. Kap. 0.
64 Klaas HUIZING (2002), 35.
65 Klaas HUIZING (2002), 33.

Charisma Jesu entsteht nicht durch Herrschaftsgesten, sondern durch Gesten der Demut. Gesten sind zentraler Ausdruck von Religiosität und damit wird die Inszenierung von Gesten im Religionsunterricht über das Methodische hinausgehoben ins Inhaltliche. Diese inhaltliche Bezogenheit ergibt sich aus den in den Evangelien beschriebenen Gesten Jesu und der gestischen Ausdrucksform christlicher Religion, die sowohl ein Wiedererkennen vertrauter Gesten und Prozesse als auch eine Veränderung von Lebenssituationen einschließen kann.[66] Religion gibt es nur in ihrer gestischen Ausdrucksform, nur indem sie praktiziert wird. Das Vaterunser ist für Huizing so lange nur ein literarischer Text, wie es nicht religiös bzw. liturgisch in Gebrauch genommen wird. Erst durch die Ingebrauchnahme, die sich auch gestisch ausdrückt (Gebets- oder Meditationshaltung), wird es zu einem religiösen Vollzug. So verstanden kann sich Religion nur gestisch ausdrücken.

Zahlreiche der von Huizing als Ausdruck christlicher Religiosität beschriebenen Gesten (z. B. Humanität, Solidarität, Zuneigung, Güte) können als diakonische Gesten verstanden werden. Unter diakonischen Gesten sind – in Anlehnung an Martina Kumlehn – Gesten der Zuwendung zum Nächsten zu verstehen, in denen sich „die in Jesus inkarnierte Liebesatmosphäre" ausdrückt.[67] Diese Liebesatmosphäre, die biblisch nicht allein auf das Wirken Jesu zu beschränken ist,[68] ist mit Gesten verbunden.

Besonders stark macht Huizing die „Geste des Kniefalls" mit Verweis auf das Gleichnis vom barmherzigen Samariter.[69] Durch eine „spielerische Identifizierung" mit den Protagonisten (in diesem Fall dem Samariter) tritt eine „Entsocklung" ein, „die leibhaft evident macht, wie der andere fühlt"[70]. Eine Inszenierung des Kniefalls führt darum nach Huizing zu einem Verstehensprozess.[71]

Gesten, die diakonisch konnotiert sind, können im Religionsunterricht inszeniert werden, was methodisch und inhaltlich einen zentralen Aspekt diakonischen Lernens darstellt. Drei Kategorien diakonisch konnotierter Gesten sind hierfür exemplarisch: Gesten der Zuwendung, der tätigen Hilfe und des Trostes. In den Werken der Barmherzigkeit (Mt 25,31–46) drücken

66 Vgl. Klaas HUIZING (2002), 35f.
67 Klaas HUIZING (2002), 35.
68 Vgl. zum Alten Testament Kap. 0 und zum frühen Christentum Kap. 2.2.3.
69 Vgl. Klaas HUIZING (2000), 190–224, besonders 202–223. Als diakonisch kann die Geste des Kniefalls aber nur angesehen werden, wenn der Kniefall als Akt der Hilfe und nicht als Akt der Demut betrachtet wird.
70 Klaas HUIZING (2000), 222.
71 Vgl. Klaas HUIZING (2000), 223.

sich genau diese Gesten aus: Hungrige speisen, Durstige tränken, Fremde beherbergen, Kranke und Gefangene besuchen. Alle Werke der Barmherzigkeit verbindet die Geste der Zuneigung. Demjenigen, der Hilfe braucht, wendet sich der Helfende leiblich zu (Blickkontakt, Körperneigung, Berührung). Die tätige Hilfe findet ihren besonderen Ausdruck im Speisen Hungriger, Tränken Durstiger sowie im Beherbergen von Fremden, während der Trost sich ausdrückt im Besuch der Gefangenen und Kranken.

Jeder dieser drei gestischen Kategorien soll im Folgenden eine biblische Erzählung zugeordnet werden, die auf narrativem Wege den diakonischen Aspekt unterstreicht.

Gesten der Zuwendung enthält im exemplarischer Dichte das Gleichnis vom verlorenen Sohn (bzw. vom barmherzigen Vater, Lk 15,11–32). Als erste Geste der Zuneigung kann die Aufteilung des Erbes gelten (15,12). Auf die Bitte des jüngeren Sohnes hin, ihm das Erbe auszuzahlen, teilt der Vater das Erbe unter seinen Söhnen auf. Aus einer Forderung wird eine Geste der Zuneigung und zwar an beide Söhne. Die Pervertierung der Zuwendungsgeste zeigt sich, als alle Habe aufgebraucht ist. Der Sohn „hängte sich an einen Bürger" (Lk 15,15, Lutherübersetzung), er wendet sich ihm zu, während dieser sich aber abwendet und den Protagonisten zu den Schweinen schickt.[72] Die Geste der Zuwendung ist damit auch ambivalent. Zuwendung wird nicht zwangsläufig mit Zuwendung beantwortet.

Seinen inszenatorischen Rahmen erhält diese Geste der Zuwendung durch die Geste des Vaters am Schluss des Gleichnisses. Während der jüngere Sohn am Beginn des Gleichnisses die Geste der Zuwendung zurückweist, indem er die empfangene Gabe missbraucht, fügt er sich am Schluss des Gleichnisses in die Geste der Zuwendung (V. 20–24).[73] Während die Geste der Demut des Sohns nicht näher beschrieben ist (V. 20f.), umschließt ihn der Vater mit beiden Armen und küsst ihn (Geste der Zuwendung, V. 20). Hier erreicht die Geste der Zuwendung ihren Höhepunkt im Gleichnis.

Der ältere Sohn wendet sich hingegen mit einer Geste von dieser Zuwendung ab (Lk 15,28) und erfährt in dieser Abwendung wiederum Zuwendung durch den Vater. Der Gestus der Zuwendung ist damit nicht nur auf den Hilfesuchenden bezogen, sondern auch auf den, der Abwendung signalisiert.

Dies Gleichnis und die Darstellung können insofern diakonisch in Anschlag gebracht werden, als die Zuwendung zu Sündern ebenso diakonisch

---

72 Vgl. François BOVON (2001), 37–66.

73 Vgl. zu dieser Geste beispielsweise die Darstellung der Rückkehr des Verlorenen Sohnes von Rembrandt (Öl auf Leinwand, um 1669, Ermitage, St. Petersburg).

zu deuten ist wie die zu Armen und Kranken.[74] Die *Geste der Zuwendung* kann darum als diakonische Geste verstanden werden, die sowohl für diakonisches Handeln als auch für diakonisches Lernen bedeutsam ist.

Der *Gestus der tätigen Hilfe* findet seinen Ausdruck in den zahlreichen Heilungswundern Jesu, was exemplarisch an der Heilung der Schwiegermutter des Petrus deutlich wird (Mk 1,29–31). Der markinische Jesus kommt als Gast in das Haus des Petrus und findet die kranke Schwiegermutter vor. Jesus erkennt die Notlage und fasst die Schwiegermutter bei der Hand (κατήσας τῆς χειρός), zieht sie zu sich hoch (ἤγειρεν αὐτὴν) und das Fieber ist vorbei, die Schwiegermutter geheilt.[75] Der Gestus der tätigen Hilfe bezieht sich nicht nur auf die Heilung selbst, sondern auch auf das Aufhelfen. Die Heilungen Jesu werden in besonderer Weise als dessen diakonische Handlung gesehen.[76]

In der Bibel finden sich zahlreiche *Gesten des Trostes*. So kehrt Noomi nach dem Tod ihrer beiden Söhne in ihre Heimatstadt Bethlehem zurück (Ruth 1). Während die eine Schwiegertochter sich von Noomi verabschiedet (Ruth 1,14), nicht ohne sie vorher zu küssen und auf diese Weise zu trösten, bleibt Ruth bei ihr und will künftig mit ihr gehen. Der Trost liegt hier in der Begleitung, im gemeinsamen Weg.[77]

Worte und die damit verbundenen Gesten sind ein häufig verwendetes Zeichen des Trostes, z. B. beim Abschied von David und Jonathan (1. Sam 20,35–21,1).[78] Trost ist nicht allein auf die Trauer beim Tod eines Menschen zu beziehen.

Diakonisches Handeln drückt sich demnach in „Gesten der Güte“ aus. In „Gesten der Güte“ zeigt sich die „Liebesatmosphäre Jesu“ (Huizing). In der „Liebesatmosphäre Jesu“ wiederum erweist sich die „Geste der Güte“ als diakonisch. Für das diakonische Lernen sind drei „Gesten der Güte“ von besonderer Bedeutung: die Geste der Zuwendung, der tätigen Hilfe und des Trostes.[79] Diakonisches Lernen ist damit die *didaktische* Inszenierung diakonischer Gesten der Güte.[80]

---

74 Vgl. Kap. 2.2.3.

75 Vgl. als bildliche Darstellung dazu REMBRANDT, Die Heilung der Schwiegermutter des Petrus, um 1650–1660, Federzeichnung, Paris.

76 Vgl. z. B. Friedrich Wilhelm HORN (1990).

77 Jesus tröstet die Emmausjünger auch, indem er mit ihnen gemeinsam den Weg geht (Lk 24,13–35).

78 Vgl. z. B. als bildliche Darstellung dazu REMBRANDT, Davids Abschied von Jonathan, 1642, Öl auf Holz, Ermitage, St. Petersburg.

79 Vgl. Kap. 6, These IX.

80 Vgl. Kap. 6, These XV.

Die beschriebenen Gesten können im Unterricht didaktisch inszeniert werden. So kann ein Rollenszenario geschaffen werden, bei dem das biblische Sujet im Spiel Bedeutung erlangt. Es geht hierbei weniger um Persönlichkeitsbildung, die meist für das diakonische Lernen in Anspruch genommen wird,[81] sondern vielmehr darum, dass durch die didaktische Inszenierung von Gesten die Lernenden ein Wissen über diakonische Gesten erwerben, dass es ihnen ermöglicht, entsprechende Gesten zu deuten und selbst anzuwenden. Gestische Inszenierungen ermöglichen den Lernenden, die leiblichen Aspekte diakonischen Handelns zu vergegenwärtigen, gestisch auszudrücken und Gesten zu erkennen, zu reflektieren und damit multimodal zu kommunizieren.[82]

Die Einleibung in den diakonischen Gestus ermöglicht einen Verstehensprozess (Huizing), durch den diakonisches Handeln erschlossen werden kann.

Gesten sind damit Körperbewegungen, performative Kommunikationen, die auf etwas zeigen, indem sie sich selbst zeigen.

3.1.3 Setting

Unter dem Begriff *Setting* werden in diesem Zusammenhang die räumlichen, zeitlichen und sächlichen Rahmenbedingungen unterrichtlicher Prozesse verstanden.

Das Setting einer Unterrichtsstunde ist in wesentlichen Markierungen vorgeschrieben: Unterricht findet zu einer festgelegten Zeit an einem festgelegten Ort statt. Mit dem Ort ist nicht nur ein konkreter Unterrichtsraum gemeint, sondern auch Anordnungen innerhalb dieses Raums, z. B. die Anordnung von Stühlen und Bänken.

Raum und Zeit sind im Theater fundamentale Kategorien (Anfangszeit, Bühnenraum), die beispielsweise durch Bühnenbild und Kostüme in Hinblick auf die dort stattfindende Aufführung akzentuiert werden. Requisiten verhelfen dem Raum zu der Bestimmtheit, die in, mit und durch den Raum zeichenhaft zur Darstellung kommen soll. Im Theater übliche Umgestaltungen (z. B. Kulissen) können auch im Schulalltag realisiert werden. Es gibt

---

81 Vgl. z. B. Christoph GRAMZOW (2010), 563ff.

82 Vgl. Kap. 6, These VIII. Zum Zusammenhang von Leiblichkeit und Inhaltlichkeit vgl. auch Silke LEONHARD (2006), 486.

unterrichtliche Prozesse, die über ihr Setting Bedeutung generieren (z. B. Rollenspiel, Gruppenarbeit).

Im Theater wie im Film wird ein besonderes Setting als Aktionsraum für Akteure geschaffen. Dadurch kommt die Handlung zu einer größeren Deutlichkeit. Durch das Bühnenbild wird eine andere Zeit, ein anderer Ort dargestellt und so eine ästhetische Differenz markiert.

Jeder Unterrichtsstunde liegt nun ein doppeltes Setting zugrunde, ein *faktisches* und ein *taktisches*.[83] Das Raum-Zeit-Setting ist für Schule konstitutiv, da Unterricht in einem definierten Raum zu einer bestimmten Zeit mit kalkulierbaren Requisiten und Methoden stattfindet. Ein solches faktisches Setting ist bedingt durch das System Schule, das nur in einem systemkonformen Rahmen verändert werden kann. Als Institution wirkt die Systemrationalität stark auf das jeweilige Unterrichtssetting zurück. Dagegen wird das taktische Setting durch die Lehrkraft (oder durch Lernende) bewusst arrangiert (z. B. werden Medien ausgewählt, Methoden konzipiert). Die Unterscheidung von faktischem und taktischem Setting ist insofern von Bedeutung, als das faktische Setting der Vielzahl von Sujets im Religionsunterricht nicht gerecht wird. Ein Verzicht auf taktische Settings würde leicht zu einer methodischen Verengung des Unterrichts führen. An Schulen mit Fachräumen für den Religionsunterricht bieten sich vielfältige Möglichkeiten, die Gegenstände des Fachs zur Geltung zu bringen.[84]

Der Erziehungswissenschaftler Hans Werner Heymann macht darauf aufmerksam, dass die unterrichtliche Inszenierung in entscheidender Weise vom jeweiligen Sujet[85] abhängt. Motivierende Unterrichtsverläufe sind auf starke Sujets angewiesen, während „curriculares Trockenbrot“[86] in der Regel kaum bildende Impulse freizusetzen vermag. Je entfernter also ein Sujet von der Lebenswelt der Lerngruppe ist, desto intensiver muss das Setting bedacht und arrangiert werden. Im Sinne eines erfahrungsorientierten Unterrichts ist es z. B. für Lernende nachvollziehbarer, sich bei einer Exkursion in ein diakonisches Krankenhaus mit der Situation von Behinderten auseinanderzu-

---

83 Silke Leonhard und Thomas Klie sprechen im Zusammenhang von unterrichtlicher Inszenierung von taktischer und faktischer Performanz, vgl. Silke LEONHARD/Thomas KLIE (2008), 15. Faktisch ist danach jeder Unterricht als Inszenierung zu sehen, während es der Performativen Religionsdidaktik um eine taktische Performanz geht.

84 Vgl. Franziska STOELLGER (2011). Die Bedeutung solcher Fachräume zeigt sich auch bei anderen Fächern. So bleibt bspw. ein Chemieunterricht, der nicht in einem Fachraum für Chemie stattfindet, hinter seinen Ansprüchen zurück.

85 Vgl. Kap. 0.

86 Vgl. Hans Werner HEYMANN (2008), 7.

setzen als auf einem Arbeitsblatt die biographischen Daten Wicherns zu studieren.

Im Unterschied zum Sujet, das in der Regel durch curriculare Vorgaben eingegrenzt ist, ist das taktische Setting bestimmt durch das Moment der Freiheit der Lehrkraft. Anders formuliert: das faktische Setting muss auf Grundlage des Sujets zu einem angemessenen taktischen Setting erweitert werden.

Meyer-Blanck spricht im Zusammenhang liturgischer Gestaltung davon, dass „die Sache in Form“ gebracht wird.[87] Ein bestimmter Inhalt, ein Sujet, wird auf eine besondere Weise inszeniert bzw. geformt. Damit wird „im Moment der Aufführung“ eine neue „Wirklichkeit gesetzt“[88]. Für das Setting gilt darum, dass das Setting dazu beiträgt, bestimmte Inhalte angemessen, d. h. an den Lernvoraussetzungen der Schülerinnen und Schüler orientiert, zu performieren. Rollenverständnis, Gesten und Setting stehen damit in enger Relation zum jeweiligen Sujet. Ohne Sujet können in einer Inszenierung keine Inhalte generiert werden. Darum wird im Folgenden der Frage der Bedeutung des Sujets für die Inszenierung näher nachgegangen.

Der Begriff *Setting* beschreibt demnach in diesem Zusammenhang die räumlichen, zeitlichen und sächlichen Rahmenbedingungen unterrichtlicher Prozesse.

3.1.4 Sujet

Das Zusammenspiel von Inhalt und Methode ist eine konstitutive Funktion der Didaktik. Methoden sind ohne Bezug zu einem Inhalt nicht darstellbar, ebenso wie sich ein Inhalt erst in Gestalt einer Methode darstellt.[89] In performativer Perspektive sind weder abstrakte Methoden noch abstrakte Inhalte denkbar. Inhalte nehmen „erst im Beschreiten eines besonderen Lernweges Gestalt an“.[90]

In seiner Habilitationsschrift „Zeichen und Spiel“ legt Klie in seinem religionspädagogischen Kapitel[91] in Anlehnung an Lothar Klingberg dar, dass „allein am vorgegebenen Sujet“ die unterrichtliche Inszenierung Anhalt fin-

---

87 Vgl. Michael MEYER-BLANCK (1996), 4.
88 Michael MEYER-BLANCK (1996), 5. Zum dahinter liegenden semiotischen Verständnis vgl. Kap. 0.
89 Vgl. Thomas KLIE (2001), 326.
90 Thomas KLIE (2001), 326.
91 Thomas KLIE (2003b), 353ff.

det.[92] Am Sujet orientieren sich die Aktivitäten der Lernenden entsprechend dem didaktischen Kalkül des „Regisseurs". Das bedeutet auch, dass nur durch die Inszenierung das Sujet vergegenwärtigt werden kann.[93] Ohne unterrichtliche Inszenierung kann es keinen Inhalt geben, wie es auch ohne Sujet keine unterrichtliche Inszenierung geben kann.

In prägnanter Weise legt dies der Didaktiker Lothar Klingberg dar.[94] Klingberg versteht Unterricht als einen pädagogischen Prozess, der durch eine Inhalt-Methode-Relation gekennzeichnet ist.[95] Er differenziert zwischen „Stoff" (Sujet) und „Inhalt" des Unterrichts. „Der Inhalt des Unterrichts wird im *Prozeß* des Unterrichts durch die Akteure dieses Prozesses ‚geschaffen'."[96] Daher *gibt* es nicht *den* Inhalt des Unterrichts, sondern dieser wird „prozessual konstituiert".[97] Anders der Unterrichtsstoff, der dem Unterricht vorausliegt: Klingberg sieht im Unterrichtsstoff eine „objektive Konstituente des Unterrichtsprozesses".[98] Auch wenn heute angesichts der Diskussion um Kompetenzorientierung und Standards Klingbergs Formulierung „*objektive* Konstituente" überzogen erscheint, ist die sachliche Unterscheidung von „Stoff" und „Inhalt" richtig. Eine Unterrichtsmethode beschreibt für Klingberg die Form, in der der Inhalt des Unterrichts erscheint. Darum kann die Methode auch nicht auf den Stoff beschränkt bleiben, sondern muss auf den Inhalt bezogen werden und die sich darin ereignenden Lehrer- und Schüleraktivitäten.[99] Die Angemessenheit einer Methode zeigt sich nach Klingberg am Inhalt, wobei er in der Differenzierung von Inhalt als Prozess und Inhalt als Stoff am Stoff orientiert ist, so dass das „Maß", das er einfordert, dieser Differenzierung nicht standhält.[100]

Hilbert Meyer und Werner Jank beschreiben den Inhalt des Unterrichts als „Janusgesicht"[101], indem sie zwischen dem „Thema" (Sujet) als den vorgegebenen Richtlinien und dem „Inhalt", der durch Methoden erarbeitet wird, differenzieren.

Der hier verwendete Begriff „Sujet" beschreibt, was Klingberg „Stoff" und Jank/Meyer „Thema" nennen. „Sujet" kommt aus dem Französischen und ist

92 Thomas KLIE (2003b), 436.
93 Vgl. Thomas KLIE (2003b), 439.
94 Vgl. insbesondere das erst nach der Vereinigung entstandene Werk: Lothar KLINGBERG (1995).
95 Lothar KLINGBERG (1995), 100–102.
96 Lothar KLINGBERG (1995), 104 (Hervorhebung im Original).
97 Ebd.
98 Ebd.
99 Vgl. Lothar KLINGBERG (1995), 103f.
100 Vgl. Lothar KLINGBERG (1995), 109f.
101 Werner JANK/Hilbert MEYER (2003), 53.

dem lat. *subiectum* entlehnt, im Deutschen wird es meist mit „Thema“ wiedergegeben.[102] Allerdings ist das semantische Feld des Begriffs „Sujet“ weiter gefasst, da hierin die „Synthese von Inhalt und Form“ angelegt ist. Im pädagogischen Sprachspiel meint „Sujet“ eine prästabilierte Strukturierung des Inhalts.[103]

Für Thomas Klie ist der Begriff Sujet (besser als „Stoff“ oder „Inhalt“) geeignet, um die Verbindung von Inhalt und Form auszudrücken.[104] Weil der „Inhalt“ des Unterrichts sich nicht allein am „Stoff“ orientiert, sondern sich erst in einer „Form“ respektive einer Methode ereignet, macht der Begriff Sujet diesen Zusammenhang besonders deutlich. Die Bedeutung des Inszenierungsbegriffs für didaktische Prozesse wird im Folgenden gezeigt.

Der Begriff *Sujet* beschreibt in unterrichtlichen Prozessen eine prästabilierte Strukturierung des Inhalts und damit einen Lernzusammenhang, der in, mit und unter der Inszenierung zu einem signifikanten Inhalt werden kann.

3.1.5 Der Begriff der Inszenierung

Für die eingangs bestimmten Kategorien ist der Inszenierungsbegriff der integrale Theoriekontext. Inszenierung beschreibt die Funktionseinheit, die den Zusammenhang zwischen bestimmten unterrichtsdramatischen Teilfunktionen (Rolle, Gesten, Setting, Sujet) herstellt. Um dies genauer darlegen zu können, ist es zunächst notwendig, den Inszenierungsbegriff selbst näher zu bestimmen. Er hat seinen Ursprung in der Kunst, genauer im Bereich des Theaters.[105] Dabei bezieht sich der Begriff „auf einen Vorgang, der zu einem bestimmten Zeitpunkt an einem bestimmten Ort stattfindet und sich an ein bestimmtes Publikum wendet“[106], und er geht über das von Husmann eingangs skizzierte Verständnis und damit auch über die von ihr aufgezeigte Strukturanalogie von Inszenierung und Unterricht hinaus. Ein von einem oder mehreren Autoren verfasstes Werk geht von einem „rein geistigen und

---

102 Vgl. Friedrich KLUGE (1999), 808 und Siegfried SCHMALZRIEDT (1996).

103 Katrin ZUSCHLAG (2002), 347f. Im russischen Formalismus spielt die Differenzierung von „Fabel“ und „Sujet“ eine wesentliche Rolle (Fabel-Sujet-Dichotomie). Dabei handelt es sich bei der „Fabel“ zumeist um den literarischen „Stoff“ und beim Sujet um dessen literarische Bearbeitung, vgl. Wolf SCHMID (2008), 236–245.

104 Vgl. Thomas KLIE (2003b), 439.

105 Vgl. zur Begriffsgeschichte u. a. Erika FISCHER-LICHTE (2004), 318ff.

106 Josef FRÜCHTL/Jörg ZIMMERMANN (2001b), 31.

verborgenen Dasein“ über in das „reale und gegenwärtige Theaterdasein“.[107] Zusätzlich zu den vier beschriebenen Kategorien (Rolle, Gesten, Setting und Sujet), die für den Inszenierungsbegriff wesentlich sind, ist für den Begriff der Inszenierung die Aufführungspraxis essentiell. Inszenierung gibt es nur im Modus der Performanz. Diese muss auch nicht singulär, sondern kann auch auf Wiederholung angelegt sein. Inszenierung ist daher als ein Prozess zu verstehen, der sich über mehrere Stationen (Werk, Ideen des Regisseurs, Proben bzw. im Unterricht didaktische und methodische Überlegungen, Lehrer- und Schülerrollen) bis zur Aufführung und zur Wirkungsgeschichte erstreckt.[108]

Über die sehr allgemeinen Markierungen Husmanns hinausgehend macht der Philosoph Martin Seel drei Merkmale von Inszenierungen geltend: „Inszenierungen sind absichtsvoll ausgeführte oder eingeleitete sinnliche Prozesse.“[109] Die Intentionalität ist damit essentiell für Inszenierungen, zufällige Ereignisse sind keine Inszenierungen. Allerdings muss sich die Intentionalität nicht auf die Inszenierung als Ganzes beziehen, sondern kann auch nur Teilaspekte betreffen.

Das zweite Merkmal der Inszenierung ist für Seel das Publikum. Für ein Publikum wird etwas inszeniert. Dabei spielt es keine Rolle, ob das Publikum bei der Inszenierung leiblich anwesend ist (wie z. B. bei einer Theateraufführung) oder nicht (z. B. beim Film).[110] Ohne Publikum aber sind nach Seel auch absichtsvolle Prozesse keine Inszenierung. Die Analogie zum Unterrichtsprozess leuchtet ein: Ohne partizipierende Lerngruppe, die mal beobachtet wie ein Publikum, mal agiert wie ein Schauspieler, gibt es keinen Unterricht. Ein schriftlich verfasstes Unterrichtssetting (ein Unterrichtsentwurf) ist kein Unterricht, sondern ein „Stück“, das auf seine Aufführung wartet.

Schließlich bezieht sich das dritte Merkmal auf die „spatiale und temporale Anordnung von Elementen ..., die auch ganz anders hätte ausfallen können“[111]. Inszenierungen beziehen sich immer auf räumliche und zeitliche Gegebenheiten und sind räumlich und zeitlich begrenzt. Darüber hinaus handelt es sich bei einer Inszenierung um ein „arbiträres Arrangement“. Alles hätte immer auch nicht anders dargestellt werden können. Es gibt keine

---

107 Nach Jacques COPEAU, zitiert aus Josef FRÜCHTL/Jörg ZIMMERMANN (2001b), 32.
108 Vgl. Josef FRÜCHTL/Jörg ZIMMERMANN (2001b), 35.
109 Martin SEEL (2001), 49.
110 Vgl. Martin SEEL (2001), 50f.
111 Martin SEEL (2001), 51.

Notwendigkeit für eine bestimmte Inszenierung, sondern es hätte anders sein können, in der je aktuellen Inszenierung ist es aber gerade so. „Inszenierungen sind Ereignisse eines vorübergehenden, grundsätzlich arbiträren, für die Augen und Ohren eines Publikums dargebotenen Arrangements.“[112]

Diese sehr umfassende Begriffsbestimmung macht die Künstlichkeit und die Semiotizität von Inszenierungen deutlich. Inszenierungen können sehr komplex sein, insofern in ihr vielfältige - zum Teil auch simultane - Handlungen ablaufen. Inszenierungen sind künstliche Handlungen, weil sie für einen bestimmten Zweck arrangiert werden: „Inszenierungen sind ein artifizielles Verhalten und Geschehen“.[113]

Inszenierungen sind für Seel demnach intentionale, am Publikum orientierte „arbiträre“ Arrangements. Sie sind kontingent, insofern sich aus der Inszenierung ergebende Folgerungen (Aufführung, Wirkung) nicht mitinszeniert werden können. Inhaltlich betont Seel, dass jede Inszenierung eine „Inszenierung von Gegenwart“[114] ist, sie macht die Gegenwart für andere bemerkbar. Unter einer Inszenierung von Gegenwart versteht Seel nicht die Darstellung von Objekten, sondern vielmehr einen Zustand, „in dem uns die Dinge der Welt und des Lebens auf verschiedene Weise etwas angehen“[115]. Das Medium der Inszenierung ist dabei das „Medium des Erscheinens“,[116] Inszenierung bezeichnet also „ein öffentliches Erscheinenlassen von Gegenwart“[117]. Semiotisch gesprochen: Ein Signifikat äußert sich als Signifikant. Durch - wie Seel es nennt - „künstliche Inszenierungen“ werden Gegenwarten dargeboten. Es wird also nicht eine besondere Gegenwart hergestellt, sondern es kommt zur Imagination „menschlicher Gegenwarten“[118]. Die Imagination von Gegenwart wird damit zum zentralen Moment des Inszenierungsverständnisses.

Den drei Merkmalen von Inszenierung (*absichtsvolle Prozesse*; *Inszenierung für das Publikum* und *spatiale bzw. temporale Anordnung*) fügt Seel damit drei inhaltliche Beschreibungen (Inszenierung von *Gegenwart* im Medium des *Erscheinens* als *Imagination*) hinzu. Seel selbst warnt davor, den Begriff der Inszenierung zu sehr auszuweiten, als ob jedes Handeln Inszenie-

---

112 Martin SEEL (2001), 52.
113 Ebd.
114 Martin SEEL (2001), 53.
115 Martin SEEL (2001), 54.
116 Martin SEEL (2001), 56.
117 Ebd.
118 Martin SEEL (2001), 58.

rung wäre. „Jede Inszenierung ... ist ein Vorgang des Handelns, aber nicht jedes Handeln ist (Teil einer) Inszenierung“[119].

Didaktisch ist bei dem Inszenierungsverständnis Seels der fehlende Verweis auf das Sujet allerdings problematisch.[120] In Anlehnung an die eingangs zitierte Formel „man kann nicht *nicht* inszenieren“ muss an dieser Stelle betont werden: Man kann nicht *nichts* inszenieren. Die Inszenierung ist immer an ein Thema, an einen Stoff gebunden (Theaterstück, Drehbuch, unterrichtliches Sujet). Dessen Ausblendung bei Seel und seine Konzentration auf formale Aspekte der Inszenierung rauben der Inszenierung ihren eigentlichen Kern. Semiotisch ausgedrückt: Kein Signifikat ist ohne Signifikant darstellbar.

Inszenierung als Kategorie zur Beschreibung von Unterricht kann darum mit diesem Inszenierungsverständnis nur unvollständig sein. Um ein klareres Bild davon zu bekommen, was unter Inszenierung verstanden werden kann, soll darum der Begriffsbestimmung von Martin Seel die von Erika Fischer-Lichte gegenübergestellt werden, um dann die Merkmale unterrichtlicher Inszenierung zu entfalten.

Gegenüber Seel betont die Theaterwissenschaftlerin Fischer-Lichte die Unterscheidung von Inszenierung und Aufführung. Inszenierung ist als Planung dessen zu verstehen, was in der Aufführung zum Ausdruck kommt, wobei die Inszenierung auch Raum lässt für Nicht-Geplantes. Nach Fischer-Lichte ist Inszenierung daher der „Vorgang der Planung, Erprobung und Festlegung von Strategien, nach denen die Materialität der Aufführung performativ hervorgebracht werden soll, wodurch zum einen die materiellen Elemente als gegenwärtige, in ihrem phänomenalen Sein in Erscheinung treten können, und zum anderen eine Situation geschaffen wird, die Frei- und Spielräume für nicht-geplante, nicht-inszenierte Handlungen, Verhaltensweisen und Ereignisse eröffnet“[121]. Im Begriff der Inszenierung ist für Fischer-Lichte der der Reflexion eingeschlossen. Gerade für unterrichtliche Prozesse ist diese Unterscheidung von Inszenierung und Aufführung wesentlich. Inszenierung meint demnach den Prozess der Unterrichtsplanung, während die daraus folgende Unterrichtsstunde die Aufführung ist.

Die Inszenierung bewirkt, dass das, was erscheint, auffällig ist. Der Wahrnehmende nimmt im Akt der Wahrnehmung wahr, „wie die Bewegungen,

---

119 Martin SEEL (2001), 48.

120 Vgl. zur „neuen Inhaltlichkeit“ Thomas KLIE (2001), 325–332.

121 Erika FISCHER-LICHTE (2004), 327.

Licht, Farben, Laute, Gerüche etc. ihn affizieren, ja transformieren".[122] In diesem Sinne bezeichnet Fischer-Lichte Inszenierung als „Wiederverzauberung der Welt", deren Ziel die „Verwandlung der an der Aufführung Beteiligten" ist.[123] An dieser Stelle geht der Inszenierungsbegriff von Fischer-Lichte über den in schulischen Zusammenhängen hinaus. Lernende werden durch die Teilnahme am Unterricht nicht verwandelt, gleichwohl werden sie in eine andere Welt - eine didaktisch motivierte Fiktion - geholt, die nicht die ihre sein muss.

Zwischen dem, was inszeniert, d. h. in der Inszenierung geplant ist, und dem, was ein Zuschauer wahrnimmt, kann ein Widerspruch bestehen. Intention der Inszenierung und Aufführung müssen nicht unbedingt in Übereinstimmung sein. Die Inszenierung kann nicht steuern, ob die Intention bei den Wahrnehmenden tatsächlich ankommt. So ist das Gelingen einer Inszenierung ein „emergentes Phänomen".[124] Dies gilt auch für unterrichtliche Prozesse.

Fischer-Lichte verbindet die theatrale Inszenierungslogik mit der Semiotik, indem sie von emergenten Phänomenen ausgeht, die im wahrnehmenden Subjekt Assoziationen auslösen und es dadurch in die Lage versetzen, sich zu anderen Phänomenen in Beziehung zu setzen.[125] „Sie werden offensichtlich als Signifikanten wahrgenommen, die sich auf die unterschiedlichsten Phänomene beziehen, in unterschiedlichste Kontexte versetzen und mit den unterschiedlichsten Signifikaten verbinden lassen".[126] Auf der anderen Seite werden die einzelnen Elemente der Inszenierung nicht als Träger von Bedeutungen gesehen und damit nicht mit anderen Elementen in Beziehung gesetzt, sondern nur in ihrer Materialität wahrgenommen. Diesen Widerspruch erklärt Fischer-Lichte mit der bewussten Wahrnehmung. Bedeutung erhält etwas erst durch eine bewusste Wahrnehmung. „Etwas bewußt wahrzunehmen heißt, es als etwas wahrzunehmen."[127] Indem etwas bewusst wahrgenommen wird, erlangt es auch Bedeutung. Eine solch bewusste Wahrnehmung bedarf es auch in Bezug auf unterrichtliche Prozesse. Nur wenn Lernende die Inszenierung als Ganzes bzw. einzelne Elemente daraus bewusst wahrnehmen, kann diese für sie auch Bedeutung erlangen.

---

122 Erika FISCHER-LICHTE (2004), 330.
123 Ebd.
124 Erika FISCHER-LICHTE (2004), 331.
125 Vgl. in hierzu auch die Überlegungen zur narrativen Didaktik Kap. 3.2.
126 Erika FISCHER-LICHTE (2004), 243.
127 Erika FISCHER-LICHTE (2004), 245.

Aufgrund der dargestellten Inszenierungsbegriffe[128] legt sich das Verständnis von Unterricht als Inszenierung nahe,[129] auch wenn nicht alle Inszenierungsmerkmale direkt auf unterrichtliche Prozesse übertragen werden können. Die Welt des Theaters weist viele Ähnlichkeiten mit der Welt der Schule auf, aber die Schule ist kein Theater. Eine Parallelisierung von Didaktik und Inszenierung bezieht sich auf:

- die Unterscheidung von Inszenierung und Aufführung;
- die Intentionalität;
- die Subjektbezogenheit und Präsenz;
- die spatiale und temporale Anordnung;
- die Vergegenwärtigung von Inhalten.

Die eingangs von Husmann benannten Kriterien zur Gegenüberstellung[130] von Unterricht und Inszenierung (Künstlichkeit, Figuren, Textbuch, Kunstanspruch und Erfolg, Handlungen) können auf die hier dargelegten Kriterien bezogen werden, wenngleich diese enger am Inszenierungsbegriff bleiben.[131] An dieser Stelle geht die konzeptionelle Bestimmung des Inszenierungsbegriffs über die Kriterien von Husmann hinaus, insofern als damit klarer die Bezogenheit von Inszenierung und Unterricht dargestellt werden kann.

---

128 Wolfgang Iser geht in seinem Inszenierungsverständnis noch weiter, indem er Inszenierung als „anthropologische Kategorie" darstellt; vgl. Wolfgang ISER (1991), 504ff. Inszenierung wird demnach dort wichtig, wo „Wissen und Erfahrung" an ihre Grenzen kommen. Durch Inszenierung kann sich also das erschließen, was durch Wissen und Erfahrung verborgen bleibt – vgl. Wolfgang ISER (1991), 508 – wobei die Inszenierung das Leben nicht kompensiert und nicht komplettiert. „Statt dessen entstehen durch Inszenierungen die Simulacra des Unverfügbaren" (ebd.). Einer Inszenierung liegt immer etwas voraus, was durch die Inszenierung zur Erscheinung kommt. „Dieses Vorausliegende vermag niemals vollkommen in Inszenierung einzugehen, weil sonst dieses selbst das ihr vorausliegende wäre. Anders gewendet ließe sich auch sagen, daß jede Inszenierung aus dem lebt, was sie nicht ist." (511) Inszenierungen verweisen damit auf etwas, das jenseits der Inszenierung liegt und werden damit zur Doppelung der Gegenwart. Sie sind menschliche Selbstauslegung im Modus einer ästhetischen Darstellung.

129 Gottfried Hausmann stellt in seiner „Didaktik als Dramaturgie des Unterrichts" den Bildungsvorgang als „dramatisches Ereignis" dar, das den gleichen Gesetzen wie das Drama am Theater folgt; vgl. Gottfried HAUSMANN (1959), 64. Die Dramaturgie ist für ihn damit der „Schlüssel zur Didaktik"; vgl. Gottfried HAUSMANN (1959), 78f. Gleichwohl warnt er davor, Dramaturgie und Didaktik in dergestalt zu parallelisieren, dass man beides für identisch hält; vgl. Gottfried HAUSMANN (1959), 74.

130 Vgl. Bärbel Husmann (2008), 34ff. mit Verweis auf Theodor Schule (1995).

131 Alle von Husmamm benannten Kriterien (Künstlichkeit, Figuren, Textbuch, Kunstanspruch und Erfolg sowie Handlung) fließen hier ein. So ist beispielsweise die Künstlichkeit gegeben, wenn zwischen Inszenierung und Aufführung unterschieden wird, ebenso bei der Betonung der Intentionalität.

Unterscheidung von Inszenierung und Aufführung
Die von Fischer-Lichte betonte Unterscheidung von Inszenierung und Aufführung ist gerade für unterrichtliche Zusammenhänge von großer Bedeutung. Inszenierung hat demnach eine Analogie in der Planung des Unterrichts, während die Aufführung mit dessen Durchführung korreliert. Man kann darum Unterricht nicht *nicht* inszenieren. Indem es zur Aufführung von Unterricht kommt, ist dieser inszeniert, d. h. in der Regel auch geplant. Über die Planung (Inszenierung) selbst ist damit noch nichts gesagt, sie kann gelungen und weniger gelungen sein, schülerorientiert oder lehrerzentriert, Ergebnis eines langen Vorbereitungsprozesses oder das von Überlegungen beim Berühren der Türklinke. Unterscheidet man zudem zwischen *taktischer* und *faktischer* Inszenierung, wird Unterricht *als* Inszenierung noch deutlicher.[132]

Durch die Unterrichtsplanung werden vor jeder Aufführung und im Sinne einer gelingenden Aufführung Strategien erarbeitet, „nach denen die Materialität der Aufführung performativ hervorgebracht werden soll"[133]. Die in der Aufführung hervorgebrachten szenischen Artefakte werden von den Lernenden als gegenwärtig wahrgenommen und verstanden. Darstellung und Wahrnehmung laufen in der Performanzsituation parallel. Zugleich gibt es aber auch Spielergebnisse, die sich einer Planung entziehen und die sich kontingent einstellen. In theatraler Perspektive zeigt sich Unterricht also als Darstellungshandlung, die geplant (inszeniert) wird, auch wenn nicht alle Wirkungen des aktuell sich vollziehenden Unterrichts (der Aufführung) geplant (inszeniert) werden können. Dies betrifft beispielsweie Unterrichtsstörungen im negativen Fall, aber auch geniale Einfälle von Schülern, die weit über das von der Lehrperson geplante Unterrichtsgeschehen hinausgreifen.

Der Unterricht stellt sich in theatertheoretischer Perspektive als eine offene Bühne dar, auf der ein vorab festgelegter Unterrichtsgegenstand über das didaktische Szenario (Methoden, Medien) Gestalt annimmt und damit Bedeutung gewinnt. Dies gilt im Prinzip für die Behandlung der binomischen Formeln im Mathematikunterricht bis hin zur Behandlung liturgischer Elemente im Religionsunterricht. Selbst das schlichte Verlesen der 10 Gebote beim Lehrervortrag ist in theatertheoretischer Perspektive eine Form der Aufführung, bei der Wortlaute zur Darstellung gelangen.

---

[132] Vgl. Kap. 0.
[133] Erika FISCHER-LICHTE (2004), 327.

Intentionalität
Indem Martin Seel die Intentionalität von Inszenierungen betont, wird die Affinität zum Unterricht besonders deutlich. Unterricht ist ein absichtsvoll ausgeführter bzw. angeleiteter Prozess. Der Pädagoge Hartwig Schröder sieht Unterricht als „organisierte Interaktion von Lehren und Lernen“[134] und betont, dass Unterricht primär durch „Absicht und Planmäßigkeit“ bestimmt wird.[135] Damit ist eine zentrale Gemeinsamkeit von Inszenierung und Unterricht beschrieben: die Intention. Wie bei der Inszenierung so gilt auch beim Unterricht, dass die Darstellung eines vorab ausgegrenzten Gegenstandsbereichs planvoll und zielgerichtet erfolgt. Die intentionale Verfasstheit von Unterricht muss sich nicht unbedingt auf den ganzen Unterrichtsprozess beziehen, sondern kann auch bestimmte Teilabschnitte umfassen. Empirisch betrachtet hat *jeder* Unterricht unplanbare bzw. ungeplante Nebenfolgen.[136]

Subjektbezogenheit und Präsenz
Als zweites Merkmal seines Inszenierungsbegriffs stellt Seel die Funktion des Publikums heraus. Bezogen auf den Unterricht sind dies einerseits die Lernenden, andererseits aber auch die Lehrkräfte, insofern sie selbst Akteure in dem von ihnen inszenierten und mitaufgeführten Lehrstück sind.[137] Unterricht kann also nur insofern als Inszenierung gelten, als er alternierende Rollen vorsieht. Aus dem Lehrer-Regisseur wird in bestimmten Phasen auch der Mitspieler (z. B. beim Tafelanschrieb) und wenn ein Schüler etwas vorführt (sagt), dann wechseln Akteur und Mitschüler plus Lehrkraft in die Rolle des Publikums.

Die Rollen einer unterrichtlichen Inszenierung wechseln einander ab. Temporäre und funktionale Rollenwechsel sind Bedingungen gelingender unterrichtlicher Inszenierungen. Demzufolge kann es in didaktischer Hinsicht – anders als bei Seel – keine Gegenüberstellung von Inszenierung und Publikum geben.[138] Unterrichtsprozesse kommen aber – im Unterschied zum Selbststudium – nicht ohne Publikum aus. Jede Inszenierung braucht ein Publikum, auch wenn nicht jede Inszenierung *für* ein Publikum gedacht ist, sondern *mit* ihm. Unterricht ist – in theatertheoretischer Perspektive – die gemeinsame Darbietung von Lehrenden und Lernenden. Der Publikumsbe-

---

[134] Hartwig SCHRÖDER (2002), 75.
[135] Hartwig SCHRÖDER (2002), 76.
[136] Vgl. zur Planbarkeit Kap. 0.
[137] Vgl. hierzu die dargestellten Beispiele in Bernhard DRESSLER/Thomas KLIE/Martina KUMLEHN (2012a).
[138] Fischer-Lichte sieht diese auch nicht beim Theater; vgl. Erika FISCHER-LICHTE (2004), 63–128.

griff wird darum unterrichtlichen Inszenierungsprozessen nur bedingt gerecht, zumal Publikum – rein äußerlich – auf eine eher passive Rolle verweist.[139]

Im Zusammenhang mit dem Konfirmandenunterricht spricht Thomas Klie vom „spielenden Zuschauer“ und „zuschauenden Spieler“,[140] um deutlich zu machen, dass das Rollenportfolio je nach Unterrichtsphase Veränderungen unterliegt. Je mehr die Lehrkraft es versteht die Lernenden zu aktivieren, desto mehr werden sie selbst zu Akteuren in ihrem Lehr-/Lernstück.

Das, was inszeniert und aufgeführt wird, erlangt Bedeutung nur in den Köpfen der Beteiligten. Eine solche Subjektbezogenheit kann darum als Merkmal unterrichtlicher Inszenierungen verstanden werden. Damit ist verbunden, dass die unterrichtliche Inszenierung nur in ihrer Gegenwärtigkeit bestimmt werden kann (Unterscheidung von Inszenierung und Aufführung) und nur insofern als die handelnden Akteure in ihren Rollen präsent sind.[141]

Spatiale und temporale Anordnung

Die von Seel angeführte „spatiale und temporale Anordnung“ gilt entsprechend auch für unterrichtliche Inszenierungen. An der Schule gibt es einen Spielraum und eine für die Inszenierung freigehaltene Spielzeit, in der Regel eine Unterrichtsstunde. Dies muss nicht der Klassenraum sein, auch eine Kirche oder ein Museum bieten bei einem Unterrichtsgang eine solche raumzeitliche Anordnung. Die zeitliche Beschränktheit von Unterricht auf zumeist 45 (bzw. 90) Minuten stellt im Blick auf die Inszenierung im thematischen Umfeld diakonischen Lernens eine relativ starke Reglementierung dar, die jedoch gerade bei diakonischen Praktika unterlaufen wird.

Vergegenwärtigung

Bei der inhaltlichen Beschreibung von Inszenierungen betont Seel, dass Inszenierungen Gegenwart inszenieren. Dies gilt analog auch für den Unterricht. Betrachtet man Unterricht als Inszenierung, so macht sich in ihm die Präsenz eines Lerngegenstands aktuell bemerkbar.[142] Dabei geht es um die räumlichen und zeitlichen Anordnungen, um das je aktuelle Erscheinen von Gegenwart, um die jeweils intendierte Imagination eines vorgegebenen Su-

[139] Auf die Zuschauer als „Mitspieler“ verweist auch Fischer-Lichte; vgl. Erika FISCHER-LICHTE (2004), 47.

[140] Vgl. Thomas KLIE (2001), 328.

[141] Vgl. Michael MEYER-BLANCK (1996), 12.

[142] Vgl. Martin SEEL (2001), 54.

jets. Lernende gestalten über ihr Inszenierungshandeln einen Gegenstand als Gegenwart.

Unterrichtliche Inszenierungen sind damit inszenierte Wirklichkeiten, denen das Moment der Künstlichkeit zu eigen ist. Was unterrichtlich inszeniert wird, ist kein Abbild der Gegenwart, sondern verweist lediglich auf sie.[143] Insofern wird - anders als Seel behauptet - nicht Gegenwart inszeniert, sondern ein Sujet wird je aktuell imaginiert und in Szene gesetzt.

Davon zu unterscheiden ist darum auch die Repräsentation von Wirklichkeit, die nach Peter Biehl den sog. Symbolen zukommt.[144] „Realpräsenz" kommt weder Symbolen noch anderen unterrichtlichen Sujets zu,[145] die lediglich Verweischarakter haben.

Durch die unterrichtliche Aufführung der Inszenierung vergegenwärtigen die Lernenden ein bestimmtes Sujet. So können auch unterschiedliche Sujets wie die Photosynthese durch die methodische Gestaltung im Biologieunterricht ebenso vergegenwärtigt werden wie Luthers Thesen über ein entsprechendes Medium im Religionsunterricht.

3.1.6 Zur Planbarkeit und Intentionalität unterrichtlicher Prozesse

Mit der aktuellen Diskussion um den Kompetenzbegriff[146] ist auch die Frage nach der Planbarkeit und Intentionalität unterrichtlicher Prozesse verbunden. Grundlage des Kompetenzbegriffs ist die Definition Franz Weinerts, nach der Kompetenzen „die bei Individuen verfügbaren oder durch sie erlernbaren kognitiven Fähigkeiten und Fertigkeiten" sind, „um bestimmte Probleme zu lösen, sowie die damit verbundenen motivationalen, volitionalen und sozialen Bereitschaften und Fähigkeiten, um Problemlösungen in variablen Situationen erfolgreich und verantwortungsvoll nutzen zu können".[147]

---

143 Vgl. Thomas KLIE (2003b), 436.

144 Vgl. Peter BIEHL (1991), 46f.

145 Das von Peter Biehl in seiner Argumentation herangezogene Beispiel der zerbrochenen Tonscherbe als „Symbol" der Freundschaft erscheint für seine Argumentation eher fragwürdig, da es sich nicht um ein Symbol handelt (allenfalls im wörtlichen Sinn), sondern um einen konkreten Gegenstand, der aber auch nicht über einen Erinnerungswert hinausreicht; vgl. Peter BIEHL (1991), 46f.

146 Vgl. zum Kompetenzbegriff insbesondere die Beiträge in Franz WEINERT (2001) sowie Bundesministerium für Bildung und Forschung (2003), 19ff. Bezogen auf die religiöse Kompetenz z. B. Dietlind FISCHER/Volker ELSENBAST (2006), Bernhard DRESSLER (2009b), Martin ROTHGANGEL (2009).

147 Franz WEINERT (2001), 27f.

Kompetenzen zeigen sich demnach nur in praktischen Vollzügen auf der Ebene der Performanz.[148] Der angemessene Gebrauch erworbenen Fachwissens ist nur auf der Ebene der Performanz darstellbar, weil die erfolgreiche und verantwortungsvolle Nutzung der „kognitiven Fähigkeiten und Fertigkeiten" an deren praktischen Vollzug gebunden ist.

Auf der anderen Seite geht dem Kompetenzerwerb auch die Performanz voraus, weil „die Ingebrauchnahme der Fachsprachen praktisch zu erlernen und zu erproben" ist.[149] Ohne Performanz kann es keine Kompetenz geben.

Die bloße Orientierung am *outcome* widerstrebt damit dem Kompetenzbegriff selbst, weil damit der Bildungs*prozess* aus dem Blick gerät. Im Orientierungsrahmen der EKD für Kompetenzen und Standards in der Sekundarstufe I ist von einer beständigen „Balance zwischen Prozessqualität und Produktqualität"[150] die Rede. Da sich jedoch ein Produkt nur aus einem vorhergehenden Prozess ergeben kann, liegt bei der Frage nach der Planbarkeit und Intentionalität der Fokus zwangsläufig auf dem unterrichtlichen Prozess.

Die Diskussionen zum Inszenierungsbegriff und zur Semiotik erweitern hierfür den Blick. Der Begriff der „Inszenierung" kann mit hohem Erkenntnisgewinn kategorial auf unterrichtliche Prozesse bezogen werden. Die von Thomas Klie und Silke Leonhard betonte Differenzierung von „faktischer" und „taktischer" Performanz[151] erweitert den Inszenierungsbegriff im Blick auf implizite und explizite Formen von theatraler Wirklichkeit. Unter *faktischer* Performanz verstehen sie, dass *jeder* Unterricht inszeniert ist (auch der sog. Frontalunterricht oder eine mündliche Leistungskontrolle). Die *taktische* Performanz beschreibt dagegen die reflektierte Wahrnehmung und Darstellung von Unterricht als Inszenierung.[152] Performative Lerngegenstände werden im Modus unterrichtlich inszenierter Performanz thematisch. Lehrende können nicht *nicht* inszenieren (faktisch), aber sie können sehr wohl entscheiden, ob sie Ihren Unterricht performativ konzipieren (taktisch) oder eben nicht. Bezogen auf den Begriff der Inszenierung ist die Annahme, dass man nicht *nicht* inszenieren kann, jedoch zu hinterfragen. Versteht man „inszenieren" mit Fischer-Lichte als „Planen einer Aufführungssituation" (also taktisch), dann gilt diese Annahme in didaktischer Hinsicht zweifellos. Jeder Unterricht ist geplant, ob Wochen voraus für eine Lehrprobe oder beim

148 Vgl. Bernhard DRESSLER (2007b), 30.
149 Bernhard DRESSLER (2007b), 30.
150 Kirchenamt der EKD (2010), 9.
151 Vgl. Silke LEONHARD/Thomas KLIE (2008), 15.
152 Vgl. Silke LEONHARD/Thomas KLIE (2008), 15.

Betreten des Klassenraums. Jedem Unterricht geht eine mehr oder weniger intensive Planung voraus.

Gerade die Differenzierung aber von Inszenierung und Aufführung unterrichtlichen Planens und Handelns macht die Begrenztheit der mit der Planung verbundenen Intentionalität deutlich.

Unterrichtliche Prozesse sind planbar und intentional, weil ein Gemeinwesen Bildung normativ vorsieht und mit der Organisation dieser Bildungsprozesse professionell ausgebildete Lehrpersonen beauftragt und alimentiert. Bildungsstandards verdeutlichen diese Intentionalität.[153] Wie der Regisseur die Aufführung eines Stückes plant, planen Lehrkräfte Unterricht, indem sie das Sujet bestimmen, Rollen verteilen, das Setting organisieren.[154]

Hilbert Meyer und Werner Jank betonen die „Eigengesetzlichkeit" unterrichtlichen Handelns.[155] Auch aus der gründlich vorbereiteten Inszenierung folgt nicht zwangsläufig eine der Inszenierung entsprechende Aufführung. Damit wird die Inszenierung selbst kontingent, weil sie der Logik der je aktuellen Aufführung/Vergegenwärtigung folgt.

Als vorläufiges Fazit kann festgehalten werden: Unterrichtliche Prozesse sind im Sinne einer vorlaufenden didaktisch-methodischen Planung immer inszeniert, sie imaginieren eine künstliche Unterrichts-Wirklichkeit und sind in aller Regel geplant (unabhängig vom Gehalt dieser Planung) und insofern intentional. Sie sind intentional, weil mit dem Unterricht bestimmte Ziele verbunden sind. Diese Intentionen zielen in aller Regel auf einen Kompetenzerwerb bzw. eine Kompetenzerweiterung der Lernenden.[156] Aus der „Eigengesetzlichkeit" unterrichtlichen Handelns folgt jedoch, dass jede didaktische Inszenierung mit Kontingenzen rechnen muss in Hinblick auf den Verlauf, die Motivation und die sich herausbildenden Inhalte.

3.1.7 Diakoniedidaktische Konsequenzen

Die beschriebenen fünf Merkmale unterrichtlicher Inszenierungen (Intentionalität; Differenz von Inszenierung und Aufführung; Subjektbezogenheit und Präsenz; spatiale und temporale Anordnung und Vergegenwärtigung)

---

153 Vgl. Kirchenamt der EKD (2010), 8f. und Dietlind FISCHER/Volker ELSENBAST (2006), 7–12.

154 Vgl. zu dieser Beziehung auch Bärbel HUSMANN (2008), 31ff.

155 Vgl. Werner JANK/ Hilbert MEYER (2003), 100. Meyer verwendet den Inszenierungsbegriff allerdings anders. Für ihn ist „Inszenierung" das unterrichtliche Handeln selbst, dem die Planung vorausgeht. Die hier vorgenommene Differenzierung von Inszenierung und Aufführung findet sich bei ihm nicht.

156 Zur Bestimmung diakonischer Kompetenz vgl. z. B. Walter BOËS (2013), 240ff.

werden im Folgenden auf ihre Erschließungskraft für das diakonische Lernen untersucht.

Diakonische Lernprozesse sind an öffentlichen Schulen insofern *intentional* anzulegen, als sie curricularen Vorgaben folgen und auf den Kompetenzerwerb bzw. die Kompetenzerweiterung der Lernenden zielen. Als Intention kann in Hinblick auf die unterrichtliche Programmatik gelten, dass durch das diakonische Lernen bestimmte Kompetenzen der Lernenden gefördert werden sollen.[157] Diakonische Lernprozesse sind darum intentional, insofern sie diese Standards versuchen umzusetzen.

Die *Unterscheidung von Inszenierung und Aufführung* grenzt didaktisch die lehrplankompatible Forderung nach Intentionalität ein. Denn nicht alles, was vom Lehrer-Regisseur inszeniert (geplant) wurde, wird von der Lerngruppe in einem kontingenten Unterrichtsprozess in gleicher Weise aktualisiert (ausgeführt). Die Kontingenz unterrichtlicher Prozesse gilt in besonderer Weise für das diakonische Lernen, weil schon in der Inszenierung diakonischen Lernens Kontingenz angelegt ist. Dies zeigt sich an diakonischen Praxisprojekten, die Prozesse beinhalten, die nicht geplant werden können.[158] Bei Praxisprojekten sind beispielsweise Absprachen zwischen der Lehrkraft und einem Mentor im diakonischen Altenpflegeheim möglich – insofern ist es inszeniert –, es ist aber nicht möglich, den daraufhin einsetzenden Lernprozess didaktisch zu operationalisieren, da sich die Logik eines Praxisfelds dem Inszenierungshandeln der Lehrkraft entzieht. Allenfalls kann im Nachhinein der stattgefundene Lernprozess reflektiert werden.

Da diakonisches Lernen aber nicht auf Praxisprojekte beschränkt ist, gilt auch hier die allgemeine Unterscheidung von Inszenierung und Aufführung für sich im Unterricht ereignendes diakonisches Lernen.

Diakonisches Lernen ist – wie alle didaktischen Prozesse – *subjektbezogen* und auf die *Präsenz* der Lehrkraft und der Lernenden angewiesen. Insofern sich diakonische Handlungsvollzüge nur handelnd erschließen lassen, ist diakonisches Lernen auf die Inszenierung didaktischer Performanz angewiesen. Die Lernenden sind das Subjekt des Lernens, weil sie nicht etwas über Diakonie lernen, sondern weil sie Diakonie im Vollzug lernen.[159]

---

157 Beispielsweise stellen die Standards im Rahmenlehrplan für den Evangelischen Religionsunterricht in der EKBO dar, über welche diakonischen Kompetenzen die Lernenden am Ende der Grundschule und am Ende der Sekundarstufe I verfügen sollen. Vgl. Konsistorium der EKBO (2007), 77–81.

158 Vgl. zu den diakonischen Praxisprojekten Kap. 0.

159 Vgl. die programmatisch ambitionierten Unterrichtsmaterialien des Diakonischen Werks: „Diakonie sein“: http://www.diakonie.de/diakonie-sein-7982.htm.

Bernhard Dressler legt dar, dass Bildungsprozesse „vom Perspektivwechsel und dem damit verbundenen Unterscheidungsvermögen“ leben.[160] Für diakonische Lernprozesse ist dieses didaktische Prinzip des Perspektivenwechsels fundamental. „Nicht mit einem moralischen Imperativ (Verständigen! Differenzen überwinden!) ist ein Erkenntnis- oder Lernprozess zu begründen, sondern ein Bildungsprogramm (Perspektivenwechsel) ist mit der Erwartung zu verbinden, dass es in einer moralischen Kompetenz resultiert: Verständigungsfähigkeit und -bereitschaft ohne vollständiges Verstehen.“[161] Ein solcher Perspektivenwechsel kann immer nur vom wahrnehmenden Subjekt wahrgenommen werden. Diakonische Lernprozesse basieren damit auf dem Wechsel der Perspektiven: Die Lernenden nehmen in diakonischen Handlungsvollzügen andere Menschen in den Blick und mit diesem Blickwinkel kann ein Verständigungsprozess über diakonische Handlungsvollzüge initiiert werden. Dabei ist der Zusammenhang von „Teilnahme und Beobachtung“ zu berücksichtigen.[162] Kulturelle Praxen, so auch das diakonische Handeln, können nur durch „gewisse Teilnahmeerfahrungen“ verstanden werden, und die Teilnahme an einer solchen kulturellen Praxis bedarf der Selbstbeobachtung, weil ohne sie ein Urteil nicht möglich ist. „Es gilt für alle kulturellen Praxen, dass die Möglichkeit, sie zu verstehen, sich nur innerhalb eines Spannungsverhältnisses zwischen interner Teilnahmeperspektive und externer Beobachterperspektive eröffnet. Beobachtung ohne Teilnahme ist leer, Teilnahme ohne Beobachtung ist blind.“[163]

Die *spatiale und temporale Anordnung* ist – im Vergleich zu anderen unterrichtlichen Prozessen – gerade für das diakonische Lernen von besonderer Relevanz, weil es schulische Zeiten und Räume durchbricht. Stärker als in anderen Themenzusammenhängen des Religionsunterrichts absolvieren die Lernenden ein Projekt an einem außerschulischen Lernort, an dem besondere Unterrichtszeiten gelten.

Im Unterricht, der verstanden wird als Inszenierung von Wirklichkeit, *vergegenwärtigen* sich die Lernenden das in der Inszenierung dargestellte Sujet. Sie vergegenwärtigen damit in der Inszenierung die diakonische Handlung, die damit eine inszenierte Wirklichkeit und insofern künstlich ist. In der unterrichtlichen Aufführung der Inszenierung „diakonisches Lernen“

160 Bernhard DRESSLER (2007a), 35.
161 Bernhard DRESSLER (2007a), 40f.
162 Vgl. Bernhard DRESSLER (2012a), 8f.
163 Bernhard DRESSLER (2012a), 8f.

vergegenwärtigen die Schülerinnen und Schüler das Sujet „diakonisches Handeln".[164]

Obwohl Lernende bei diakonischen Praxisprojekten[165] an einer Wirklichkeit teilhaben, die nicht künstlich inszeniert ist (viele alte Menschen in einem Altenheim können *tatsächlich* nicht laufen und müssen im Rollstuhl gefahren werden), gilt das Moment der Künstlichkeit auch für derartige Praktika, denn die Inszenierung eines Praktikums ist im schulischen Rahmen gesehen eine künstlich herbeigeführte Durchbrechung der schulischen Zeit. Für die Praktikanten besteht die Künstlichkeit darin, dass dieses Probehandeln auf einer Vermischung der Rollen beruht. Sie sind in der Rolle von Lernenden und nicht in der von Pflegenden. Auf der anderen Seite pflegen sie tatsächlich Kranke, und damit ist dies nicht mehr nur ein Handeln auf Probe.[166]

Künstlich-inszeniert ist das Praktikum auch aus Sicht der an den Praktikumsorten handelnden Personen, die auch ohne Praktikanten leben und arbeiten könnten. Eine Vergegenwärtigung diakonischen Handelns kann aber an den Praktikumsorten nur sehr eingeschränkt geschehen, da die Handlung (z. B. das Schieben eines Rollstuhls) nicht als inszenierte Handlung wahrgenommen wird. Diese Echtheitssituation birgt die Gefahr, dass die Handlungen eher abschreckend wirken, weil es sich eben nicht mehr um eine Handlung auf Probe, sondern um eine Handlung realiter handelt. Für Lernende erscheint es leichter, sich mit einem alten Menschen im Modus unterrichtlichen Probehandelns spielerisch zu identifizieren als ihn tatsächlich im Rollstuhl zu schieben und sich mit ihm zu unterhalten. Eine Vergegenwärtigung diakonischen Handelns kann nur dann stattfinden, wenn die Lernenden die Chance bekommen, aus ihrer Rolle wieder herauszugehen, nachgängig die Künstlichkeit der Situation zu reflektieren, um so die diakonische Handlung zu vergegenwärtigen. Bleiben sie in der Echtheit der Situation gefangen, verschwimmen die Inszenierungsmerkmale, d. h. sie verkennen ihren Rollenwechsel. Dann handelt es sich nicht mehr um eine Inszenierung diakonischen Handelns, sondern um eine *Partizipation* am diakonischen Handeln, die weniger didaktisch als psychologisch zu beurteilen wäre.

---

[164] Vgl. Kap. 6, These XII.

[165] Vgl. zu den Praxisprojekten insbesondere Kap. 0.

[166] Vgl. Kap. 5.1.4.

3.2 Handlungen inszenieren – Umrisse einer narrativen Didaktik

Bei der Speisung der 4000 (Mk 8,1–9) stellt Markus einen Jesus dar, der die Not der Anwesenden sieht (V. 1), davon berührt ist (V. 2) und mit den Jüngern überlegt, was denn zu tun sei. Jesus malt ihnen hier vor Augen, was passieren würde, wenn er die Menschen einfach nach Hause schickte: Sie sind von weit her gekommen, haben darum einen ebenso langen Heimweg. Seit Tagen haben sie nichts gegessen und nun diese Hitze! Verhungern und verdursten würden sie, ließe man sie einfach gehen (V. 3ff.).

Dieses Gedankenspiel führt zu dem Entschluss: Den Menschen muss geholfen werden. Und so kommt es zur Speisung der hungrigen 4000 Menschen (V. 6ff.).[167]

Eine solche Verhaltensweise, wie Markus sie schildert, kann als durchaus typisch für jesuanisches Handeln angesehen werden. Jesus narrativiert. Er verflüssigt Sachverhalte in narrative Szenarien und führt damit vor Augen, was geschieht, wenn man sich in einer bestimmten Weise verhält bzw. was geschähe, wenn man sich anders verhielte.

Ganz analog formatiert ist das Gleichnis vom barmherzigen Samariter (Lk 10,25–37). Hier erzählt der lukanische Jesus, dass Menschen ein und dieselbe Konfliktsituation beobachten und sich jeweils unterschiedlich verhalten. Es wird nichts über die Beweggründe ihres Handelns erzählt, dennoch sind es Narrationen, die jeweils den Ausschlag zum Handeln geben.

Zahlreiche neutestamentliche Handlungsstränge ereignen sich in Narrationen und Narrationen wiederum generieren Handlungen. Aus der narrativen Verfasstheit des Evangeliums ergibt sich, dass man auch religionsdidaktisch nach der Funktion religiöser Narrationen fragt und den Lernenden Verstehenschancen von Narrationsofferten eröffnet.

„Narrative Didaktik legt Begriffe in Geschichten aus."[168] Damit ist zwar der Rahmen umschrieben, der die narrative Didaktik kennzeichnet, doch wird hier der Begriff des Narrativen, der Narrationen noch zu allgemein gefasst. Eine Narration ist mehr als eine Geschichte, und darum ist narrative Didaktik auch mehr als Geschichten erzählen. Es kann nicht nur um Begriffe gehen, sondern auch um eine dem Narrativen entsprechende Pragmatik:

---

167 Klaus Berger versteht die Speisungswunder als Zeichen der Fürsorge Gottes, nach der „Gott die Menschen nie verlässt." Klaus BERGER (2012), 203.

168 Matthias SCHIERZ (1999), 186.

Welches Verhalten intendieren Geschichten?[169] Auffällig ist, dass narrative Didaktik nicht zur ethischen Bildung hinzugezählt wird,[170] was wohl damit zusammenhängt, dass Vertreter einer narrativen Didaktik diesen Zusammenhang Narration und Pragmatik selbst vernachlässigen.[171] Zwar wird betont, dass narratives Lernen nicht nur bedeutet, dass Schülerinnen und Schüler lernen *zu erzählen*, sondern, dass sie auch *aus Erzählungen* lernen.[172] Mechthild Dehn hat diesen Zusammenhang dargestellt, indem sie fünf Merkmale benennt, die aus Erzählungen gelernt werden können: das Abstraktionsvermögen, der typische Verlauf von Ereignissen, Imaginationsfähigkeit, Muster für eigene Erfahrungen und Empathiefähigkeit.[173] Letztere resultiert laut Dehn aus der Identifikation mit den Protagonisten einer Handlung.[174]

„Wir verstehen, indem wir erzählen“[175], behauptet Fritz Breithaupt. Folgt man dieser These, muss zunächst nach der Bedeutung von Narrationen gefragt werden, um anschließend die sich aus Narrationen möglicherweise ergebenden Handlungen zu erklären. Im Anschluss daran soll die Bedeutung für die Religionsdidaktik aufgezeigt werden.

3.2.1 Narrationen

Der Germanist Fritz Breithaupt definiert Narration als eine „Ansammlung von Elementen ..., die sich auf dem Sprung zu einer kausalen Fügung befinden“.[176] Menschen verfügen, so sie erzählen, durch ihre Sprachfähigkeit über die Möglichkeit zur Narration. Dadurch werden Geschehnisse zu Ereignissen transformiert[177] – fiktive oder erlebte Inhalte performieren sich in Gestalt von Narrationen. Die einzelnen Elemente einer Narration können vom

---

169 Vgl. dazu Fritz BREITHAUPT (2009). Das Buch von Fritz BREITHAUPT bildet eine wesentliche Grundlage der folgenden Darstellungen. Breithaupt redet von der „narrativen Empathie“, bei der es darum geht, empathisches Verhalten zu generieren.

170 Vgl. z. B. Friedrich SCHWEITZER (1986); Günter R. SCHMIDT (1986); Hans-Georg ZIEBERTZ (2010). Vgl. zur ethischen Bildung Kap. 0.

171 Vgl. z. B. Ralf KOERRENZ (1997). Zur Beziehung von Narration und Moral vgl. den Ansatz von Irene MIETH/ Dietmar MIETH (1977); vgl. auch Gisela KLANN-DELIUS (2005).

172 Vgl. Petra WIELER (2005), 6.

173 Vgl. Mechthild DEHN (2005), 85f.

174 Diesen Zusammenhang führt sie leider nicht aus. Vgl. zur „Einleibung“ in den Protagonisten einer Handlung bei Huizing Kap. 1.2.1.

175 Fritz BREITHAUPT (2009), 10.

176 Fritz BREITHAUPT (20009), 139.

177 Vgl. Fritz BREITHAUPT (2009), 118.

Autor akzentuiert oder nivelliert werden, einzelne Details werden hervorgehoben, andere nicht berücksichtigt. Wer narrativiert[178] „produziert aktiv Varianten".[179] Er beschönigt, vergisst, manipuliert, akzentuiert etc. Wer nicht narrativiert, der deskribiert. Er versachlicht, verobjektiviert und kommuniziert weitgehend frei von seiner (eigenen) Vergangenheit.

Der narrativierende Mensch narrativiert sein eigenes bzw. das Verhalten der anderen. Durch die Narration werden Informationen als Interpretationen gespeichert, um später bei entsprechenden Handlungen selektiert zu werden. Handeln aus der Narration bedeutet, dass das Handeln „dem bereits gelernten Muster der Narration genügt".[180] Entsprechend der alttestamentlichen Überlieferung war Jakob nicht bereit, Benjamin seinen Söhnen anzuvertrauen, nachdem er Joseph tot wähnte und Simeon in Ägypten war (Gen 42,36). Auch das Verhalten der Brüder Josephs ist deutlich von der Begebenheit an der Zisterne geprägt (vgl. Gen 42,21).

Zum einen zeugen damit Handlungen von einer Sinnhaftigkeit, da sie aus der Narration erfolgen. Man erinnert sich an eine bzw. mehrere Narrationen und handelt entsprechend der jeweils aktuellen Situation.[181] Im Gleichnis vom barmherzigen Vater narrativiert der „verlorene Sohn". Er erinnert sich an das Brot, das die Tagelöhner seines Vaters hatten und zieht daraus den Schluss, er bekäme als Tagelöhner das gleiche (vgl. Lk 15,17f.) Zum anderen werden Handlungen in einer bestimmten Weise vorgenommen, damit sie narrativiert werden oder narrativiert werden können. Verwiesen sei hierbei die Bezogenheit von Lk 24,30 und Lk 22,19. In dem Moment, als Jesus das Brot bricht, erkennen die Jünger nach Lukas, dass der Auferstandene mit ihnen am Tisch sitzt, sie laufen zurück nach Jerusalem und erzählen vom Erlebten.

Ob jemand beispielsweise einem Bettler eine Münze in den Hut legt, hängt wesentlich von den ihm bekannten Narrationen ab. Er gibt ihm einen Obolus, weil seine narrativen Muster von positiven Erfahrungen berichten, wenn jemandem geholfen wurde. Daran kann er sich erinnern und handelt genauso. Mit der gleichen Begründung kann auch das Gegenteil erfolgen. Er

---

[178] Breithaupt verwendet die Termini „narrativer Mensch" und „nicht-narrativer Mensch", die an dieser Stelle nicht übernommen werden. Sie sind auch nicht ontologisch, sondern deskriptiv zu verstehen, vgl. Fritz BREITHAUPT (2009), 118ff.

[179] Fritz BREITHAUPT (2009), 118.

[180] Fritz BREITHAUPT (2009), 129.

[181] Selbstverständlich kann es hier auch zu Änderungen kommen. Zur Frage, warum entsprechend einer *bestimmten* Narration gehandelt wird, vgl. Kap. 3.2.2.

verweigert die Gabe, weil seine Narrationsmuster gerade an Negatives anknüpfen. Andererseits kann er die Münze auch geben, weil die Handlung künftig narrativiert wird: Er kommt mit Menschen zusammen, damit er ihnen voller Selbstgerechtigkeit von seiner Spende berichtet. Ähnlich ist es mit der Verweigerung einer solchen Hilfe. Es finden sich genügend Gründe, mit denen die Ablehnung narrativiert wird.

Narrationen sind dabei nicht an bestimmte literarische Gattungen gebunden, vielmehr gibt es sie in allen literarischen und nicht-literarischen Gattungen.[182]

Narrationen sind auch nicht auf Kausalitätsketten zu reduzieren, sondern geschehen „im Kopf des Betrachters".[183] Es könnte alles auch immer anders sein als es ist und selbst als es sein könnte. Der Konjunktiv ist neben dem Futur II die zentrale Denkform der Narration.[184] Es wird darüber nachgedacht, wie etwas sein könnte und wie es wäre, wenn es eingetreten ist. Nicht feste Kausalitäten sind Gegenstand von Narrationen, sondern mögliche Abläufe. Denken ereignet sich primär in syntaktischen Formen, in Narrationen. Diese werden durch den Leser (nicht durch Text und nicht durch Erzähler) erzeugt. Dies korrespondiert semiotisch mit dem Zusammenspiel von Signifikant, Signifikat und Referent.[185]

Narrationen schaffen hypothetische Kausalitäten, die wiederum durch andere ersetzt werden können. Wer narrativiert, schafft Alternativen, sowohl was Handlungsmöglichkeiten als auch was die darauf rekurrierenden Handlungen betrifft. Dabei geht das, was hier unter Narration verstanden wird, deutlich über das „Geschichten erzählen" hinaus. Mit Narrationen werden nicht „Leitbilder" vorgestellt, die „richtiges Leben" vor Augen führen,[186] sondern Narrationen knüpfen an das Leben an und setzen in der Rezeption einen kreativen Prozess in Gang.

Die Erziehungswissenschaftlerin Mechthild Dehn hat darstellt, dass durch die Identifikation mit Figuren aus Geschichten Empathie entstehen kann,[187] was im Zusammenhang mit dem diakonischen Lernen besonders zu beach-

---

[182] Vgl. Fritz BREITHAUPT (2009), 130. Insofern kann die ganze biblische Überlieferung als eine Ansammlung von Narrationen betrachtet werden.

[183] Vgl. Fritz BREITHAUPT (2009), 136.

[184] Vgl. Fritz BREITHAUPT (2009). 136.

[185] Vgl. zur Zeichendidaktik Kap. 1.1.2 und zum Zusammenhang von Narration und Semiotik Kap. 3.2.3.

[186] So Matthias Schierz in seiner Narrativen Didaktik zum Sportunterricht, vgl. Matthias SCHIERZ (1997), 27ff.

[187] Vgl. Mechthild DEHN (2005), 86.

ten ist. Darum ist im Folgenden danach zu fragen, wie Empathie entsteht und wie daraus Handlungen hervorgehen können.

3.2.2 *Narrative Empathie*

Fritz Breithaupt beschreibt Empathie als „Parteinahme in einer Dreierszene". Empathie kann demnach entstehen, „wenn ein Beobachter die nicht-harmonische Interaktion von mindestens zwei Individuen beobachtet und mental Partei für eine der beiden Seiten ergreift".[188] Diese Definition wird im Folgenden näher untersucht.

Zunächst einmal, so Breithaupt, geht der Empathie immer eine Beobachtung voraus. Mitleid entsteht aus der Beobachtung. Wer nicht beobachtet, kann auch kein Mitleid empfinden. Je näher allerdings dem Empathiegeber der potentielle Empathieempfänger steht, desto weniger Empathie kann für ihn empfunden werden.[189] Die Beobachtung selbst reicht nicht aus, damit Empathie entstehen kann.

Breithaupt veranschaulicht, dass bei der Entstehung von Empathie eine „nicht-harmonische Interaktion von mindestens zwei Individuen" vorhanden sein muss.

Indem Breithaupt von einer „nicht-harmonischen Interaktion" spricht, stellt er dar, inwiefern eine Interaktion harmonisch oder nicht-harmonisch verläuft, was vielfach nicht beurteilt werden kann, weil die involvierten Akteure diese selbst unterschiedlich einschätzen. Zudem geht es um die Position des Beobachters, der diese als nicht-harmonisch einschätzt. Dieser Beobachtung und der Einschätzung der Situation durch den Beobachter geht – so die These Breithaupts – Parteinahme voraus. Eine solche Parteinahme ist zuerst als Parteinahme für jemanden zu verstehen.[190] „Ich entscheide mich für jemanden, weil ich Mitgefühl habe. Ein vertrautes Beispiel kann diese These vielleicht plausibilisieren: Sportwettkämpfe. Fußball. Wer ein Spiel beobachtet, dessen Ausgang ihn nicht betrifft, kann durchaus die spielerischen Leistungen würdigen. Doch spannend wird es erst, wenn er oder sie sich für die eine Mannschaft entschieden hat und von nun an mitzittert. Dann erst werden die Ereignisse im Spiel erlebbar, dann erst kann der gekonnte Schuss entweder zur Schrecksekunde oder zum Hoffnungsmoment werden. Auch

---

188 Fritz BREITHAUPT (2009), 153.

189 Vgl. Fritz BREITHAUPT (2009), 143 mit Verweis auf ARISTOTELES (1980), 111.

190 Vgl. Fritz BREIHAUPT (2009), 154 in Abgrenzung zu William FLESCH (2007).

jedes Foul wird erst dann zum emotionalen Ereignis, weil man entweder den Schmerz des Spielers mitfühlt und den foulenden Gegner verflucht oder aber den am Boden liegenden Spieler als Simulanten abtut."[191] Empathie erfüllt hier die Funktion der Befestigung der Parteinahme und so kann sogar das Leiden dessen, gegen den sich ein Beobachter entschieden hat, eine negative Empathie auslösen (Schadenfreude) und der Triumph des Kontrahenten kann zu Wut führen.[192]

Allerdings sind solche Parteinahmen nicht zwangsläufig von langer Dauer, sie können sich ändern, bedürfen ständig neuer narrativer Legitimierungen. Es gibt eine Reihe von Gründen, warum Menschen Partei für andere ergreifen.

a) Natürliche Parteinahme

Unter natürlicher Parteinahme versteht Breithaupt die Parteinahme für eine Person, der man natürlicherweise (z. B. Familie) oder selbst gewählter Weise (z. B. Partei) nahesteht.

Eine solche Parteinahme wirkt sich wenig narrativ aus, weil die Entscheidung zur Parteinahme außerhalb der Narration liegt. Wie bei den anderen Gründen, so gilt aber auch hier, dass es keinen Automatismus für Parteinahme gibt.

b) Strategische Parteinahme

Hier entscheidet man sich bewusst für oder gegen einen der Kontrahenten. Die strategische Entscheidung wird dann getroffen, wenn man einen der Kontrahenten siegen oder verlieren sieht. Entscheidet man sich für den Stärkeren, so kann dies einen positiven Effekt für den Parteinehmer haben, wenn der Stärkere tatsächlich die Oberhand behält.

Die Entscheidung für den Schwächeren hingegen kann dazu führen, dass der Stärkere weniger Freude an seinem Sieg hat und der Unterlegene dankbar für die Parteinahme ist.

c) Judikative Parteinahme

Hier wird Partei für denjenigen ergriffen, von dem man meint, dass er juristisch oder moralisch im Recht ist. Narrationen werden herangezogen, die belegen sollen, dass jemand im Recht, ein anderer im Unrecht ist. Das Ver-

191 Fritz BREITHAUPT (2009), 156.

192 Vgl. zur Argumentation auch Fritz BREITHAUPT (2009), 157.

halten der Kontrahenten wird bewertet, um schließlich für denjenigen Partei zu ergreifen, den man im Recht wähnt.

d) Reflexive Parteinahme[193]

Die eigene Beobachtung wird bei dieser Form der Parteinahme zur Grundlage der Entscheidung. Der Beobachter ist passiv in Bezug auf das Geschehen und greift demzufolge nicht in die Handlungsabläufe ein.[194] Eine solche Passivität in Bezug auf das Geschehen ermöglicht die Aktivität in Bezug auf die Beobachtung. „Diese Position der Passivität, so kann spekuliert werden, prädisponiert den Beobachter zur Parteinahme mit den tendenziell passiveren Beobachteten, den Opfern und Leidenden, den Schwächeren oder schlicht den Empfängern von Handlung."[195] Demzufolge erfolgt die Parteinahme gerade deshalb, weil in das Geschehen nicht eingegriffen wird bzw. werden kann. Parteinahme für den Schwächeren resultiert aus der Beobachtung und der Wertung über den künftigen Verlauf des Beobachteten. Insofern handelt es sich hierbei um einen narrativen Vorgang. Wertungen erfolgen immer aufgrund von Narrationen: etwas ist so, könnte aber auch anders sein.

Parteinahme bei einer nicht-harmonischen Interaktion wird auch bedingt durch die Überlegungen zum künftigen Geschehen. Nur wenn eine Narration zum Fortgang des Geschehens nicht mit den Erwartungen, also mit der vorher erfolgten Parteinahme übereinstimmen, kann Empathie erfolgen.

Fällt z. B. ein Mensch die Treppe hinunter, so hat dies nicht zwangsläufig Empathie zur Folge. In einer solchen Szene fehlt die dritte Person, es sei denn jemand ist für den Sturz verantwortlich. Der Beobachter fühlt nicht in erster Linie mit dem Stürzenden mit, sondern versucht zu helfen. Erst wenn eine dritte Person hinzutritt, kann Partei ergriffen werden: zwei streiten sich, sie kämpfen, dabei stürzt einer die Treppe hinunter. Ob mit dem Gestürzten gelitten wird, hängt nun von den bereits erwähnten Faktoren ab.

Parteinahme in Dreierszenen als Voraussetzung für Empathie, wie Fritz Breithaupt sie versteht, kann auch zur Folge haben, dass die Parteinahme manipuliert wird. Der potentielle Empathieempfänger versucht den vermeintlichen Empathiegeber zu beeinflussen, d. h. den Prozess der Empathiegabe zu steuern. Parteinahme ist daher kein rein individuelles Geschehen,

---

[193] Fritz Breithaupt spricht von der „selbst-reflexiven" Entscheidung; vgl. Fritz BREITHAUPT (2009), 159. Da jedoch reflexiv das „selbst" einschließt, braucht nur von der reflexiven Parteinahme gesprochen werden.

[194] Woher die Passivität rührt (frei gewählt oder zwangsweise) braucht an dieser Stelle nicht weiter untersucht zu werden.

[195] Fritz BREITHAUPT (2009), 159.

das ausschließlich vom Beobachter gelenkt wird, sondern es vollzieht sich als ein reziprokes Geschehen mit wechselnden Narrationen.

Der Beobachter eines Konflikts ergreift z. B. nicht autark Partei, sondern wird in seiner Parteinahme beeinflusst, indem die Kontrahenten um seine Gunst buhlen. Sie stellen sich als besonders gerecht, stark, schwach, ehrlich, fair etc. dar – abhängig davon, wie aus ihrer Sicht der Beobachter am besten zu beeinflussen sei.

Vor diesem Hintergrund muss noch einmal die Dreierszene betrachtet werden, die nach Breithaupt Voraussetzung der Empathie ist. Einer der Beteiligten ist der Beobachter, doch worin besteht die „nicht-harmonische Interaktion"? Hierfür sind zwei Protagonisten zuständig, die sich gegenüberstehen. Bei der Heilung des Blinden vor Jericho (Mk 10,46–52) liegt die nicht-harmonische Interaktion im Verhalten des Blinden und der Menge, während Jesus der *Beobachter* ist. Als solcher beobachtet er die „nicht-harmonische Interaktion" zwischen dem Blinden (*Beobachteter I*) und der Menge (*Beobachteter II*). Jesus ergreift als Beobachter Partei für einen der Protagonisten (V. 49). Modellhaft kann dies folgendermaßen dargestellt werden:

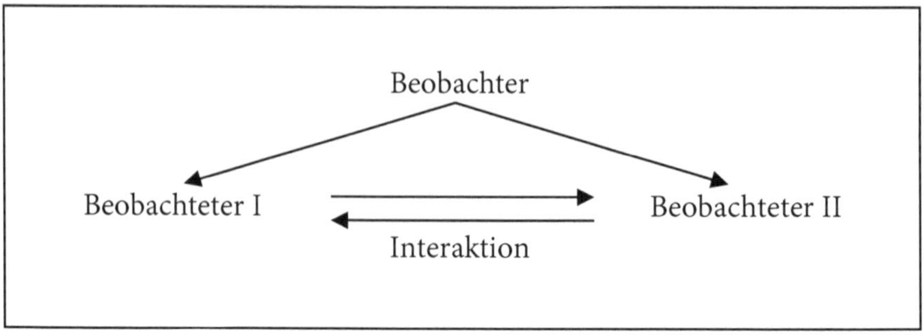

Modell A

Anders verhält es sich z. B. in Mk 8,1–9. Zwar fehlt hier *Beobachteter II*, dennoch handelt es sich auch hier um eine Dreierszene, denn hier bildet die Situation selbst, das *Beobachtete*, die dritte Instanz. Der *Beobachter* nimmt eine Person (*Beobachteter*) in einer bestimmten Situation (*Beobachtetes*) wahr und wertet das Verhältnis von dem Beobachteten und des Beobachteten als „nicht-harmonisch". Modellhaft dargestellt:

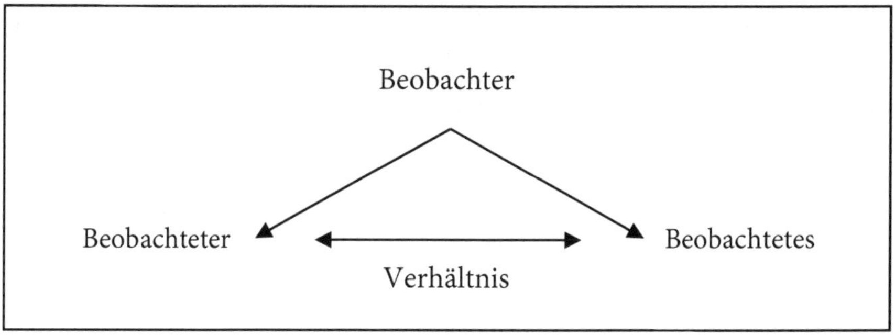

Modell B

Empathie kann also in direkten und indirekten Dreierkonstellationen entstehen. Direkte Dreierkonstellation bedeutet, dass der Beobachter sich zwischen (mindestens) zwei Kontrahenten entscheidet, die Parteinahme für einen die Ablehnung eines anderen bedeutet. Bei der indirekten Dreierkonstellation wird das Verhältnis einer Person in oder zu einer bestimmten Situation beobachtet. Zur Parteinahme kommt es, wenn – unter Einbeziehung der benannten Kriterien – der Beobachter das Verhältnis von Beobachtetem und Situation als nicht-harmonisch wertet, wenn also der zu erwartende Fortgang des Geschehens Perspektiv- und Handlungsvarianten offen lässt.

Bei Mk 8,1–9 handelt es sich deshalb um eine indirekte Dreierkonstellation. Der markinische Jesus beobachtet die Menschen in ihrer Situation. Diese Situation, die diese ideale Szene voraussetzt, besteht darin, dass sich die Menschen um Jesus scharen und nichts zu essen haben. Er ergreift für sie Partei, weil das Verhältnis der Menschen (sie haben Hunger) zur Situation (die Menschen kommen zu Jesus und hören ihm zu) nicht harmonisch ist. Darum lässt Markus ihn für sie Partei ergreifen, lässt ihn gewissermaßen mitfühlend handeln.

Es gibt aber noch eine dritte mögliche Dreierkonstellation. Als Beispiel ließe sich hier das Gleichnis vom barmherzigen Samariter (Lk 10,10–25) anführen. Der Priester und der Levit sehen den Verletzten und helfen ihm – im Gegensatz zum Samariter – nicht. Man könnte annehmen, es handele sich dabei um die beschriebene indirekte Dreierkonstellation. Der Vorüberkommende (*Beobachter*) sieht den Verletzten (*Beobachteter*) und zieht die Konsequenzen für sein Verhalten aus dem Plot (*Beobachtetes*). Die Gründe für das unterschiedliche Handeln der Protagonisten lägen dann in den jeweils unterschiedlich zugrunde gelegten Maßstäben.

Die Narration ist jedoch ein zeitliches Geschehen, das nicht nur ein Vorher, sondern auch ein Nachher kennt.[196] Insofern kann von einer *narrativen Zukunft* gesprochen werden. Der *Beobachter* ergreift Partei für den *Beobachteten* (oder eben auch nicht), um davon zu erzählen (oder es zu verschweigen). In jedem Fall entsteht so eine Narration. *Beobachter* sind bei Lukas Priester, Levit und Samariter, die den Überfallenen (*Beobachteter*) sehen (V. 31.32.33), wobei nur einer Partei für ihn ergreift (V. 33). Alle drei *Beobachter* ziehen Konsequenzen aus dem *Beobachteten*: zwei gehen vorüber und einer hilft. Zu den Gründen für das jeweilige Verhalten erfahren wir bei Lukas wenig, sie liegen jenseits des Erzählstrangs. Gleichwohl kann unterstellt werden, dass aus der Beobachtung „eine Selbst-Steuerung des eigenen Verhaltens nach eigenen Kriterien"[197] erfolgt. Dem Verhalten geht also eine Narration voraus und umgekehrt folgt daraus eine weitere Narration. Welche Elemente zur Bildung einer Narration beitragen, kann sehr vielfältig sein und ist nicht immer abschließend zu klären. Dennoch gilt, dass das Verhalten des Beobachters durch die entstehende Narration beeinflusst sein kann, entsprechend dem Modell:

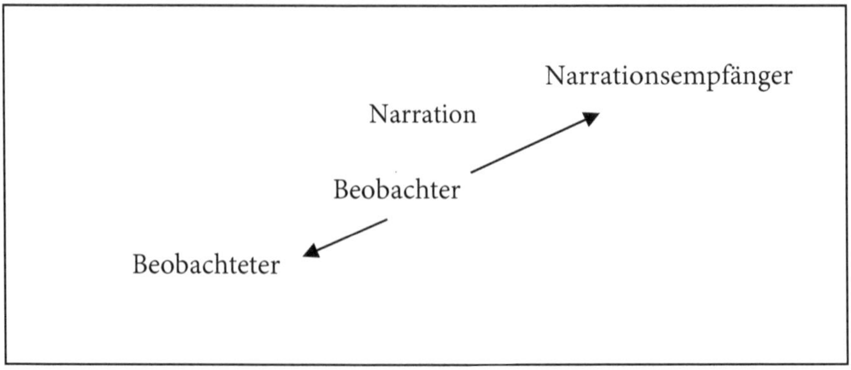

Modell C

Die aus der – wie auch immer entstandenen – Parteinahme folgende Empathie und die daraus folgende adäquate Handlung muss nun näher betrachtet werden. Dafür ist zu beleuchten, wie Parteinahme entsteht. Parteinahme entsteht aus der Narration, sie wird dadurch legitimiert und verfestigt. „Die Narrativierung perpetuiert die Parteinahme, indem sie durch ihre narrative Kette eine logische Struktur schafft, die den einen Konflikt überstehen kann

[196] Vgl. Fritz BREITHAUPT (2009), 11.
[197] Fritz BREITHAUPT (2009), 121.

(aber nicht muss). Das Aufrufen von narrativen Registern macht aus der einmaligen Parteinahme einen perpetuierbaren, institutionsbegründenden sozialen Akt.“[198]

Parteinahme als Folge einer Narration tritt dann am deutlichsten hervor, wenn möglichst vielfältige Narrationen der Parteinahme zugrunde gelegt werden. Eine judikative Parteinahme ist z. B. nur möglich, wenn der Beobachter über entsprechende Kriterien verfügt, die es ihm ermöglichen zu beurteilen, ob jemand im Recht ist. Aus einer narrativen Situation folgt Parteinahme, die wiederum bestimmt ist durch vorangegangene Narrationen. Je klarer dem Beobachter die nicht-harmonische Situation ist, desto eindeutiger (legitimierter) kann die Parteinahme erfolgen.

Jesus kann in Mk 8,1–9 nur mit den Menschen mitfühlen, weil er die Situation des Hungers kennt. Der Samariter fühlt in Lk 10,33f., mit dem Verletzten mit, weil er narrativiert (verstanden als das Erzählen, als das Hören von Narrationen und das Verarbeiten von Geschehnissen als Narrationen)[199] und auf Narrationen zurückgreifen kann, die auf diese Szene passen oder weil seine Narration in die Zukunft weist. Je klarer und intensiver die Narrationen, desto intensiver die Parteinahme und desto eindeutiger die daraus entstehende Handlung. Dabei bedarf es der Beobachtung. Nur der *Beobachter* kann empathisch sein[200], ansonsten wäre er nicht mehr *Beobachter*, sondern *Beobachteter*. Im Gleichnis Lk 10 wird vorausgesetzt, dass nicht der Verletzte mit dem Samariter mitfühlt, sondern umgekehrt.

Zusammengefasst kann festgehalten werden, dass

- Narrationen Ansammlungen von Elementen kausaler Fügungen sind, die perspektivierbar und abduzierbar sind;
- Narrationen Handlungen generieren, deren Voraussetzung Parteinahme ist;
- eine solche Parteinahme zu Empathie führen kann;
- Bedingung für eine aus der Narration entstehende Handlung die Beobachtung ist;
- Narrationen individuell wirken und damit nicht objektivierbar sind.

Aus all dem ergeben sich für die in dieser Arbeit reflektierten Zusammenhänge eines *beobachteten* diakonischen Handelns didaktische Konsequenzen, die im Folgenden dargestellt werden.

---

198 Fritz BREITHAUPT (2009), 172.

199 Vgl. Fritz BREITHAUPT (2009), 117.

200 Vgl. Fritz BREITHAUPT (2009), 143.

3.2.3 *Narrative Didaktik*

Die Erziehungswissenschaftlerin Petra Wieler versteht unter narrativem Lernen nicht nur ein *Erzählen lernen*, d. h., dass Kinder und Jugendliche lernen, selbständig ihrer Lebenswelt Ausdruck zu verleihen, sondern auch ein *durch Erzählen* Lernen.[201] Es ist ein Lernen „in Spielen und Gesprächen mit anderen, anhand von Gehörten, gelesenen, auch ‚gesehenen' Geschichten, deren je spezifische Erzählweisen sich wiederum in den mündlichen und schriftlichen Erzählversuchen des Kindes niederschlagen"[202]. Unter Narration ist mehr zu verstehen als das bloße Erzählen, deshalb wäre hier umfassender zu formulieren: Narratives Lernen heißt lernen zu narrativieren und *durch* Narrationen zu lernen.

Übertragen auf unterrichtliche Zusammenhänge ergeben sich weitreichende Konsequenzen für die Inszenierung[203] diakonischer Sujets. Zielt Unterricht auf die Erzeugung einer Lesartenvielfalt, dann sind Narrationen insofern geeignet, als sie ein Vermögen, Verhalten aus unterschiedlichen Blickwinkeln betrachten und damit eigenes Verhalten steuern zu können, fördern können. „Mit der Summe der Deutungen ergibt sich ein Signifikationsfeld, innerhalb dessen die einzelnen Lesarten unter Plausibilitätskriterien befragt werden können."[204]

Grundvoraussetzung einer Zeichendidaktik[205] ist die Erkenntnis, dass die „Erschließung von Religion als einer Praxis, einer Kommunikation mittels Zeichen, die, weil diese Zeichen die verbale Dimension aufsprengen, nicht nur mittels Texten bzw. des diskursiven Redens über Texte gelingen kann"[206]. In semiotischer Perspektive ist darum auch Narration mehr als ein Text. Eine Narration stellt eine performative Handlung dar. Sie impliziert einen Autor, entfaltet ein Szenario und richtet sich an einen Hörer. So wie es bei der Zeichendidaktik um „Zeichenprozesse"[207] geht, geht es bei dem hier vorausgesetzten Verständnis von Narration um Narrations*prozesse*.

Eine narrative Didaktik[208] kann insofern als eine Spezifizierung der Zeichendidaktik verstanden werden. Nach Dressler sind die Merkmale der Zei-

---

201 Vgl. Petra WIELER (2005), 6.
202 Petra WIELER (2005), 6.
203 Vgl. zum Begriff der Inszenierung Kap. 0.
204 Bernhard DRESSLER/Thomas KLIE (2002), 98.
205 Vgl. z. B. Bernhard DRESSLER (2007a), 318–331; Michael MEYER-BLANCK (2002).
206 Bernhard DRESSLER (2007a), 321.
207 Vgl. Michael MEYER-BLANCK (2002), 117.
208 Vgl. zum Begriff der narrativen Didaktik u. a. Ralf KOERRENZ (1997) und Matthias SCHIERZ (1997 und 1999).

chendidaktik die „Auflösung der Unterrichtsgegenstände in perspektivische Lesarten", die „Performance des Unterrichtsgeschehens" und die abduktive Lesartenproduktion.[209] Diese Merkmale korrelieren mit einem narrativen Ansatz, dessen Ziel es ist, Handlungen und Handlungsmöglichkeiten fiktiv im Modus des Erzählens zu generieren. Insofern geht es bei der narrativen Didaktik um die Inszenierung von Performanz und Lesartenvielfalt im Unterrichtsgeschehen. Ziel ist die Bildung von Abduktionen.[210]

Eine Analogie zeigt sich auch in der Erzähltheorie[211] von Paul Ricœur, der zwischen der idem-Identität und der ipse-Identität unterscheidet.[212] Während in der idem-Identität die habituelle Kontinuität eines Menschen deutlich wird, geht es in der ipse-Identität um die Veränderungen. „Vom Selbst läßt sich daher sagen, daß es durch die reflexive Anwendung der narrativen Konfiguration refiguriert wird."[213]

Martina Kumlehn greift diese Theorie Ricœurs auf und befragt sie u. a. in Hinblick auf die ethischen Implikationen. Sie grenzt sich dabei von einer „Narrativen Theologie" ebenso ab wie von einer romantisierten Wiederbelebung des Erzählens im Religionsunterricht.[214] Stattdessen spricht sie von einer „Kunst des Lesens"[215], die Lernenden durch „offene Inszenierungsmuster des Textgebrauchs nahegebracht und ansatzweise eingeübt" werden kann.[216] Die durch den Textgebrauch intendierten Narrationen sind allerdings weiter zu fassen als der bloße Text. Narrationen ergeben sich in allen lebensweltlichen Zusammenhängen, nicht nur in Lektürekonstellationen.[217] Daran kann und muss didaktisch angeknüpft werden, doch reicht dies nicht aus. „Vielmehr muss vor dem Horizont narrativer Theorie umfassender nach ihren komplexen, die Alltagswelt selbst oft gerade durchbrechenden, narrati-

---

209 Bernhard DRESSLER (2007a), 326. Er versteht unter Abduktionen „Zeichenlektüren als Hypothesenbildungen" (327).

210 Vgl. zu Abduktionen und abduktiver Kompetenz Elke BILLES-GERHART/Yvonne BERNART (2005), 11ff. Vgl. zum katholischen Konzept der abduktiven Korrelation insbesondere Hans-Georg ZIEBERTZ/Stefan HEIL/Andreas PROKOPF (2003).

211 Zur weiteren Verbindung von Narration und ethischen Fragestellungen vgl. die Aufsätze in Claudia ÖHLSCHLÄGER (2009), insbesondere von Joachim JACOB (2009) und Ursula RECKERMANN (2009).

212 Vgl. Paul RICŒUR (1996).

213 Paul RICŒUR (1991), 396.

214 Vgl. Martina KUMLEHN (2007b), 364.

215 Wobei biblische Texte als Literatur zu verstehen sind.

216 Martina KUMLEHN (2007b), 366.

217 Vgl. u. a. die Beiträge in Thomas KLIE (2000b).

ven Erfahrungen und den jeweiligen Weltentwürfen gefragt werden, vor denen sie leben und die ihr Selbstverständnis wesentlich prägen"[218].

Zur Ausbildung einer solchen „narrativen Identität" brauchen die Lernenden Narrationen. Aufgabe von Unterricht muss es deshalb sein, den Lernenden Narrationsmöglichkeiten zu eröffnen. Eine narrative Identität kann sich nur ausbilden, wenn Narrationen gelesen werden und in der Folge Narrationen entstehen. Der besondere Beitrag des Religionsunterrichts liegt nach Kumlehn schließlich darin, „die Frage nach Transzendenz in die eigene Erzählbiographie zu integrieren"[219].

Henning Luther untersucht den Begriff der Identität näher und stellt dar, dass „Identität keinen Zustand, sondern eine Bewegung"[220] bezeichnet, insofern ist Identität ein pädagogischer Begriff. Allerdings ist die Ausbildung einer Identität für Luther kein abgeschlossener Prozess, der auf ein Ziel hin gerichtet ist, sondern er bleibt fragmentarisch. Die religionspädagogische Aufgabe besteht damit nicht darin, eine bestimmte Identität zu bilden, sondern gerade darin, den „Identitätszwang" aufzubrechen.[221]

Wie dies gelingen kann, soll im Folgenden anhand der drei benannten Modelle zur Parteinahme gezeigt werden, indem sie auch für den Religionsunterricht fruchtbar gemacht werden. Entsprechend Modell A sind Lernende im Unterrichtsgeschehen in einer didaktisch inszenierten Beobachter-Rolle, d. h. sie beobachten eine (nicht-harmonische) Aktion zweier Handelnder (Beobachtete). Dies kann methodisch ganz unterschiedlich geschehen, etwa durch das Lesen eines Textes oder durch das Betrachten eines Bilds oder eines Films. Entsprechend der jeweils gewählten Inszenierung beobachten die Lernenden eine Interaktion. Ob diese Interaktion als nicht-harmonisch gewertet wird, ist von vielen Faktoren abhängig und entspricht den jeweiligen Narrationsmöglichkeiten, d. h. „den zuvor erlernten Formen der Narrativierbarkeit".[222] Aus ihrer Beobachter-Rolle heraus entwickeln die Lernenden Narrationen zum Fortgang der beobachteten Interaktion. In Abhängigkeit von der jeweiligen Inszenierung sind sie nun nicht mehr nur Beobachter, sondern in der didaktischen Inszenierung Akteur, Regisseur, Zuhörer etc. Narrationen sind also nicht nur Bewertungskriterien, mit denen eine Aktion als nicht-harmonisch angesehen wird, sondern auch Auswahlkriterien, die

218 Martina KUMLEHN (2007b), 367f.
219 Martina KUMLEHN (2007b), 369.
220 Henning LUTHER (1992), 150f.
221 Vgl. Henning LUTHER (1992), 178f.
222 Fritz BREITHAUPT (2009), 128.

bestimmte Handlungsmöglichkeiten privilegieren und andere dispensieren. „Wir handeln auf bestimmte Art und Weise, weil die Handlung dem bereits gelernten Muster von Narration genügt."[223] Didaktisch geht es nicht darum, eine *bestimmte* Handlung zu generieren, sondern Handlungs*möglichkeiten* aufzuzeigen. Diese ergeben sich aus der unterrichtlichen Inszenierung.

Dies gilt für alle drei Modelle. Modell A: Die mögliche Handlung erfolgt, indem für einen der beiden Kontrahenten Partei ergriffen wird, weil die Narrationsmuster diesen privilegieren.

Modell B: Die mögliche Handlung erfolgt, weil das Verhältnis von Beobachtetem und Beobachteten entsprechend den Narrationsmustern nicht harmonisch ist.

Modell C: Die mögliche Handlung erfolgt, damit später von der Handlung berichtet werden kann.

All dies schließt den Irrtum ausdrücklich ein[224], denn Narrationsmuster sind kontingent. Aus dieser Kontingenz folgt aber auch, dass je mehr Narrationsmöglichkeiten dem Handelnden zur Verfügung stehen, desto sicherer der Zugriff auf adäquate Auswahlkriterien wird. Die zur Verfügung stehenden Narrationen bilden das *Narrationsfeld*, auf dem sich Akteure bewegen und von dem aus sie Zugriff auf die zur Verfügung stehenden Narrationen haben, die sowohl unterrichtlich als auch außerunterrichtlich gebildet werden können. In jedem Fall entstehen durch die unterrichtliche Inszenierung und die Rollen,[225] die die Lernenden in ihr übernehmen, neue Narrationen, auf die wiederum zurückgegriffen werden kann.

Ziel eines didaktischen narrativen Ansatzes ist es, Handlungen und Handlungsmöglichkeiten fiktiv im Modus des Erzählens zu generieren. Es geht um die Inszenierung von Performanz, die wiederum ohne *aisthesis* und *mimesis* nicht möglich ist, und um Lesartenvielfalt im Unterrichtsgeschehen. Die *aisthesis* verlangt nach *mimesis*. „Der Zuschauer ist als Wahrnehmender immer auch zugleich ein Handelnder"[226].

Unter diesen Voraussetzungen kann die hier beschriebene narrative Didaktik als Spielart ethischen Lernens betrachtet werden. Indem Lernende narrativieren, lernen sie in Abduktionen zu denken und zu handeln. Sie ler-

---

[223] Fritz BREITHAUPT (2009), 129.

[224] Der Mensch ist, so Breithaupt „aufgrund seines narrativen Denkens ein Risiko."; Fritz Breithaupt (2009), 122.

[225] Vgl. zum Rollenbegriff Kap. 3.1.1.

[226] Thomas KLIE (2007), 62. Vgl. zur Argumentation auch Kap. 0.

nen durch Narrationen, welche unterschiedlichen Handlungsmöglichkeiten sich ergeben, und können sich diese zu eigen machen.

Didaktisch entscheidend ist die Erkenntnis Breithaupts, dass Empathie Parteinahme voraussetzt, die auf Dreierszenen basiert. Dies ist fundamental für die Inszenierung von Unterricht. In einem performativ ausgelegten Religionsunterricht, der sich dem diakonischen Handeln widmet, wird es darum gehen müssen, solche Dreierszenen zu imaginieren. Es müssen Narrationen entwickelt werden, deren Folge erneut Narrationen sind. Entsprechend den drei Modellen der Parteinahme ergeben sich drei Modelle einer unterrichtlichen Inszenierung.

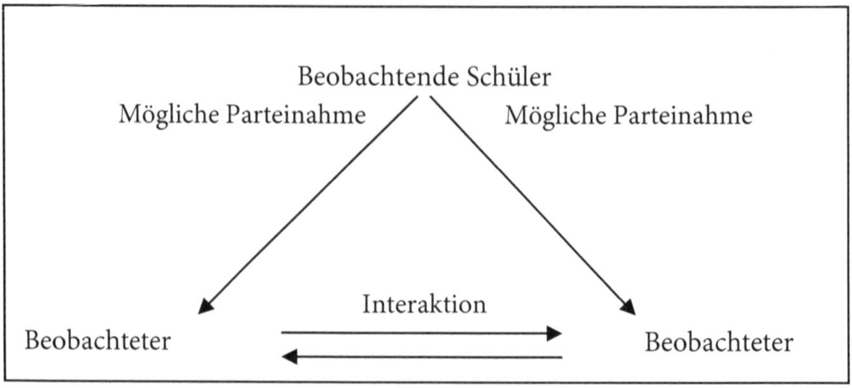

Modell A: Die Handlung erfolgt, indem Partei für einen der beiden Kontrahenten ergriffen wird, weil die vorausliegenden Narrationsmuster diesen priviligieren.

Für das Modell A sind mehrere Inszenierungsmuster möglich. Die Lernenden werden zu „*beobachtenden Schülern*" beispielsweise dadurch, dass sie die nicht-harmonische Interaktion von Mitschülerinnen und Mitschülern (*Beobachtete*) in einem Rollenspiel beobachten (hierfür könnte die Parteinahme allerdings schon vor der Inszenierung erfolgt sein aufgrund persönlicher Sympathien), oder auch dadurch, dass sie Protagonisten in einem Film beobachten etc. Aus der Beobachtung der nicht-harmonischen Interaktion kann Parteinahme mit einem Beobachteten entstehen und aus dieser Parteinahme entsteht für die Lernenden *ein mögliches* Narrationsmuster. Je mehr und je unterschiedlicher die unterrichtlichen Inszenierungen sind, desto mehr und desto unterschiedlichere Narrationen können entstehen, so dass die Lernenden dazu befähigt werden, die entstehenden Narrationen sowohl unterrichtlich abzurufen als auch außerhalb des Unterrichts anzuwenden.

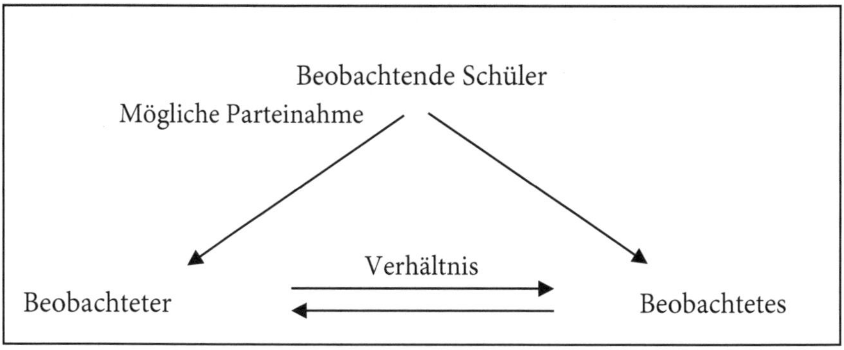

Modell B: Die Handlung erfolgt, weil das Verhältnis von Beobachtetem und Beobachteten entsprechend den vorausliegenden Narrationsmustern nicht harmonisch ist.

Beim Modell B wird die Inszenierung noch wichtiger als beim Modell A. Stehen bei A zwei *Beobachtete* da und der *Beobachtende* ergreift für einen Partei, so ist es beim Modell B nur ein *Beobachteter*. In der unterrichtlichen Inszenierung muss darum das Setting (*Beobachtetes*) besonders herausgearbeitet werden. Das Setting,[227] in dem sich ein *Beobachteter* befindet, ist nicht-harmonisch und fordert damit unterrichtlich die Lernenden heraus, Partei für den *Beobachteten* zu ergreifen oder nicht. Es geht also nicht mehr um die Entscheidung zwischen *zwei* Protagonisten, sondern um die Entscheidung für/gegen einen Protagonisten angesichts eines dargestellten Settings. Die sich aus dieser unterrichtlichen Inszenierung ergebenden Narrationen stoßen jedoch an ihre Grenzen, was die Anwendbarkeit auf andere Situationen betrifft, weil weder das Setting noch das Verhältnis als typisch für andere Situationen angesehen werden können. Die Künstlichkeit unterrichtlicher Inszenierungen hat zur Folge, dass sich zwar in der Inszenierung ein Geschehen vergegenwärtigt, davon aber nicht zwangsläufig auf andere Settings geschlossen werden kann.

Wiederum anders verhält es sich im Modell C, wo der *Beobachtende* die Narration selbst schafft. Für die unterrichtliche Inszenierung bedeutet dies, dass die Lernenden als *Beobachter* eine inszenierte Situation darstellen (entsprechend Modell A oder B) und Partei für einen Protagonisten ergreifen, indem sie in der unterrichtlichen Inszenierung einer weiteren Person diese Situation (*Narrationsempfänger*) schildern. Der *Beobachter* wird damit zum

[227] Vgl. zum Setting Kap. 0.

Narrationsgeber und seine Parteinahme kann durch die Narration beeinflusst werden. Je nach *Narrationsempfänger* kann die Parteinahme damit variieren.

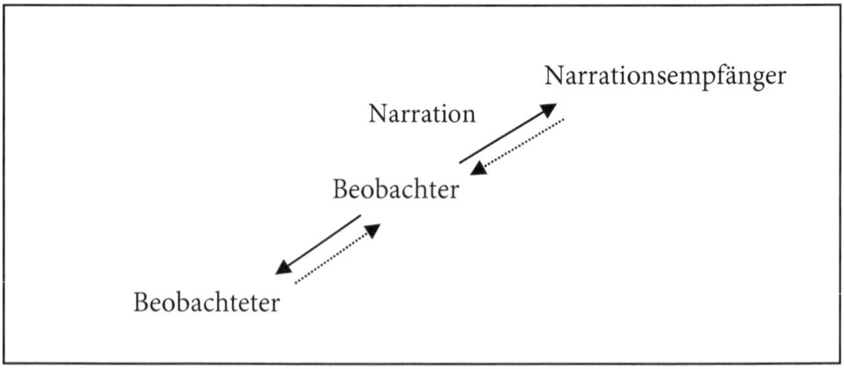

Modell C: Die Handlung erfolgt, weil oder damit sich Narrationen ergeben.

Bei allen drei Modellen bieten sich im Religionsunterricht diverse Inszenierungsmöglichkeiten, die Narrationen schaffen. Diese Narrationen bleiben zunächst auf der unterrichtlichen, artifiziellen Ebene. Die Lernenden imaginieren, indem sie in einer inszenierten Situation Partei für jemanden ergreifen oder nicht, womit aber noch keine Auswirkungen dieser Parteinahme auf das Verhalten der Lernenden außerhalb der unterrichtlichen Inszenierung gegeben sind. Gleichwohl entwickeln die Lernenden aus den jeweiligen Inszenierungen Narrationsmöglichkeiten, auf die auch außerhalb des Unterrichts, d. h. außerhalb der artifiziellen Situation, zurückgegriffen werden kann. Mithilfe der Narrationen wird nicht nur gelernt, „wie man sich aus der Affäre ziehen kann, wenn Wertkonflikte entstehen"[228], sondern allgemein, wie man sich als *Beobachter* in nicht-harmonischen Situationen verhalten kann. Im diakonischen Lernen werden den Lernenden Narrationsmöglichkeiten eröffnet, die ihnen Empathie und ein sich daraus ergebendes Verhalten ermöglichen.[229] Damit wird deutlich, dass es bei einer narrativen Didaktik nicht nur darum geht, dass Schülerinnen und Schüler lernen *zu erzählen*, sondern dass sie gerade das Erzählte fruchtbar machen jenseits der unterrichtlichen Inszenierung. Damit erhält die eingangs erwähnte Bezogenheit zum ethischen Lernen eine besondere Relevanz, der im Folgenden nachgegangen wird.

228 Irene MIETH/Dietmar MIETH (1977), 630.

229 Vgl. Kap. 6, These XIII.

3.3 Diakonisches und ethisches Lernen – Differenzierungen

Die Begriffsbestimmungen ethischen Lernens kreisen stets um zwei Aspekte: die theoretische Reflexion von Ethik durch die Lernenden und die daraus folgende Praxisrelevanz. Ulrike Baumann etwa bestimmt ethische *Erziehung* als die Befähigung zur Frage nach dem „Wesen des Guten" und darin „Hilfen darin zu gewähren, das als gut und sinnvoll Erkannte auch in der Lebenspraxis handelnd umzusetzen"[230]. Ein solcher Ansatz kann insofern leicht grenzüberschreitend sein, da die von Baumann benannte Hilfe für die Lebenspraxis als Gegenstand des Religionsunterrichts nur didaktisch gebrochen, in der unterrichtlichen Als-Ob-Situation, inszeniert werden kann. Ziebertz versteht demgegenüber ethisches Lernen auch weniger als Hilfe zur Lebensbewältigung denn als die Beschäftigung der Lernenden mit Werten und Normen, deren Ziel es ist, dass die Lernenden befähigt werden, „praktische Wertdiskurse zu führen und ein Urteilsvermögen zu entwickeln, das zu verantworteten Entscheidungen befähigt".[231] Sowohl bei Baumann als auch bei Ziebertz spielt die Frage nach der Praxisrelevanz insofern eine Rolle, als sich ethisches Lernen nicht im theoretischen Diskurs über Ethik erschöpft, sondern die Bedeutung dieses Diskurses für die Lernenden über die unterrichtliche Situation hinaus im Blick sein muss.[232] Dies gilt jedoch auch für alle anderen Sujets des Religionsunterrichts. Religionsunterricht ist kein Selbstzweck, der fern jeder Relevanz stattfinden kann. Religion als Gegenstand des Religionsunterrichts bezieht sich stets auf eine bestimmte Religion, die hier verstanden wird als Form kultureller Praxis. Aus dieser Perspektive – im evangelischen Religionsunterricht also die Perspektive des Christentums evangelischer Konfession – wird die Welt betrachtet und gedeutet. „Natürlich gehört dazu *auch* ethische Reflexion und Urteilsbildung, insofern der Religionsunterricht die Prüfung von Werten bzw. von moralischen Regeln und Handlungsmotiven aus der Sicht des christlichen Glaubens ermöglicht und Beispiele christlichen Lebensvollzugs vor Augen stellt."[233] Ethisches Lernen ist damit per se Teil des Religionsunterrichts, weil er die Prüfung moralischer Regeln einschließt und nach deren Konsequenzen für einen christlichen Lebensvollzug fragt. Dies schließt die Reflexion über diakonisches Handeln ein, d. h. über den Handlungsvollzug genauso wie über die Handlungsnorm und die Bezo-

---

230 Ulrike BAUMANN (1987), 49.
231 Hans-Georg ZIEBERTZ (2010), 434.
232 Vgl. auch Karl Ernst NIPKOW (1996), 46.
233 Bernhard DRESSLER (2007a), 225.

genheit beider auf die Handlungsgrundlage.[234] Nach Trutz Rendtorff gibt es einen „ethischen Sinn" von Diakonie, den er in ihrer Praxis begründet sieht, die wiederum keine theologisch-dogmatische Normierung braucht.[235] „Diakonie hat ihren spezifisch ethischen Sinn in der praktischen Hilfestellung für Menschen in Lebenskonflikten, mit denen diese nicht allein ohne Hilfe umgehen können."[236] Mittels Diakonie stellt sich Kirche nicht selbst dar, sondern konkretisiert „Geist und Botschaft des Christentums im Medium der Hilfsbedürftigkeit von Menschen".[237] Damit verkennt Rendtorff jedoch beim diakonischen Handeln die Verschränkung von Handlungsvollzug, Handlungsnorm und Handlungsgrundlage zugunsten einer Überordnung des Handlungsvollzugs. Die Folge davon ist die Reduzierung diakonischen Handelns auf den Hilfeaspekt[238] und die Reduzierung diakonischen Lernens auf Praxisprojekte. So hebt etwa Gottfried Adam diakonische Praxisprojekte im Zusammenhang ethischer Bildung hervor, durch die Empathie und Solidarität gelernt werden könnten.[239] Die Berücksichtigung der Bezogenheit von diakonischem Lernen auf das diakonische Handeln als einem Handlungsvollzug, einer Handlungsnorm und der biblischen und historischen Grundlage hat jedoch zur Folge, dass die biblisch-historische Grundlage und die Handlungsnorm nur in ihrer Korrespondenz zum Handlungsvollzug als *gelebte* Religion zu verstehen sind.[240]

Im Folgenden geht es zunächst um eine Bestimmung (Kap. 3.3.1) und anschließend um die Inhalte ethischen Lernens (Kap. 3.3.2), bevor schließlich ein performatives Verständnis ethischen Lernens und dessen Korrespondenz mit dem diakonischen Lernen dargestellt werden (Kap. 3.3.3).

3.3.1 Ethisches Lernen

Um im Zusammenhang diakonischen Lernens den Aspekt des ethischen Lernens angemessen beschreiben zu können, muss zunächst zwischen Moral und Ethik unterschieden werden. Mit Moral sind Verhaltensweisen zugrunde

---

234 Vgl. dazu Kap. 1.2.

235 Vgl. Trutz RENDTORFF (1991), 178f.

236 Trutz RENDTORFF (1991), 179.

237 Trutz RENDTORFF (1991), 178.

238 Vgl. zur Auseinandersetzung mit dem Hilfeaspekt Kap. 5.1.4.

239 Vgl. Gottfried ADAM (2006), 34f.

240 Vgl. die Darstellung dazu die Ausführungen zu den Erscheinungsformen (Kap. 4) und die Kritik an Praxisformen Kap. 5.1.

liegende Einstellungen gemeint, während unter Ethik die Reflexion moralischer Praxis verstanden wird mit dem Ziel, diese theoretisch zu ergründen.[241] In der Diskussion um ethisches Lernen gehen beide Begriffe jedoch oft durcheinander, zumal dann, wenn von „Werten“ oder gar einem „Werteverlust“ bei Jugendlichen die Rede ist. Die Lernenden leiden nicht an einem Werteverlust, eher ist ein Wertewandel festzustellen.[242] „Was in den immensen gesellschaftlichen Umbrüchen, deren Zeitzeugen wir sind, verloren geht, sind ja nicht ‚Werte‘, sondern verhaltensstabilisierende Selbstverständlichkeiten, lebensweltliche Rückhalte, die die Beschwörung von Sitten, Tugenden und moralischen Normen überflüssig machen, solange ihre Integrationskraft fraglos wirkte. Die Forderung nach der Wiederherstellung von Werten ist aber umso wohlfeiler, je mehr sie als Begleitmusik eines Modernisierungsprozesses intoniert wird, in dem alle Lebensverhältnisse durchökonomisiert und verflüssigt werden. Wertevermittlung kann gar nicht gegen die Dynamiken ankommen, die hinter den diagnostizierten Werteverlusten aufzudecken wären.“[243]

Lernende sind von divergierenden Werten umgeben, die aber keine Orientierungslosigkeit bedeuten, sondern eher ein Zuviel an Orientierung. Dieses Zuviel an Orientierung führt zu Orientierungskonflikten und zu der Frage, wie mit der Vielzahl an Handlungsmöglichkeiten umzugehen ist. Lernende haben unzählige Handlungsoptionen und sie brauchen eine Struktur, um damit umgehen zu können.[244] Harald Schroeter-Wittke betont darum, dass es nicht darum gehen kann, Werte zu lernen, sondern darum, werten zu lernen.[245] Indem Schülerinnen und Schüler lernen zu werten, lernen sie auch, sich mit der Vielzahl der Orientierungsangebote auseinanderzusetzen.

Schule ist insofern ein Ort ethischer Bildung, als sich die Lernenden in der Schule mit der Vielzahl von Handlungsmöglichkeiten auseinandersetzen. Darum kann es keine Schule geben, in der nicht ethisch gelernt wird.[246] „Selbst eine Schule, die sich ausschließlich auf die Vermittlung rein wissenschaftlicher Informationen beschränken will, würde doch auch ethisch erzie-

---

[241] Karl Ernst NIPKOW (1996), 40. Zur Diskussion um die beiden Begriffe vgl. insbesondere Jean-Pierre WILS (1996).

[242] Bereits 1978 legt Günter Stachel dar, dass ein „Verlust an Tradition und Normen … allgemein bekannt ist“; vgl. Günter STACHEL (1978). Vgl. zur Diskussion um den sogenannten Werteverlust Bernhard DRESSLER (2007a), 214ff. und Kap. 1.1.1.

[243] Bernhard DRESSLER (2007a), 214.

[244] Vgl. Bernhard DRESSLER (2007a), 214f.

[245] Vgl. Harald SCHROETER-WITTKE (2008), 148.

[246] Vgl. Gottfried ADAM/Friedrich SCHWEITZER (1996), 20.

hen – indem sie die wissenschaftliche Weltsicht als die einzig legitime Umgangsweise mit den Fragen und Problemen des Lebens erscheinen läßt. In diesem weiten Sinne findet ethisches Lernen also immer schon statt. Ethische Erziehung vermeiden, das kann Schule nicht."[247]

Indem ethische Bildung also zu Schule dazugehört, kann sie auch nicht auf ein bestimmtes Fach, also auch nicht auf den Religions- (oder Ethik)unterricht beschränkt werden.[248] Umgekehrt gilt genauso, dass der Religionsunterricht sich nicht in der Ausbildung von Werten erschöpfen kann.[249] Insbesondere Bernhard Dressler hat sich deutlich gegen die Verengung des Religionsbegriffs auf die Ethik und daraus folgend die Verengung des Religionsunterrichts auf die Wertebildung gewandt. Jörg Lauster fasst die Position Dresslers folgendermaßen zusammen: „Das Konzept der ‚Werteerziehung' erscheint … als eine blasse Instrumentalisierung von Religion, die Lehren und Regeln vorzugeben hat, die Kinder zu anständigen und sozialverträglichen Elementen eines Gemeinwesens heranzieht. So wünschenswert und notwendig eine solche Aufgabe auch ist, der essentielle Sinn des Religionsunterrichts kann nicht darin liegen. Im Konzept der Werteerziehung wäre der Religionsunterricht letztlich eine Art Hundeschule höherer Ordnung, in der die Religion zum motivationalen Leckerli degradiert wird."[250] Dressler, so Lauster weiter, sieht im Konzept der Werteerziehung „eine Instrumentalisierung von Religion, in der diese ihre eigentliche Bedeutung für die Persönlichkeit des Menschen zu verlieren droht"[251]. Ein performatives Konzept ethischer Bildung muss darum zum einen ethische Bildung als Teil schulischer Bildung stärken[252] und zum anderen Religion als eine Form kultureller Praxis zeigen. „In einem didaktisch zu eröffnenden Raum, gleichsam experimentellen Raum von ‚Probedenken' und ‚Probehandeln', soll die Möglichkeit eröffnet werden, aus der Perspektive der christlichen Religion die Welt und sich selbst sehen und deuten zu lernen und das für die Äußerung dieser Selbst- und Weltdeutung überlieferte Zeichenrepertoire in Gebrauch zu nehmen. Der Religionsunterricht kann dabei nicht selbst Erfah-

---

247 Gottfried ADAM/Friedrich SCHWEITZER (1996), 20. Vgl. zur Werteerziehung im Religionsunterricht im Zusammenhang schulischer Bildung auch Hans ZEHETMAIR (1999).

248 Vgl. beispielsweise die Auflistung ethischer Perspektiven für die einzelnen Fächer bei Heinz SCHMIDT (1996), 324ff.

249 Freilich kann diese Verantwortung nicht auf ethisches Lernen beschränkt werden, vgl. Kirchenamt der EKD (1994), 37ff.; Reiner ANSELM (2007).

250 Vgl. Jörg LAUSTER (2012), 26.

251 Jörg LAUSTER (2012), 26.

252 Vgl. z. B. Bernhard DRESSLER (2007a), 228–231.

rungen der Liebe Gottes vermitteln, kann aber die Augen dafür öffnen, wo in der Welt uns die Spuren dieser Liebe begegnen. Natürlich gehört dazu *auch* ethische Reflexion und Urteilsbildung, insofern der Religionsunterricht die Prüfung von Werten bzw. von moralischen Regeln und Handlungsmotiven aus der Sicht des christlichen Glaubens ermöglicht und Beispiele christlichen Lebensvollzugs vor Augen stellt."[253]

Folgt man Karl Ernst Nipkow, so ergeben sich für die Ziele ethischer Bildung drei Ebenen: Materiale Ethik (Inhalte), formale Ethik (Begründungen) und die Frage nach Konsensgewinnung und den Umgang mit Dissens (Umsetzung).[254] Diese Dreiteilung greift jedoch insofern zu kurz, als der performative Aspekt nicht vorkommt, der von den Begründungszusammenhängen nicht zu lösen ist.

3.3.2 Inhalte

Bei der Ethik als Reflexion von Moral geht es nicht nur um den Einzelnen, sondern immer um den Bezug auf das Zusammenleben mit anderen. „Von daher sind im Begriff der Ethik immer ein subjektiver und ein objektiver Aspekt miteinander verbunden, nämlich die Einheit der individuellen Lebensführung und die Ordnung des gemeinsamen Lebens."[255] Pannenberg spricht in Anlehnung an Rendtorff weniger von Moral, sondern vielmehr von „Lebensführung". „Die Ethik hat es ... nicht mit dem Handeln des einzelnen für sich allein, sondern immer mit dem individuellen Handeln und der individuellen Lebensführung im Zusammenleben mit anderen zu tun." Er stellt klar, dass es nicht darum geht, wie die einzelnen Regeln menschlichen Zusammenlebens gekennzeichnet sind, sondern lediglich um die gegenseitige Anerkennung „im Prozeß der sozialen Kommunikation".[256] Eine solche Anerkennung ist zunächst eine „Anerkennung des anderen in seiner Rolle", die jedoch nicht auf die Rolle beschränkt bleibt, sondern die Person selbst betrifft.[257] In Korrespondenz mit dem didaktischen Rollenverständnis, das als die Präsentation einer bestimmten didaktisch sinnvollen Figur im

---

253 Bernhard DRESSLER (2007a), 225.
254 Vgl. Karl Ernst NIPKOW (1996), 40ff.
255 Wolfhart PANNENBERG (1997), 21.
256 Ebd.
257 Vgl. Wolfhart PANNENBERG (1997), 21.

Medium der eigenen Person verstanden wurde,[258] folgt, dass ethisches Lernen als die didaktische Inszenierung von Handlungen aufgefasst werden kann.[259]

Inhaltlich differenziert Nipkow zwischen sechs Ebenen, auf die sich der ethische Diskurs didaktisch bezieht.[260]

a) Die partnerschaftliche Ebene: Hierbei spielen beispielsweise Fragen nach der Sexualmoral eine Rolle. Darüber hinaus geht es um Fragen nach Ehe und Familie.
b) Die zwischenmenschliche Ebene: Sie schließt an die partnerschaftliche Ebene in dem Sinne an, dass es hierbei auch um die Achtung der Person geht, doch weist diese Ebene über den engen Kreis der Familie hinaus. Es geht um die Frage, wie die sozialen Beziehungen gestaltet werden sollen. Oft wird hierin der Kern christlicher Ethik gesehen, geht es doch darin um die Nächstenliebe, um die Bereitschaft sich des anderen, des Schwächeren und Bedürftigen anzunehmen, um die „Fähigkeit, sich sozial zu verhalten, nämlich höflich, rücksichtsvoll, verlässlich, hilfsbereit, einfühlsam, kompromißbereit, versöhnungsfähig"[261].
c) Die berufliche Ebene: Diskutiert werden hier Eigenschaften wie Leistungsbereitschaft, Unbestechlichkeit oder Zuverlässigkeit. Darüber hinaus spielt auch das Verhalten von Arbeitsgebern (etwa bei Tarifverhandlungen oder Kündigungen) und Arbeitnehmern (z. B. die Loyalität dem Arbeitgeber gegenüber) eine Rolle.
d) Die gesellschaftliche Ebene: Hierbei geht es um das Wohl des Gemeinwesens. Das beginnt bei der Einhaltung der Verkehrsregeln und endet bei der Frage nach zivilem Ungehorsam in Diktaturen.
e) Die Umweltebene: Fragen nach dem Schutz der Umwelt tauchen in der moralischen Diskussion erst in neuerer Zeit auf, doch spielen sie eine zunehmend wichtige Rolle, insbesondere in Hinblick auf die Verantwortung gegenüber künftigen Generationen.
f) Die Ebene der Wissenschaften: Nicht alles, was machbar ist, ist auch ethisch zu verantworten. Dies gilt in besonderer Weise für die Naturwissenschaften, verwiesen sei auf die Gentechnik und auf Fragen der Biomedizin.

---

258 Vgl. Kap. 0.

259 Zum Inszenierungsbegriff vgl. Kap. 0.

260 Vgl. Karl Ernst NIPKOW (1996), 40ff. Vgl. auch die sog. „ethischen Schlüsselprobleme" in Rainer LACHMANN/Gottfried ADAM/Martin ROTHGANGEL (2006).

261 Karl Ernst NIPKOW (1996), 41.

Diese Ebenen sind Diskursebenen, kein Kanon für den Religionsunterricht. Sie verdeutlichen, auf welchen Ebenen eine ethische Auseinandersetzung stattfindet, und geben Anlass zur Reflexion, welche Diskurse in Schule und Unterricht geführt werden. Nipkow betont daher die Verantwortung des Religionsunterrichts, indem er auf dessen Instrumentalisierung durch staatliche Interessen verweist.[262] Die Verantwortung für den Religionsunterricht[263] besteht damit zum einen in der Auswahl der Diskursebenen (Welche Ebenen kommen besonders häufig vor bzw. welche bleiben ausgespart?) und darüber hinaus in der Reflexion der einzelnen Ebenen (Welche Positionen werden unterrichtlich dargestellt?). In einem performativen Religionsunterricht, geht es bei dieser Reflexion nicht um einen theoretischen Diskurs, sondern um die *Darstellung* religiöser Praxis. „Eine Didaktik, die die Performanz religiöser Praxis in den Blick nimmt, macht sich die Einsicht zu Eigen, dass die christliche Religion nicht mitgeteilt werden kann, ohne immer auch zugleich dargestellt zu werden.“[264]

Insofern greift auch der Ansatz Nipkows zu kurz, der von der materialen zur formalen Ethik kommt ohne den performativen Aspekt näher zu beleuchten. Zudem sind diese Ebenen in diakoniedidaktischer Hinsicht nur insofern relevant, als dass sie Strukturen darstellen, in denen sich wiederum diakonisches Handeln ereignet. Diakonische „Gesten der Güte“ können sich auf allen Ebenen ereignen und sind darum didaktisch auch auf allen Ebenen darzustellen.

3.3.3 Darstellungen

Jörg Lauster spricht mit Verweis auf Albert Schweitzer von einer „performativen Ethik“, die er beschreibt als „das Ineinsfallen von Erlebnis und Handlungsorientierung“.[265] Damit ist gemeint, dass es eine Korrespondenz gibt zwischen Wirklichkeitswahrnehmung und Handlungen zugrunde liegenden Einstellungen. „Haltungen, innere Überzeugungen, commitments, die die menschliche Lebensführung prägen, gehen nicht aus Belehrungen hervor, sondern entspringen der Gestimmtheit einer unmittelbaren Weltbegegnung.

---

262 Vgl. Karl Ernst NIPKOW (1996), 43f.

263 Der Verantwortung liegt zum einen auf einer normativen Ebene (bei der Erstellung von Rahmenlehrplänen) und zum anderen auf der unterrichtlichen Ebene (der Umsetzung curricularer Vorgaben).

264 Bernhard DRESSLER (2007a), 227.

265 Jörg LAUSTER (2012), 30.

Die kognitiven Prozesse der Wirklichkeitsverarbeitung sind notwendige, aber nachgeordnete Vorgänge, die jene Haltungen abstützen, sie aber nicht selbst ausbilden können."[266] Wenn Haltungen demnach nicht durch kognitive Prozesse ausgebildet werden können, müssen Lernprozesse, bei denen diese im Mittelpunkt stehen, zwangsläufig ins Leere laufen.

Eine *performative Ethik* ist damit auf Bilder angewiesen, auf Wahrnehmung, auf Ästhetik.[267] „Im Haus der Ethik gehen wir mit Bildern um. Ohne sie liesse sich keine ethische und moralische Position gewinnen."[268] Die didaktische Rezeption von Bildern und Texten wird zum aktiven Aneignungsvorgang,[269] mit dem die Lernenden hineingenommen werden in den Begründungszusammenhang von Ethik.

Ästhetik ist Illustration von Normen und Werten. „So ist sie Wahr-Nehmung als spezifische Dimension von Wirklichkeit. Für religiöse Bildung ist dies höchst relevant. Und Wahr-Nehmung bleibt dabei nicht folgenlos"[270].

Die Betrachtung und Reflexion ästhetischer Ausdrucksformen führt damit zur Auseinandersetzung mit Werten und Normen und kann zur Infragestellung oder Bestätigung eigener Wertvorstellungen der Lernenden beitragen. Die im Modus performativer Darstellung vorgetragene Handlung provoziert Deutungen und Identifikationen, motiviert zur Auseinandersetzung. Die Lernenden sind dabei sowohl Akteure performativer Handlungen als auch Betrachter performativer Handlungen. „Der Zuschauer ist als Wahrnehmender immer auch zugleich ein Handelnder, denn er nimmt ja durch sein Tun – und sei es nur durch seine äusserlich passive *aisthesis* – und durch das, was mit ihm geschieht, auf den Verlauf der Aufführung Einfluss. Was immer die Akteure tun, hat Auswirkungen auf den Zuschauer, und was immer die Zuschauer tun, hat Auswirkungen auf die Akteure."[271]

Die Verbindung von Ästhetik und Performanz ist damit nicht nur für den Religionsunterricht von zentraler Bedeutung. „Performanzphänomene heben die ästhetische Frage ins Ethische (und umgekehrt)."[272] Jede unterrichtliche Ausdrucksform zwingt sowohl den Darsteller als auch den Betrachter zur Auseinandersetzung und zur Bewertung der hier implizierten ethischen Entscheidungen, er kann sich damit nicht *nicht* verhalten.

---

[266] Jörg LAUSTER (2012), 30.
[267] Vgl. Dietrich ZILLEßEN (2007), 91. Vgl. auch Kap. 0.
[268] Dietrich ZILLEßEN (2007), 91.
[269] Vgl. Thomas KLIE (2007), 62.
[270] Roland DEGEN (2008), 91.
[271] Thomas KLIE (2007), 63.
[272] Thomas KLIE (2007), 62.

Der Beitrag des Religionsunterrichts zur ethischen Bildung der Lernenden, besteht darum nicht in der Vermittlung eines Handlungs- und Regelwissens.[273] Nipkows Aussage „Was als gut gelten soll, muß erstens von jedem einzelnen in *Freiheit* geprüft und übernommen werden, daraus folgt zweitens, daß Moralität persönliche *Einsicht* voraussetzt“[274], suggeriert einen kognitiven und verkennt den performativen Charakter ethischer Entscheidungen. Vielmehr gilt es diesen performativen Charakter deutlich zu machen, also die Bezogenheit von „Erlebnis und Handlungsorientierung“.

Eine bloße Übernahme von Werten setzt zudem die uneingeschränkte Autorität von Institutionen, Personen oder Instanzen voraus, die in einer pluralen Demokratie so nicht mehr gegeben ist.[275] Was als gut gilt, wird jeweils individuell erfahren, kann damit auch nur individuell – oder gruppenspezifisch – verbindlich sein. Gerade für eine evangelische Ethik ist das Moment der Freiheit entscheidend.[276] Ethisches Lernen im evangelischen Religionsunterricht ist jedoch weiter zu fassen als der Diskurs über Divergenz,[277] denn Religion als Praxis darzustellen meint mehr als einen Diskurs über Praxis zu führen. Religion als Praxis darstellen heißt, die Welt und sich selbst „aus der Perspektive der christlichen Religion … sehen und deuten zu lernen und das für die Äußerung dieser Selbst- und Weltdeutung überlieferte Zeichenrepertoire in Gebrauch zu nehmen“[278].

Im Zusammenhang der Entstehung sozialen Handelns verweist Wulf darauf, „dass soziales Handeln ohne praktisches körperliches Wissen, das immer wieder in den entsprechenden Inszenierungen und Aufführungen des Körpers erworben wird, nicht möglich ist. Im Prozess sozialen Handelns wird dieses Wissen zu einem verkörperten Wissen, das den Körper befähigt, in den entsprechenden Situationen angemessen zu reagieren und das lediglich dann bewusst wird, wenn es problematisiert und reflexiv wird.“[279]

Die doppelte Bestimmung ethischen Lernens als die Reflexion über Ethik

---

[273] Gegen ein solches Verständnis wendet sich Dresslers Kritik an der Werteerziehung; vgl. Bernhard DRESSLER (2007a), 225ff.

[274] Karl Ernst NIPKOW (1996), 45f. Dietmar Mieth redet gar von der „sittlichen Person“ als Ziel ethischer Bildung; vgl. Dietmar MIETH (1978), 23.

[275] Vgl. dazu Hans-Georg ZIEBERTZ (2010), 439.

[276] Vgl. Volker GERHARDT (2006), 51, der evangelische Ethik als eine Ethik des Diskurses versteht.

[277] Harald SCHROETER-WITTKE (2008): „Was Gott schenkt, ist die Kraft, in, mit und unter diesen Widersprüchen fröhlich zu leben – dies wäre eine gemeinsame Bestimmung für Ethik und Pädagogik in protestantischer Sicht.“, 150f.

[278] Bernhard DRESSLER (2007a), 225. Didaktisch muss jedoch unterschieden werden zwischen der religiösen Praxis und der inszenierten religiösen Praxis; vgl. Bernhard DRESSLER/Thomas KLIE/Martina KUMLEHN (2012b), 317.

[279] Christoph WULF (2005), 166.

und die Praxisrelevanz muss performativ gesehen konkretisiert werden. Zunächst einmal geht es um die sich performierende Praxis, dann um die Reflexion dieser Praxis und schließlich um die sich daraus ergebenden Konsequenzen. „Alle Zuschauenden sind als Wahrnehmende immer auch zugleich Akteure, denn sie nehmen ja durch ihr Tun – und sei es nur durch passive Wahrnehmung – auf den Verlauf der Performance Einfluss. Was immer die Akteure tun, hat Auswirkungen auf Zuschauende, und was immer die Zuschauenden tun, hat Auswirkungen auf Akteure. Die Partizipation hebt gewissermaßen die Opposition zwischen Wahrnehmen und Handeln, zwischen Ästhetik und Ethik auf."[280]

Dass sich ethisches Lernen nicht auf einzelne Fächer und damit auch nicht auf den Religionsunterricht beschränken lässt, ist hinlänglich dargestellt worden.[281] Diakonisches Lernen ist jedoch auf den Religionsunterricht verwiesen, insofern es sich hierbei um die Didaktisierung einer Ausdrucksform von *Religion* handelt. Im diakonischen Lernen bietet sich über die spezifischen Sujets und die damit korrelierenden Inszenierungsmöglichkeiten und die aus beidem resultierenden Orientierungsgewinne eine didaktische Struktur, die die berechtigte Forderung nach ethischer Orientierung im Religionsunterricht mit den Bildungsgewinnen ästhetischer Bildung im Modus eines performativen Settings verbindet. Ein so verstandenes diakonisches Lernen geht als *„Lernweg religiöser Bildung"*[282] über Exkursionen und Praxisprojekte hinaus und wird verstanden als die Didaktisierung diakonischen Handelns, das sich in den beschriebenen „Gesten der Güte" zeigt.[283] Es ereignet sich nicht nur durch die probeweise Teilnahme an diakonischen Handlungsvollzügen, sondern auch durch die Ästhetisierung diakonischen Handelns und deren kritische Reflexion.[284] Unterrichtlich gesehen geht es also um „Teilnahme und Beobachtung".[285] Der spezifische Beitrag des Religionsunterrichts zur ethischen Bildung ist unter diakoniedidaktischen Gesichtspunkten die Teilnahme der Lernenden an diakonischen Handlungsvollzügen und deren Beobachtung.

---

280 Silke LEONHARD/Thomas KLIE (2012), 98.

281 Vgl. z. B. Karl Ernst NIPKOW (1981), 173ff.; Gottfried ADAM/Friedrich SCHWEITZER (1996a); Bernhard DRESSLER (2007a), 228ff.

282 Harry NOORMANN (2005), 24 (Hervorhebungen im Original).

283 Vgl. Kap. 1.2.1 und Kap. 6, These IX.

284 Vgl. zur Begriffsbestimmung diakonischen Lernens Kap. 6, Thesen I und XV.

285 Vgl. Bernhard DRESSLER (2007a), 228.

4 Erscheinungsformen diakonischen Lernens – diakonisches Lernen und Compassion

Eine gut aussehende junge Frau hat erkannt: das Leben ist mehr als nur Spaß. Diese Erkenntnis hat sie gewonnen, nachdem sie eine Woche ein Sozialpraktikum in einem Altenheim absolviert hat. Dabei handelt es sich nun nicht um eine empirische Untersuchung zur Relevanz von Sozialpraktika, sondern um den Werbespot einer deutschen Versicherung.[1] Sozialpraktika sind offenbar in der Mitte der Gesellschaft angekommen (sofern man Werbung als Indiz dafür werten kann). Diese Idealisierung des Sozialpraktikums verdeutlicht aber neben seiner Akzeptanz auch sein Problem: Die Logik des Spots gibt vor, als sei das Sozialpraktikum die Garantie oder gar die Voraussetzung für sozial verantwortliches Verhalten. Also im Umkehrschluss: Wenn du an einem Sozialpraktikum teilgenommen hast, dann kann man doch erwarten, dass du dich sozial verantwortlich verhältst (genauso wie man nach dem Mathematikunterricht erwarten kann, dass das Einmaleins beherrscht wird).

Diakonisches Lernen (evangelisch) und Compassion (katholisch) geben solchen Sozialpraktika ein theologisches und didaktisches Fundament. Es sind didaktische Konzeptionen, die die Frage aufgreifen, wie sozial verantwortliches Handeln gelernt werden kann. Dabei gibt es Gemeinsames (Voraussetzung, schulpraktische Umsetzung) und Unterschiedliches (theologische Dimension). Während Compassion eher im katholischen Religionsunterricht bzw. an katholischen Schulen beheimatet ist, ist es das diakonische Lernen im evangelischen Religionsunterricht und an evangelischen Schulen. Diakonische Projekte bzw. diakonisches Lernen können gerade für evangelische Schulen ein konstitutives Element sein. Lernende werden hineingenommen in kirchliche Handlungsfelder und erfahren auf diese Weise, was es heißen kann, ein evangelischer Christ zu sein.

---

1 Werbespot der Volksfürsorge anlässlich des Internationen Jahrs der Freiwilligen 2001.

4.1 Voraussetzungen

Das Compassion-Projekt ist ein Projekt sozialen Lernens, das auf Initiative der katholischen freien Schulen in Deutschland entstanden ist,[2] inzwischen aber nicht nur in freien, sondern auch in öffentlichen Schulen im gesamten Bundesgebiet durchgeführt wird.[3] „Ziel des Projekts ist die Entwicklung sozialverpflichteter Haltungen wie Hilfsbereitschaft im Bereich des Sozialen, Kommunikation, Kooperation und Solidarität mit Menschen, die – aus welchen Gründen auch immer – auf die Hilfe anderer angewiesen sind."[4] Der Ausgangspunkt dieses Konzepts liegt in einer eher kulturpessimistischen Perspektive: Lernende denken eher an sich selbst als an andere, verhalten sich als „Egotaktiker" und sind heute vornehmlich ökonomisch geleitet. Insofern ist Helfen für Jugendliche nur dann angezeigt, wenn sich das Engagement zeitlich begrenzen lässt und damit keine weiteren Verpflichtungen verbunden sind.[5] Gesellschaftlich einher geht damit eine „Krise des Helfens", die Einwände gegen soziales Handeln hervorbringt.[6]

Gleichzeitig wird jedoch anerkannt, dass sich Jugendliche dann engagieren, „wenn sie einsehen, wofür sie sich engagieren sollen; wenn das Engagement zeitlich begrenzt bleibt und aus dem einmal erbrachten Engagement keine weiteren Verpflichtungen erwachsen"[7]. Dabei betont gerade auch die Shell-Studie von 2006, dass sich Jugendliche durchaus für soziale Fragen interessieren und engagieren.[8] Demnach sind 75 % der Jugendlichen gelegentlich bis oft gesellschaftlich aktiv, auch wenn, oder *gerade* wenn, dieses Engagement auf konkrete Projekte vor Ort bezogen ist. Darüber hinaus fällt auf, dass Kinder und Jugendliche sich sehr stark anrühren lassen von Bildern des Leids. An vielen deutschen Schulen kam es nach dem Erdbeben vom 12. Januar 2010 in Haiti zu Spendenaktionen für die Opfer. Hilfsbereitschaft stand hier ganz weit oben.[9]

---

2 Vgl. Adolf WEISBROD/Franz KUHN/Friedrich HIRSCH (2000).

3 Vgl. Lothar KULD (2004), 11.

4 Lothar KULD (2004), 11.

5 Vgl. Lothar KULD (2005), 16ff. und Adolf WEISBROD/Franz KUHN/Friedrich HIRSCH (2000), 271.

6 Vgl. Lothar KULD (2005), 18. Kuld bezieht sich hierbei auf Gerd Theißen, der sich anhand des Gleichnisses vom barmherzigen Samariter mit den Einwänden auseinandergesetzt hat; vgl. Gerd THEIßEN (1990).

7 Lothar KULD (2005), 17.

8 Vgl. die Zusammenfassung des Berichts zum Engagement unter: http://www.static.shell.com/static/deu/downloads/aboutshell/our_commitment/shell_youth_study/2006/youth_study_2006_exposee.pdf (am 21.2.2010).

9 Weitere Beispiele zum sozialen Engagement Jugendlicher bei Beate HOFMANN (2010), 13.

Insofern ist kritisch zu prüfen, was die Rede von der „Krise des Helfens" im Blick hat. Harry Noormann macht darauf aufmerksam, dass es einen „gesellschaftlichen Trend der Desintegration" gibt,[10] nach dem es die Menschen schwerer haben, gesellschaftlich anerkannt zu sein.[11] Die „Krise des Helfens" steht hier für eine gesellschaftliche Krise. Die pessimistische Grundannahme besteht darin, dass in unserer Gesellschaft Mitmenschlichkeit und Empathie zu wenig ausgeprägt sind und deshalb in der Schule gefördert werden müssen.

Eine solche Grundannahme – die sowohl im katholischen Compassion als auch im evangelischen diakonischen Lernen vertreten wird – setzt jedoch eine defizitäre Grundannahme voraus, die in Frage gestellt werden muss. Lothar Kuld behauptet gar, dass „in Familien, Vereinen und Kirchen" keine „Haltung der Mitmenschlichkeit" mehr gelernt wird, weshalb die Schule zu einem solchen Ort werden müsse.[12]

Diese Grundannahmen sind empirisch jedoch nicht belegt. Sie scheinen vielmehr einem allgemeinen „Gefühl" zu entspringen und können daher nicht als Begründung für Compassion oder diakonisches Lernen herangezogen werden. Zudem bleibt unklar, worauf sich der Vergleich bei der „Krise" bezieht. Bereits 1994 wurde in den Anfängen von Compassion von „Alarmzeichen" geredet, die sich in unserer Gesellschaft zeigen.[13] Mit dem Verweis auf die Sozialkritik bei Propheten des Alten Testaments (z. B. Jer 7,5ff.; Amos 4,1ff.; 5,11ff.) muss man fragen, ob sich die „Krise des Helfens" nicht schon mehrere tausend Jahre hinzieht. Auch in den Evangelien ist von einer „Krise des Helfens" die Rede, wenn beispielsweise in Lk 10,25–37 der Schriftgelehrte nicht weiß, wer sein Nächster ist und in der literarischen Fiktion zwei von drei Vorübergehenden den Verletzten zwischen Jerusalem und Jericho einfach liegenlassen.

Eine weitere wichtige Relativierung der Defizithypothese hängt mit der Modernisierung unserer Lebenswelten zusammen: Familienstrukturen verändern sich.[14] Die zunehmende Zahl von Kleinfamilien führt zu einem Verlust an sozialen Erfahrungen im Alltag. Alte und kranke Menschen werden kaum mehr nur in der Familie gepflegt, sondern immer öfter auch in Kran-

---

10 Harry NOORMANN (2005), 21ff.
11 Ebd.
12 Lothar KULD (2005), 20.
13 Vgl. Adolf WEISBROD/Franz KUHN/Friedrich HIRSCH (2000), 269.
14 Vgl. z. B. Rüdiger PEUCKERT (2008), 94ff.

kenhäusern, Pflegeheimen etc.[15] Die Notwendigkeit von Sozialpraktika kann daraus nur in dem Sinne abgeleitet werden, dass „organisierte Lernarrangements“[16] geschaffen werden, um Lernenden eine Seite des Lebens zu zeigen, die ihnen in der Kleinfamilie strukturell nicht mehr eröffnet wird. Allein aufgrund einer sich verändernden Familienstruktur kann keine „Krise des Helfens“ postuliert werden, denn umgekehrt würde es bedeuten, dass das Aufwachsen in einer Großfamilie zu altruistischem Handeln führen könnte. Doch auch das Zusammenleben mit seinen fünf Brüdern führt in der Geschichte Lk 16,19–31 bei dem reichen Mann nicht dazu, dass er Lazarus versorgt.

Zudem muss vor der Illusion gewarnt werden, in zwei Wochen Sozialpraktikum könnten gesellschaftliche Entwicklungen ausgeglichen werden.

Es ist für die Begründung von Sozialpraktika in der Schule unerheblich, wie die Einstellung der Kinder und Jugendlichen zum Helfen ist. Wir brauchen keine „Krise des Helfens“ zu postulieren um die „Notwendigkeit von Compassion“ oder diakonischem Lernen zu rechtfertigen.

Die Begründung der Notwendigkeit für Compassion bzw. diakonisches Lernen kann damit nicht in der Gesellschaft und in gesellschaftlichen Entwicklungen gesucht, sondern muss inhaltlich bestimmt werden. Eine solche inhaltliche Bestimmung erfolgte katholisch für das Compassion-Konzept vornehmlich moraltheologisch und für das diakonische Lernen bildungsdidaktisch.[17]

4.2 Compassion

Johann Baptist Metz beschreibt Compassion als das „Schlüsselwort für das Weltprogramm des Christentums im Zeitalter der Globalisierung“.[18] Dabei wird bewusst der englische Begriff verwandt, da mögliche Übersetzungen für weniger aussagekräftig gehalten werden. „Mitleid“ klinge demnach zu sehr nach Gefühl und „Empathie“ zu unpolitisch.[19] Mit dieser *Begriffsbestimmung* wird die Zielsetzung des Programms deutlich: Es geht um die soziale und

15 So wird in der Denkschrift der EKD zur Diakonie diakonisches Lernen begründet, vgl. Kirchenamt der EKD (1998), 62.

16 Harry NOORMANN (2005), 23.

17 Vgl. insbesondere Karl Ernst NIPKOW (2006).

18 Johann Baptist METZ (2004), 6.

19 Vgl. ebd. Zur Entwicklung des Begriffs vgl. auch Lothar KULD (2004), 12, der den Bedeutungszusammenhang auf John F. Kennedy zurückführt.

politische Konsequenz, die sich aus der Wahrnehmung fremden Leids ergibt. Nach Metz kann es nämlich nicht dabei bleiben, fremdes Leid wahrzunehmen, sondern es muss auch zur Sprache gebracht werden. Beides, das Wahrnehmen und das Zur-Sprache-Bringen sind die Voraussetzung für soziales Handeln und für eine Politik des Friedens.[20]

Compassion wird weiter als „Leidensgedächtnis" verstanden. Metz argumentiert, dass moralisch erblindet, wer sich nicht an vergangenes Leid erinnert. Eine solche „Autorität der Leidenden" ist für Metz biblisch begründet und insofern nicht nur politisch, sondern auch theologisch geboten.[21] Wer das Leid des anderen sieht und sich davon anrühren lässt, kann sich sich auch engagieren.[22] Compassion ist in diesem Sinne die „biblische Mitgift für Europa", insofern Compassion die „teilnehmende Wahrnehmung fremden Leids" und das „Eingedenken des Leids der anderen" ist.[23]

Compassion im Sinne eines Leidensgedächtnisses zu verstehen ist theologisch reizvoll, geht es doch hierbei neben der politischen auch um eine theologische Dimension, die weitergeht als von Metz angenommen. Sie geht zurück auf Christus, der zum Vorbild für ethisches Verhalten wird.[24]

Im Leiden liegt für Metz auch eine ökumenische, ja religionsübergreifende Komponente begründet. Diese beschreibt er als „Mystik des Leidens", die er auch als „Mystik der offenen Augen" beschreibt.[25] Dabei geht es darum, dass der Nicht-Leidende das Leid des anderen wahrnimmt und ihm hilft. Daniel Heinen hat zu Recht angemerkt, dass dieses Verständnis von Compassion Altruismus ist.[26] Ob ein solcher Altruismus aus der biblischen Tradition tatsächlich gefolgert werden kann, muss in Frage gestellt werden. Erweitert man den Begriff Compassion um den des Mitleids, wird die Fragwürdigkeit deutlich. In seiner Untersuchung zur Geschichte des Mitleidsbegriffs stellt Norbert Gramer dar, dass der Begriff des Mitleids innerhalb der Philosophie- und Theologiegeschichte sehr unterschiedlich gebraucht wird.[27] Mit der positiven Konnotation von Mitleid bzw. Compassion wird eine bestimmte Interpretation gesetzt, nicht auf ein allgemeines Verständnis rekurriert.

---

[20] Vgl. Lothar KULD (2004), 12.

[21] Vgl. Johann Baptist METZ (2004) 7f.

[22] Vgl. zum Zusammenhang von Ästhetik und Ethik Kap. 1.2.1.

[23] Johann Baptist METZ (2000), 92.

[24] Vgl. Philipp STOELLGER (2007), 292ff.

[25] Vgl. Johann Baptist METZ (2004), 94.

[26] Vgl. Daniel HEINEN (2005), 24f. Die Compassion-Projekte haben für Heinen damit das „Lernziel Altruismus", dessen Lehrbarkeit er grundsätzlich in Frage stellt.

[27] Vgl. Norbert GRAMER (2005).

Metz redet ferner gar von einer „Koalition der Religionen zur Rettung und Beförderung der sozialen und politischen Compassion in unserer Welt".[28] Dabei macht er auch auf einen Unterschied zwischen biblisch-monotheistischen und fernöstlich-buddhistischen Traditionen aufmerksam. Während er in der biblischen Tradition eine „politische Mystik" sieht, die getragen wird von dem „kategorischen Imperativ": „Aufwachen, die Augen öffnen!", sieht er in der buddhistischen Tradition, dass alles Leid Schaffende nur Schein ist. Damit ist für Metz der Antrieb zu sozialem Handeln in der buddhistischen Tradition aufgehoben. Wenn also von einer „Mystik des Leidens" die Rede ist als Begründung für Compassion, dann bezieht sich dies in erster Linie auf das Christentum. Zwar hat Johann Baptist Metz auf die Unterschiede in der „Mystik des Leidens" in den Religionen selbst hingewiesen, doch hindert ihn das nicht daran, von einer „Ökumene der Compassion" zu sprechen.[29] Zudem ging er auf Differenzierungen innerhalb des Christentums nicht ein, ebenso wie er in der Formulierung von den „biblisch monotheistischen Traditionen" Christentum, Judentum und Islam als einen Traditionsstrang des Leidens darstellt.

Hinzu kommt, dass die postulierte Universalität von Compassion, die „Mystik des Leidens", in den Religionen Fiktion ist. Man kann sich nicht allgemein mitleidig verhalten. Mitleid ist immer auf konkrete Situationen bezogen. „‚Sich mitleidig verhalten' ist daher eine sprachliche Abwegigkeit. Wir können sensibel sein und werden, und uns gegen das Affiziert werden möglicherweise ‚nicht verweigern', also affektive Sicherungsmechanismen abbauen; aber sich allseits mitleidig verhalten, ist allenfalls eine abstrakte und sekundäre Generalisierung eines Beobachters – und verfehlt die Phänomene."[30]

Die Schwachstellen von Compassion als didaktischem Konzept zeigen sich damit erstens an der einseitigen theologischen Grundlegung. Compassion erscheint eher als ein gesellschaftspolitisches denn als theologisches Programm. Zweitens dürfte die Lehrbarkeit eines solchen Konzepts in Zweifel gezogen werden. Hierfür seien zwei Punkte angebracht: die Leidenden – um die es Metz eigentlich zu gehen scheint – sind als konkretes Gegenüber nicht im Blick. Es besteht die Gefahr, bestimmte Problemlagen für ein moralkatechetisches Programm zu funktionalisieren.[31] Respekt und Achtung von Hilfs-

---

28 Johann Baptist METZ (2000), 93.
29 Johann Baptist METZ (2000), 94.
30 Philipp STOELLGER (2007), 291.
31 Vgl. Daniel HEINEN (2005), 25.

bedürftigen und Hilfesuchenden können so kaum initiiert werden. Zum zweiten kann Compassion kein Bildungsziel werden, weil Gefühle schulisch nicht gebildet werden können[32] und nicht gebildet werden sollten. „Intrinsisch motivierte altruistische Gefühle und daraus entspringende Handlungsdispositionen sind durch moralische Verpflichtung nicht zu erreichen. Sie können nicht Normen pädagogischen Handelns sein."[33] Weder Leidensfähigkeit noch Hilfsbereitschaft können pädagogische Ziele sein, die auf direktem Weg erreicht werden können, auch wenn sie freilich indirekt möglich sind. Leidensfähigkeit scheidet dabei als pädagogisches Ziel aus, weil es sich dabei um ein Gefühl handelt, das didaktisch nicht gebildet werden kann.

Hilfsbereitschaft als Lernziel ist didaktisch genauso problematisch, weil Einstellungen zwar didaktisch konkret inszeniert, nicht aber auf ihre künftige Wirkung hin inszeniert werden können. Weil Hilfsbereitschaft immer konkret ist, kann diese auch in Praxisprojekten gefördert werden. Aus dem gleichen Grund ist ihre Relevanz für die Zukunft aber zu hinterfragen. Wo „kein Zusammenhang, keine Verbindung gesehen wird zwischen dem Leid anderer und dem eigenen Leben, wo die leidenden anderen Fremde bleiben, da kann sich kein Mitleid einstellen".[34] So können Lernende, die z. B. im Altenheim Demenzkranke fürsorglich gepflegt haben, auf der Straße achtlos an einem Obdachlosen vorübergehen. Die Verbindung zwischen dem Leid anderer und dem eigenen Leben kann nur gelingen, wenn die Erfahrungen der Lernenden mit dem Leid anderer nicht auf Sondersituationen beschränkt bleiben,[35] sondern unterrichtlich inszeniert, also reflexiv eingeholt werden.

Bernhard Dressler betont zu Recht, dass die „Lehrbarkeit von Moralität … weder operationalisierbar noch wünschbar" ist, „weil das bildende Selbstverständnis der Lernenden zu ihren Lerngegenständen der Bedingung unterliegt, keine besondere Werte- oder Haltungserziehung abzuspalten".[36] Schule ist demnach kein Ort, „an dem Identitäten gestiftet werden sollen"[37]. Zwar bietet Schule die Möglichkeit, Wertungen darzustellen, nicht aber die Mög-

---

32 Vgl. ebd.

33 Daniel HEINEN (2005), 25.

34 Andrea ANKER (2007), 252.

35 Praktika sind immer Sondersituationen, da der Alltag der Schülerinnen und Schüler im doppelten Sinn durchbrochen wird. Zum einen findet nicht wie gewöhnlich Unterricht statt, der ihren Alltag strukturiert, und zum anderen werden sie aus ihrem sozialen Umfeld herausgerissen und in ein neues geworfen. Vgl. hierzu auch die Darstellungen in Kap. 5.1.

36 Bernhard DRESSLER (2006), 186.

37 Bernhard DRESSLER (2006), 187.

lichkeit, Werte zu lehren. Daher gilt auch: „Diakonie ist nicht lehrbar, aber lernbar!“[38]

Hinzu kommt, dass es im Religionsunterricht um Religion geht und damit um religiöse Praxis. Dem wird Compassion nicht gerecht, weil weder der Religionsunterricht eine entscheidende Rolle spielt noch es um Religion und religiöses Handeln geht. „Religiöse Bildung hat das Proprium pädagogischen Handelns - Bildsamkeit und Aufforderung zur Selbsttätigkeit - auf das Proprium religiöser Praxis zu beziehen“[39]. Es wird daher zu prüfen sein, ob das diakonische Lernen diesem Anspruch eher gerecht wird als Compassion.

4.3 Diakonisches Lernen

„Im diakonischen Lernen geht es um soziale Einstellungen und christliche Orientierungen wie etwa Achtung und Respekt vor anderen Menschen, Gerechtigkeit und Fairneß, um Hilfsbereitschaft und Toleranz sowie um persönliche und gesellschaftliche Verantwortung.“[40] Damit weist die EKD-Denkschrift diakonisches Lernen als Form sozialen Lernens aus, das durch seine Spezifizierung „diakonisch“ eine „geistliche Komponente“ erhält. „Hier geht es um Erfahrungen des christlichen Glaubens im sozialen Lebensalltag und um die Einübung des Miteinanders von Hilfsbedürftigen und Helfenden [...]. Diakonisches Lernen aus dem Glauben bedeutet Aufbruch und neue Bereitschaft zur Zuwendung [...]. Es ist eine Einübung von geistlichen Formen und Riten, die in die Gemeinschaft führen und persönliche Lebenshilfe sind. Diakonisches Lernen zielt auf eine lebenspraktische und zupackende Spiritualität. Diese braucht die Vergewisserung in der Kontemplation. Aktives und kontemplatives Leben durchdringen sich hier gegenseitig.“[41]

Aus dieser Beschreibung diakonischen Lernens geht bereits die *Differenzierung zum sozialen Lernen* hervor.[42] Während es beim sozialen Lernen um die zwischenmenschlichen Beziehungen geht und um die Fähigkeiten „zur Kommunikation, zur Kooperation und zur Konfliktregelung“[43] ist das diakonische Lernen auf das Christentum verwiesen. Ist für das soziale Lernen

---

38 Beate HOFMANN (2005), 14. Vgl. zur Differenzierung von ethischem und diakonischem Lernen Kap. 3.3.

39 Bernhard DRESSLER (2006), 132.

40 Kirchenamt der EKD (1998), 62.

41 Kirchenamt der EKD (1998), 62f.

42 Vgl. zur Begriffsbestimmung diakonischen Lernens Kap. 1.2.2.

43 Gottfried ADAM (2008), 365.

fundamental, dass es „integraler Bestandteil aller Lernprozesse“[44] ist, so geht es beim diakonischen Lernen doch um die christliche Motivation sozialen Handelns. Die wichtigste Differenzierung ist darum die zwischen diakonischem Handeln und diakonischem Lernen.

Ralf Hoburg kritisiert zu Recht, dass in der zitierten Denkschrift der EKD nur formal und nicht theologisch argumentiert wird. Für ihn ist diakonisches Handeln „primär aus dem Glauben und damit aus dem Akt der Rechtfertigung begründet“.[45] Biblisch-theologisch ergeben sich mehrere Perspektiven diakonischen Handelns:[46]

a) Erinnerung an das Heilshandeln Gottes: Diakonisches Handeln ist verwiesen auf das Heilshandeln Gottes. „Die Bibel macht deutlich: Der wahre und einzige Gott ist der, der sich der Geringen und Armen erbarmt, der Witwen und Waisen, Entrechteten und Fremdlingen zum Recht verhilft.“[47] Weil dieses Handeln Gottes „diakonisch“ ist, entsteht die Verpflichtung für die Menschen, ebenso diakonisch zu handeln (vgl. z. B. Ex 22,20; Dtn 6,4ff.). Damit wird das diakonische Handeln zur Verpflichtung, die normativ und deskriptiv zugleich ist (vgl. Lk 10,25–37). Hinzu kommt die Perspektive des Glaubens. Der Verweis auf Gott und auf sein Heilshandeln ist nur insofern konstitutiv für diakonisches Handeln, als es aus dem Glauben erwächst.[48]

b) Eschatologische Perspektive: In den für diakonisches Handeln zentralen biblischen Texten wird diese Perspektive besonders deutlich. Lk 10,25 fragt der Schriftgelehrte: „Was muss ich tun, damit ich das ewige Leben ererbe?“ Mt 25,31–46 geht es gerade um das Weltgericht und um die Folgen menschlichen Verhaltens auf der Erde für das Reich Gottes.

c) Fürsorge für Schwache: Diese Fürsorge für Schwache ergibt sich nun diakonisch gesehen nicht aus einem allgemeinen ethischen Verhalten, sondern ist theologisch begründet. Die Annahme der Schwachen und der Ausgegrenzten liegt in der Rechtfertigung des Einzelnen allein aus dem Glauben. Weil ich mich von Gott angenommen und geliebt weiß, kann ich auch für Alte, Kranke, Witwen und Waisen sorgen.[49]

d) Nachfolge Jesu: Auch wenn das klassische Verständnis, das Jesus als *διάκονος* sah,[50] inzwischen ins Wanken gekommen ist,[51] bleibt doch der „vor

44 Vgl. Ralf HOBURG (2005), 13.
45 Ralf HOBURG (2005), 15.
46 Vgl. zur Argumentation Kap. 2.2.4.
47 Kirchenamt der EKD (1998), 15.
48 Vgl. Kirchenamt der EKD (1998), 16.
49 Vgl. Kirchenamt der EKD (1998), 17.
50 Vgl. z. B. Traugott HOLTZ (1990).

Augen gemalte Christus“ (Gal 3,1) Vorbild diakonischen Handelns. Deutlich wird dies nicht zuletzt aufgrund der Handlungsempfehlungen in den Episteln (z. B. 1. Kor 11,17–34;[52] Gal 6,2). Diakonisches Lernen ist nun nicht losgelöst vom diakonischen Handeln zu betrachten, ist doch Bildung selbst als diakonische Aufgabe zu verstehen.[53] Darum entsprechen den vier theologischen Dimensionen diakonischen Handelns auch Dimensionen diakonischen Lernens:[54]

1) Lerndimension Erinnerung

Da die Erinnerung an das Heilshandeln Gottes ein Aspekt diakonischen Handelns ist, hat dieser Aspekt Auswirkungen auf das diakonische Lernen, denn Erinnerung ist nur durch Lernen möglich. Man kann sich nur an das erinnern, was man auch gelernt bzw. erfahren hat. Was das Heilshandeln Gottes betrifft, so muss davon erzählt werden, damit es gehört werden kann.[55]

2) Lerndimension Verheißung

Aus der eschatologischen Perspektive diakonischen Handelns ergibt sich die Lerndimension Verheißung. Die Begründung für das Handeln am Nächsten wird biblisch eingebunden in eine eschatologische Perspektive. *Verheißung* macht deutlich, dass das Handeln der Menschen (und damit das der Lernenden) in einen größeren Zusammenhang verwiesen ist als es möglicherweise die gegenwärtige Situation erahnen lässt. Verheißung meint hier nicht, dass den Lernenden suggeriert wird, sie würden sich mit diakonischem Handeln einen „Schatz im Himmel“ erwerben, wohl aber in dem Sinne, dass deutlich wird: diakonisches Handeln ist eine biblische Lesart für das Verhalten anderen Menschen gegenüber, entsprechend ist diakonisches Handeln eingebunden in einen viel größeren, eschatologischen Zusammenhang.[56]

51 Vgl. z. B. Hans-Jürgen BENEDICT (2000).
52 Vgl. Jürgen ROLOFF (1990), 197f. und Ulrich LUZ (2005), 28f.
53 Vgl. Silke KÖSER (2008), 77f.
54 Vgl. Kap. 2.2.5.
55 Vgl. Heinz SCHMIDT (2004), 11.
56 Vgl. Heinz SCHMIDT (2004), 19. Gottfried Adam betont zwar die Impulse diakonischen Lernens für die Persönlichkeitsbildung der Schülerinnen und Schüler, geht hierauf aber nicht ein; vgl. Gottfried ADAM (2008), 369.

3) Lerndimension Verantwortung

Fürsorge für Schwache zu übernehmen heißt auch, Verantwortung zu übernehmen. Eine solche Verantwortung ergibt sich gerade aus der Verheißung und der damit verbundenen Solidarität für Arme, Schwache etc.[57] Als Lerndimension bedeutet Verantwortung, dass die Lernenden nicht nur sich selbst im Blick haben, sondern auch ihren Nächsten.

4) Lerndimensionen Deixis und Mimesis

Aus dem diakonischen Handeln als Nachfolge Jesu ergibt sich zunächst die Deixis. Deixis ist eine ästhetische Kategorie. Religionsdidaktisch ergibt sich diese aus der „ästhetischen Verfasstheit des Evangeliums“[58] selbst. Eine Systematisierung christlicher Lehre ist religionsdidaktisch gesehen zwangsläufig ästhetisch, weil diese in Gestalt von Narrationen geschieht. Nichts anderes tut Jesu, wenn er auf die Fragen der Schriftgelehrten und Pharisäer antwortet: „Es war einmal …“[59]

Eine solche Ästhetisierung diakonischen Handelns, die auch den „vor Augen gemalten Christus“ (Gal 3,1) einschließt, kann nicht bei der *aisthesis* stehenbleiben, sondern führt zur *mimesis*, ja schließt diese ein. Ästhetisches Erleben ist ein aktiver Vorgang, egal ob es sich um die Betrachtung eines Bildes oder die Lektüre eines Textes handelt. „Performanz provoziert Deutungshandlungen.“[60] Dies gilt auch für das diakonische Lernen. Indem diakonisches Handeln performativ erschlossen wird, gelangt es nicht nur zur Darstellung, sondern wird auch gedeutet.[61] Damit wird das performativ verstandene diakonische Lernen relevant für die Lernenden. Sie lernen nämlich nicht mehr nur in „fremden Welten“, wie die Praktikumsorte es sind, sondern in „ihrer Welt“.

Aus all dem wird deutlich, dass diakonisches Lernen weit über soziale Praktika hinausgeht. Sozial verantwortliches Verhalten kann damit auch nicht alleiniges Ziel diakonischen Lernens sein, sondern stellt idealerweise eine Folgeerscheinung dar. Christoph Gramzow betont in seiner Habilita-

---

57 Heinz SCHMIDT und Renate ZITT betonen zu Recht, dass zu den Armen auch die leidende Schöpfung gehört, vgl. Heinz SCHMIDT/Renate ZITT (2004), 69.

58 Thomas KLIE (2007), 60.

59 Für diakonisches Lernen besonders eindrücklich Lk 10,30; vgl. auch Thomas KLIE (2007), 60f., der zu Recht deutlich macht, dass eine solche Ästhetisierung nicht objektiviert betrachtet werden darf.

60 Thomas KLIE (2007), 62.

61 Vgl. als Beispiel einer Ästhetisierung diakonischen Lernens im Religionsunterricht Jeannette EICKMANN (2008).

tionsschrift, dass diakonisches Lernen „eng mit dem sozialen Lernen verwandt“[62] ist, inhaltlich jedoch darüber hinausgeht. Wenn jedoch diakonisches Lernen im Wesentlichen als *situated learning* verstanden wird,[63] dann wird die theologische Dimension diakonischen Lernens umgedreht und zum Appendix des Praktikums. Diakonisches Lernen ist zutiefst evangelisch, weil es eben nicht um das Praktikum an sich geht, sondern um die Botschaft Jesu Christi, aus der heraus sich für Glaubende ein bestimmtes Verhalten ergibt.[64] Somit ist für das diakonische Lernen die Bezogenheit von pädagogischem Handeln auf die religiöse Praxis gegeben.[65]

Seinen *historischen Ursprung* hat das diakonische Lernen daher nicht erst in den 1990er Jahren,[66] sondern genau genommen in biblischen Erzählungen,[67] Gestalten und Ereignissen der Kirchengeschichte[68] und nicht zuletzt in der Inneren Mission des 19. Jahrhunderts.[69]

Bei der Bestimmung diakonischen Lernens heute gibt es unterschiedliche Ansatzpunkte. Diese betreffen einmal den Begriff. Dabei ist „diakonisches Lernen“ ausreichend und bedarf keiner Konkretisierung in „diakonisch-soziales Lernen“,[70] weil im Begriff des diakonischen Lernens das soziale Lernen enthalten ist.[71] Mit diesem Verständnis wird auch ein Unterschied zwischen diakonischem Lernen und Compassion angedeutet.

Heinz Schmidt spricht eher von „diakonischer Bildung“, weil er im Bildungsbegriff das Anliegen eher aufgehoben sieht als im Begriff des „Lernens“. „Es geht um soziales Bewusstsein und Wissen, um Nächstenliebe,

---

62 Christoph GRAMZOW (2010), 57.

63 So Christoph GRAMZOW (2010), 61ff. in Anlehnung an Huldreich David Toaspern (2007). Vgl. zu den lerntheoretischen Modellen Kap. 5.1.

64 Bärbel HUSMANN sieht das Protestantische im diakonischen Lernen „Not sehen und lindern und Not vermeiden helfen“; Bärbel HUSMANN (2010), 17. Ein solches Verständnis bleibt hinter der theologischen Begründung zurück, auch wenn sie diakonisches Handeln als kulturelle Grundhaltung sieht, in die das diakonische Lernen einführt.

65 Vgl. Bernhard DRESSLER (2006), 132.

66 So Gottfried ADAM (2008), 363.

67 Vgl. Kap. 2.2; ferner Gerd THEIßEN (1990); Bettina ROST (2003), 11ff. Christoph GRAMZOW geht nur beim diakonischen Handeln auf die biblischen Grundlagen ein, nicht bei der Frage nach diakonischem Lernen; vgl. Christoph GRAMZOW (2010), 22ff.

68 Vgl. als Beispiel Kap. 2.3; ferner Heinz SCHMIDT (2005), 423ff.; Gerhard K. SCHÄFER/Volker HERRMANN (2005), 42ff.

69 Vgl. Heinz SCHMIDT (2005), 423ff.; Gerhard K. SCHÄFER/Volker HERRMANN (2005), 56ff.

70 Gottfried Adam spricht vom diakonisch-sozialen Lernen, um die Verbindung von diakonischem und sozialem Lernen deutlich zu machen, vgl. Gottfried ADAM (2008), 366.

71 Vgl. zur begrifflichen Unterscheidung Kap. 1.2.2 und Huldreich David TOASPERN (2007), 16–19. So auch Christoph GRAMZOW (2010), 57.

persönliche Sinnorientierung, Erfahrungen des Gebrauchtwerdens, Empathie, Toleranz, Dialogfähigkeit u. a. Damit sind Erwartungen formuliert, die in der deutschen pädagogischen Diskussion der Leitvorstellung Bildung zugeordnet sind, durch die das Lernen in den Horizont einer sinn- und wertorientierten und damit humanen Lebensgestaltung gestellt ist."[72] Eine solche Differenzierung ist – so nachvollziehbar sie auch sein mag – nicht notwendig, da im Begriff des Lernens das Moment der Persönlichkeitsbildung enthalten ist.[73] Lernen ist mehr als „Auswendiglernen", was durch eine Differenzierung in Lernen und Bildung verwischt würde. Hinzu kommt, dass es bei „diakonischer Bildung" in der Diskussion eine Akzentverschiebung gegeben hat. Verweist „diakonisch" in „diakonisches Lernen" auf diakonische Handlungsfelder,[74] so verweist „diakonisch" in „diakonischer Bildung" auf diakonische Aufgabenfelder.[75]

Unter diakonischem Lernen wird meist ein Praxislernen[76] verstanden, dessen Ziel die Persönlichkeitsentwicklung der Lernenden ist.[77] Damit korrespondiert diakonisches Lernen eng mit dem ethischen Lernen[78] und bedarf daher der kritischen Reflexion.[79]

So ist diakonisches Lernen als „Lernweg religiöser Bildung" zu verstehen, bei dem Lernende hineingenommen werden in religiös begründetes Verhalten.[80] Es ist die Inszenierung diakonischen Handelns im schulischen Kontext, wodurch die Lernenden lernen, diakonisch zu handeln. Es ist zu verstehen als die probeweise Teilnahme an diakonischen Handlungsvollzügen, die sich als „Gesten der Güte" ästhetisch darstellen. Diakonisches Lernen ist ferner zu verstehen als didaktische Inszenierung diakonischen Handelns als ästhetischer Ausdrucksform und deren kritische Reflexion.[81]

---

[72] Heinz SCHMIDT/Renate ZITT (2004), 65. Vgl. auch Heinz SCHMIDT (2005), 431ff.

[73] Zur Differenzierung von diakonischem Lernen und diakonischer Bildung vgl. Huldreich David TOASPERN (2007), 19ff.

[74] Vgl. Heinz SCHMIDT (2005), 431.

[75] Dabei wird der Akzent zumeist auf „Teilhabe" gelegt; vgl. Georg HOHL/Christoph Th. SCHEILKE (2008), 54–76; Silke KÖSER (2008).

[76] Vgl. Huldreich David TOASPERN (2007), 18. Vgl. zu den Praxisprojekten insbesondere Kap. 0.

[77] Vgl. Gottfried ADAM (2008), 367ff.; Christoph GRAMZOW (2010), 57 und 562ff.

[78] Vgl. Heinz Schmidt (2005), 9f.; Heinz Schmidt (2000), 62ff. Zur Verbindung von diakonischem und ethischem Lernen vgl. Kap. 0.

[79] Vgl. Kirchenamt der EKD (1998), 62f.; zur Kritik daran Heinz SCHMIDT (2005), 10f.

[80] Vgl. Harry NOORMANN (2005), 24; Christoph GRAMZOW (2010), 57f.

[81] Vgl. Kap. 6, These I und XV.

Insofern Religion das Proprium religiöser Bildung ist,[82] gilt dies auch für das diakonische Lernen, das nicht nur als ethisches Lernen verstanden werden kann, sondern eindeutig auf die religiöse Bildung verwiesen ist.[83]

Die schulischen Umsetzungen von Compassion und diakonischem Lernen sind insbesondere auf diese Frage hin zu prüfen, inwiefern es sich nämlich um Konzepte religiöser Bildung handelt. Ungeachtet der Kritikpunkte an Compassion wird es in der Praxis breit rezipiert und hat in seiner schulischen Umsetzung zahlreiche Berührungspunkte mit dem diakonischen Lernen.

4.4 Compassion als Schulprojekt

Trotz der Unterschiedlichkeit der einzelnen Praxisorte und Schulen, an denen Compassion-Projekte durchgeführt wurden, legen die Beschreibungen der einzelnen Projekte bestimmte Gemeinsamkeiten nahe, die im Folgenden skizziert werden.[84]

Alle Projekte bedürfen einer gezielten Vor- und Nachbereitung. Stefan Gönnheimer hat die Organisation eines solchen Projekts formal-methodisch beschrieben.[85] Aufgrund der Erkenntnis, dass Erlebnisse allein nichts bewirken,[86] bedürfen diese Sozialprojekte schulischer Begleitung. Diese zielt genau darauf, Erlebnisse zu verarbeiten, bzw. Lernende auf solche vorzubereiten. Weiter geht es darum, vielfältige Gesprächsanlässe zu initiieren, die das Projekt im gesamtschulischen Kontext aufgreifen. Neben der Begleitung im Religionsunterricht kommen dafür auch alle anderen Fächer in Frage,[87] z. B. Projekte im Kunstunterricht[88] und die Auseinandersetzung mit *humanitas* in Latein.[89]

Anhand der Beschreibungen des Compassion-Projekts einzelner Schulen

---

82 Vgl. Bernhard DRESSLER (2006), 132.

83 Vgl. Kap. 3.3.

84 Vgl. Stefan GÖNNHEIMER (2004) und Adolf WEISBROD/Franz KUHN/Friedrich HIRSCH (2000) 280ff.

85 Vgl. Stefan GÖNNHEIMER (2004). Die von Gönnheimer beschriebene Struktur geht von einem zweiwöchigen Praktikum aus und hat exemplarischen Charakter. Zur konkreten Beschreibung einzelner Schulprojekte vgl. z. B. Adolf WEISBROD/Franz KUHN/Friedrich HIRSCH (2000), 280ff.; Kirsten EMMERICH (2005); Volker ENDERLE (2004); Barbara DEHNERT (2004).

86 Lothar KULD (1997), 56.

87 Vgl. die zahlreichen Beispiele in Lothar KULD/Stefan GÖNNHEIMER (2000), 29ff.

88 Vgl. Birgit SCHUSTER (2004); die Schülerinnen und Schüler arbeiten beispielsweise „handicaped" an Kunstprojekten, z. B. „blind" eine Figur tonen, mit dem Mund ein Bild malen.

89 Vgl. Jürgen LAYER (2004).

wird eine große Disparatheit deutlich, die im Konzept selber angelegt ist.[90] Die Einbindung in den schulischen Kontext, d. h. in diesem Fall der Beitrag der einzelnen Fächer zum Compassion-Projekt, ist ins Belieben der einzelnen Schulen gestellt, wenngleich es viele inspirierende Beispiele dafür gibt[91] und die Einbindung in den Unterricht theoretisch „integraler Bestandteil" des Projekts ist.[92] Deutlich wird allerdings, dass das Projekt stark auf konfessionelle Schulen fokussiert ist bzw. auf solche, die ein derartiges Projekt in ihr Schulprogramm integriert haben. Diese Fokussierung ergibt sich – neben der Begleitung in anderen Fächern – aus der allgemeinen Verpflichtung eines Jahrgangs, an einem solchen Projekt teilzunehmen.[93]

Hinzu kommt, dass Compassion-Projekte meist als „Sozialprojekte" gelten, in der Schule mitunter auch als „Sozialprojekt" bezeichnet werden.[94] An welcher Einrichtung die Lernenden das Projekt absolvieren, ist demnach nebensächlich.[95] „Mitleid lernen"[96] als Ziel des Projekts ist nicht auf einen bestimmten Praktikumsort angewiesen, in entscheidender Weise geht es um die Herausbildung einer Haltung der Mitmenschlichkeit, ohne dass festgelegt wird, wo diese ausgeprägt wird.

Lothar Kuld und Stefan Gönnheimer gehen in ihrer empirischen Untersuchung von Thesen zum Compassion-Projekt aus, die sie im Nachhinein bestätigt sehen.[97] Sie kommen zu dem Ergebnis, dass Compassion bei den Lernenden offenbar „ankommt".[98] Aber gerade die Frage nach der unterrichtlichen Begleitung wurde von der Mehrzahl der Lernenden negativ beurteilt.[99] Damit steht das Charakteristikum von Compassion, nämlich das schulbegleitete Sozialpraktikum, auf dem Prüfstand. Während Kuld und Gönnheimer die Einbindung von Compassion in den gesamtschulischen Kontext betonen, muss gerade deren Sinnhaftigkeit bezweifelt werden. Zweifel ergeben sich einmal aus der organisatorischen Einordnung in den Schulalltag. Zwar ist klar, wie das Praktikum organisatorisch vor- und nachbereitet

---

90 Vgl. z. B. Adolf WEISBROD/Franz KUHN/Friedrich HIRSCH (2000), 280ff. und Kirsten EMMERICH (2005), 38ff.

91 Vgl. z. B. die Beiträge in Lothar Kuld/Stefan Gönnheimer (2004), 32ff.

92 Vgl. Adolf WEISBROD/Franz KUHN/Friedrich HIRSCH (2000), 270.

93 Vgl. ebd.

94 Vgl. Kirsten EMMERICH (2005), 31 und Adolf WEISBROD/Franz KUHN/Friedrich HIRSCH (2000), 270.

95 Vgl. Stefan GÖNNHEIMER (2004), 20.

96 Vgl. Lothar KULD (1997), 56.

97 Vgl. Lothar KULD/Stefan GÖNNHEIMER (2000), 25f. und 151.

98 Vgl. Lothar KULD/Stefan GÖNNHEIMER (2000), a.a.O., 76.

99 Vgl. Lothar KULD/ Stefan GÖNNHEIMER (2000), 76; Daniel Heinen hat bereits auf diesen Wiederspruch aufmerksam gemacht; vgl. Daniel HEINEN (2005), 26.

wird,[100] doch die Begleitung im Unterricht bedarf neben einer genauen Absprache, gerade was die Reflexion der Erfahrungen der Lernenden betrifft, auch einer gezielten inhaltlichen Vorbereitung des Projekts. Hierbei geht es um mehr als um allgemeine soziale Themen, die in unterschiedlichen Fächern behandelt werden können. Durch die Politisierung von Compassion durch Johann Baptist Metz und deren Rezeption durch Kuld/Gönnheimer wird das schulische Compassion-Projekt aus seinen biblisch-theologischen Wurzeln herausgelöst.[101] Es ist damit nicht mehr als ein Sozialpraktikum, auch wenn es, wie an einigen Schulen üblich, an den Religionsunterricht gebunden ist.[102]

4.5 Diakonie lehren und lernen

Ausgehend von konfessionellen Schulen hat das diakonische Lernen auch Einzug in öffentliche Schulen gehalten. Dabei sind unterschiedliche Formen diakonischen Lernens[103] zu unterscheiden, die verdeutlichen, dass diakonisches Lernen insgesamt breiter angelegt ist als Compassion.

a) Praxisprojekt[104]
Praxisprojekte nehmen beim diakonischen Lernen einen breiten Raum ein. Dabei geht es hier – im Unterschied zu Compassion – auch um theologische Implikationen und Fragestellungen. Lernende sollen nicht nur Einblick in diakonische Praxisfelder erhalten, sondern in die Motive christlich motivierten Handelns eingeführt werden. „Der Diakonie ist beim sozialen Lernen vor allem an der geistlichen Komponente gelegen. Hier geht es um Erfahrungen des christlichen Glaubens im sozialen Lebensalltag und um die Einübung des Miteinanders von Hilfebedürftigen und Helfenden, Starken und Schwachen in christlichen Gemeinschaftsformen."[105]

Dabei sind die Formen der Praxisprojekte sehr unterschiedlich. Sie reichen

[100] Vgl. Stefan GÖNNHEIMER (2004).
[101] Vgl. Daniel HEINEN (2005), 27; Huldreich David TOASPERN (2007), 30.
[102] Vgl. Kirsten EMMERICH (2005), 36.
[103] Vgl. zur Hochschuldidaktik Renate ZITT/Heinrich POMPEY/Joachim WALTER (2002), insbesondere 519ff. Dabei wird prinzipiell angenommen, dass der Zugang zur Diakonie auf drei Ebenen erfolgen muss: den eigenen Erfahrungen im Umgang mit Hilfebedürftigen, den Erfahrungen mit institutioneller Diakonie und der Reflexion von Geschichte, Traditionen etc. (521). Ein solcher Zugang bleibt jedoch auch hinter den hier beschriebenen Möglichkeiten zurück
[104] Vgl. zur Auseinandersetzung mit Praxisprojekten Kap. 0.
[105] Kirchenamt der EKD (1998), 62.

von mehrwöchigen Praktika bis zu Exkursionen in diakonische Einrichtungen.[106] Diese Unterschiede erklären sich durch die große Disparatheit der Schulen, die kaum eine Vergleichbarkeit der Projekte erlauben. Es ist sinnvoll, die Projekte in das schulinterne Curriculum einzubinden, damit es sich nicht ausschließlich auf den Religionsunterricht beschränkt.[107] Gleichwohl ist eine solche Einbindung gerade an öffentlichen Schulen schwierig und wird durch die Schulzeitverkürzung in den Ländern noch verschärft.

b) Diakonie als Unterrichtsfach

Ein sehr frühes Beispiel diakonischen Lernens findet sich im Evangelischen Schulzentrum Leipzig, wo bereits 1992 ein „sozial-diakonischer Lernbereich" ausgewiesen wurde.[108] Ähnlich verhält es sich beim Evangelischen Schulzentrum Michelbach/Bilz.[109] Dort wurden bereits in den 80er Jahren Sozialpraktika durchgeführt und ab dem Schuljahr 1996/97 gibt es das Unterrichtsfach Diakonie. Dies ist in Kombination mit Religion Kernfach und somit gleichberechtigt zu den anderen Kernfächern, wie z. B. Mathematik.

„Das Fach Diakonie zielt auf den Aufbau und die Veränderung von sozialen Kompetenzen bzw. Haltungen."[110] Es geht über die Vorbereitung, Begleitung und Reflexion sozialer Praktika hinaus, wobei zu betonen ist, dass diese in allen Jahrgangsstufen (von Jahrgangsstufe 8 bis 13) vorkommen und jeweils ganz eigenen Charakter haben. Im Unterricht werden dazu biblische, theologische und gesellschaftliche Fragen thematisiert.

Ein solch umfassendes Modell ist aufgrund seiner zeitlichen und organisatorischen Intensität vornehmlich auf konfessionelle Schulen verwiesen. Dabei geht es über Compassion hinaus, indem das Praxisprojekt in einen theoretischen Zusammenhang eingeordnet wird, der Diakonie als ein kirchliches Handlungsfeld ausweist und die einzelnen Handlungsfelder den Lernenden verständlich macht. Gleichzeitig wird deutlich, dass diakonisches Lernen

---

106 Vgl. die Praxisberichte in Bärbel HUSMANN (2005); z. B.: Barbara CONRING (2005); Kerstin DOHMEN (2005); Karin JUST (2005); ferner Christoph NOACK (2000) und die zahlreichen Praxisberichte unter www.diakonieatlas.de.

107 Vgl. Gottfried ADAM (2008), 373f. Zum dahinter liegenden Modell des situated learning vgl. Helmut HANISCH/Christoph GRAMZOW/ Siegfried HOPPE-GRAFF (2004), 133ff.; Huldreich David TOASPERN (2007), 49ff.

108 Vgl. Evangelisches Schulzentrum Leipzig (1992), 60–64; vgl. auch die Untersuchung Helmut HANISCH/Christoph GRAMZOW/ Siegfried HOPPE-GRAFF (2004), wo nicht nur das Unterrichtsfach vorgestellt wird, sondern auch empirische Untersuchungen darstellt werden.

109 Vgl. zur Darstellung des Michelbacher Modells Reinhart GRONBACH (2006). Vgl. auch die empirische Untersuchung von Christoph GRAMZOW (2010).

110 Reinhart GRONBACH (2006), 97.

nicht auf Praxisprojekte und deren Reflexion reduziert werden kann, sondern dass diakonisches Handeln und Diakonie eingebunden sind in einen biblisch-theologischen Erzählzusammenhang, der für Lernende vorbereitend und begleitend erschlossen werden muss.[111]

c) Diakonisches Lernen im Religionsunterricht

Diakonisches Lernen ist in erster Linie auf den Religionsunterricht verwiesen, da hier die biblischen und theologischen Grundlagen diakonischen Handelns dargestellt werden können. Insofern ist diakonisches Lernen im wahrsten Sinne des Wortes evangelisch. Geht es doch im evangelischen Bildungsverständnis um den „Zusammenhang von Lernen, Wissen, Können, Wertbewusstsein, Haltungen (Einstellungen), Handlungsfähigkeit im Horizont sinnstiftender Deutungen des Lebens".[112] Dies ist wesentlicher Bestandteil diakonischen Lernens. Entsprechend der Bestimmung diakonischen Lernens als Didaktisierung diakonischen Handelns, als probeweise Teilnahme an diakonischen Handlungsvollzügen, somit als didaktische Inszenierung diakonischen Handelns als ästhetischer Ausdrucksform sowie deren kritischer Reflexion,[113] ergibt sich, dass diakonisches Lernen über das Praxisprojekt hinausgehen muss, soll es dabei um Nachhaltigkeit gehen. Aus bereits genannten Gründen sind derartige Projekte sinnvoll und für die Persönlichkeitsentwicklung der Lernenden förderlich. Gleichzeitig wurde aber auch darauf verwiesen, dass nur, wenn ein Zusammenhang zwischen dem Leid anderer und meiner eigenen Situation hergestellt werden kann, daraus tatsächlich diakonisches Handeln erwachsen kann.[114] Für den Religionsunterricht heißt dies, dass unterschiedliche und perpetuierende Settings geschaffen werden müssen, durch die die Lernenden eine Ahnung davon bekommen, dass Nächstenliebe auch für ihr eigenes Leben von Bedeutung sein könnte, ohne sie moralisch zu behaften. Das Unterrichtsfach Diakonie liefert hierauf eine Antwort, die für den Religionsunterricht (insbesondere an öffentlichen Schulen) so nicht übernommen werden kann. Dennoch müssen folgende Aspekte diakonischen Lernens im Religionsunterricht berücksichtigt werden:

- Die Inszenierung diakonischen Handelns als eine ästhetische Ausdrucksform;
- Die didaktische Inszenierung diakonischer Gesten der Güte;

---

111 Vgl. die Auswertung der Untersuchungsergebnisse bei Christoph GRAMZOW (2010), 501ff.

112 Vgl. Kirchenamt der EKD (2003), 66.

113 Vgl. Kap. 6, These I.

114 Vgl. Andrea ANKER (2007), 252.

- Die Vorbereitung, Begleitung und Reflexion diakonischer Praktika;
- Kenntnis und Diskurs über biblisch-theologische Grundlagen diakonischen Handelns;
- Diakonisches Handeln in der Geschichte;
- Diakonische Handlungsfelder – Gegenwart und Perspektiven.

4.6 Fazit

Die ausführliche Darstellung von Compassion und die Auseinandersetzung damit ist gleichzeitig eine Auseinandersetzung mit dem diakonischen Lernen, insbesondere mit den Praxisprojekten. Diese haben zweifelsohne eine insgesamt positiv zu bewertende Wirkung auf die Persönlichkeitsentwicklung der Lernenden.[115] Diakonisches Lernen und Compassion-Projekte haben als Ziel, dass Schülerinnen und Schüler lernen, sozial verantwortlich zu handeln. Neben dem gemeinsamen Ziel und durchaus ähnlichen Wegen gibt es doch gravierende Unterschiede. So ist das diakonische Lernen nicht auf sozial verantwortliches Handeln zu beschränken. Neben dieser politischen Dimension, wie sie Metz dargestellt hat, gibt es eben auch eine theologische, die zurückgeht auf die biblischen Grundlagen diakonischen Handelns. Während Compassion so gesamtschulisch zu sehen ist, ist das diakonische Lernen stärker auf den evangelischen Religionsunterricht verwiesen, handelt es sich doch beim diakonischen Lernen um einen „Lernweg religiöser Bildung".

Didaktisch enthält das diakonische Lernen verschiedene Lerndimensionen, die sich in der schulpraktischen Umsetzung niederschlagen. Die Lerndimensionen Erinnerung, Verheißung, Verantwortung, Deixis und Mimesis verdeutlichen insgesamt, was schulisch umgesetzt wird. Diakonisches Lernen meint in diesem Zusammenhang die probeweise Teilnahme an diakonischen Handlungsvollzügen und die didaktische Inszenierung diakonischen Handelns als ästhetischer Ausdrucksform sowie deren kritischer Reflexion.[116] Diakonisches Lernen, das auf die Schule verwiesen ist, besteht damit in der didaktischen Inszenierung diakonischer Gesten der Güte.[117]

---

115 Gottfried Adam betont daher besonders diesen Aspekt; vgl. Gottfried ADAM (2008), 369f. Vgl. auch die empirischen Belege bei Helmut HANISCH/Christoph GRAMZOW/Siegfried HOPPE-GRAFF (2004).

116 Vgl. Kap. 6, These I.

117 Vgl. zum diakonischen Handeln als ästhetischer Ausdrucksform Kap. 1.2.1 und zur didaktischen Inszenierung der Gesten der Güte Kap. 6, These XV.

In Hinblick auf die hier dargestellten Formen diakonischen Lernens und von Compassion ergeben sich folgende Monita:

- Die Fokussierung diakonischen Lernens auf das *situated learning* hat zu einer Verkürzung des Begründungszusammenhangs geführt. Es wird darum gehen müssen, die theologische Begründung diakonischen Lernens genauer und klarer darzustellen. Eine solche Begründung kann die evangelische Dimension diakonischen Lernens auch viel stärker in den Vordergrund rücken, wodurch zudem die Schule als Ort diakonischen Lernens ins Zentrum gestellt wird.
- Die Begründung diakonischer Praxisprojekte muss gelöst werden von einer Sozialkritik. Diakonisches Lernen ist für Lernenden nicht deshalb wichtig, weil die heutige Jugend vornehmlich aus „Egotaktikern“ besteht, sondern weil sie unterrichtlich hineingenommen werden sollen in ein christlich begründetes und motiviertes Verhalten. Es geht also neben der theologischen auch um eine bildungsdidaktische Begründung.
- Die Schule als Ort diakonischen Lernens ist noch zu wenig beleuchtet und bedarf genauerer Analysen. Diese beziehen sich zum einen auf den Zusammenhang von diakonischem und ethischem Lernen, damit zum anderen auf die Konsequenz aus den dargestellten Lerndimensionen, insbesondere aus den Lerndimensionen Deixis und Mimesis. Diakonisches Lernen ist auf Performanz angewiesen. Nur wenn diakonisches Handeln performativ erschlossen wird, kann diakonisches Lernen zu sozial verantwortlichem Verhalten führen.

5 Praxisformen

5.1 Diakonische Praktika

„Wenn ich mein Praktikum so überdenke, gab es an sich nur positive Erlebnisse. [...] Mir hat das Praktikum sehr viel Spaß gemacht und ich denke, ich habe Einiges gelernt, was mir auch in der Zukunft helfen wird.“[1] Die Schülerin Ann-Katrin Schütze resümiert so ihr diakonisches Praktikum an einer Schule für Schülerinnen und Schüler mit geistiger Behinderung. Dieses Fazit verdeutlicht, was die meisten über ihre Erfahrungen beim Projekt schildern: Es hat ihnen „Spaß“ gemacht, sie konnten wichtige Erfahrungen sammeln, haben die Zeit außerhalb des Schulalltags „genossen“, nutzten das Praktikum zur Berufsorientierung und haben ihre Einstellung zu Alten, Kranken und Behinderten geändert. Sowohl die Praktikumsberichte der Lernenden als auch empirische Untersuchungen[2] zeigen, dass Lernende solche Praktika überwiegend positiv bewerten. Nicht wenige bezeichnen die Praktikumszeit als die „coolsten und lehrreichsten Wochen“ der Schulzeit.[3]

Dabei ist der pädagogische Anspruch solcher diakonischer Praktika sehr hoch, geht es doch intentional um religiöse Kompetenzerweiterung im Kontext von „diakonisch-sozialen (Wert-)Haltungen und diakonischem Handeln“[4]. Weil es bei Diakonie um ein christlich motiviertes Helfen geht, muss auch „die Praxis solcher Hilfe zum Ausgangspunkt und Ziel darauf bezogenen Lernens werden“[5]. Diakonische Praxisprojekte sind so verstanden eine wesentliche Voraussetzung dafür, dass Lernende im direkten Sinne des Wortes „diakonisch“ lernen, d. h. sie befinden sich also in einer Lernsituation, in der Praxis und Reflexion eng aufeinander bezogen sind.

Unter einem diakonischen Praktikum soll hier eine zeitlich limitierte, außerschulische Lernerfahrung in einem diakonischen Praxisfeld verstanden werden. In diesem Praxisfeld bauen sich Lernerfahrungen weniger im Modus kognitiver Auseinandersetzungen auf, sondern eher im Modus des praktischen Handelns unter Anleitung professionellen Personals. Diakonische Praktika werden in einem schulischen Rahmen vor- und nachbereitet.

---

1 Aus: Huldreich David TOASPERN (2006), 29.
2 Vgl. insbesondere Huldreich David TOASPERN (2007) und Christoph GRAMZOW (2010).
3 Ann-Katrin SCHÜTZE (2005), 73.
4 Uta HALLWIRTH (2008), 112.
5 Heinz SCHMIDT (2005), 421.

Empirische Studien zum diakonischen Lernen und zu diakonischen Praktika beziehen sich vorwiegend auf konfessionelle Schulen, was die Begrenztheit ihres Erkenntniswertes für das diakonische Lernen deutlich macht. Denn natürlich ist diakonisches Lernen nicht auf konfessionelle Schulen (und deren Schülerinnen und Schüler) zu beschränken, sondern die Option besteht auch für Schulen in staatlicher oder anderer Trägerschaft.[6]

Unabhängig von den organisatorischen Voraussetzungen für solche Praktika, lassen sich allgemeinpädagogische Aspekte für diakonische Praktika darstellen. Im folgenden Abschnitt geht es zunächst um diese allgemeinen Aspekte und anschließend um die den diakonischen Praktika zugrunde liegenden lerntheoretischen Modelle. Das hier vorgeschlagene Modell wird anschließend geprüft und auf allgemeine Probleme der diakonischen Praktika aufmerksam gemacht.

5.1.1 Allgemeine Aspekte diakonischer Praktika

Diakonische Praktika sind insofern ein Spezialfall diakonischen Lernens, als ihr Wesen im Aufsuchen außerschulischer Lernorte besteht. „Nicht der Unterricht, sei er nun theorie- oder praxisorientiert, bildet das Zentrum, sondern das Tätigsein der Lernenden in den Praxisfeldern der Diakonie.“[7] So unterschiedlich diese Lernorte auch sind und so different die strukturellen Bedingungen diakonischer Praktika sein mögen, lassen sich doch gemeinsame Aspekte benennen.[8]

a) Außerschulische diakonische Lernorte

Diakonische Praktika unterscheiden sich von allgemeinen Schul- oder Sozialpraktika durch ihre Verwiesenheit auf die Diakonie. Diese Zuordnung kann sich in der diakonisch-theologischen Orientierung des vor- und nachbereitenden Unterrichts aktualisieren, doch in erster Linie geht es darum, dass Lernende dieses Praktikum in einer diakonischen (im weitesten Sinne: einer kirchlichen) Einrichtung absolvieren.

---

6 Vgl. Kap. 0.

7 Huldreich David TOASPERN (2005), 49.

8 Vgl. Heinz SCHMIDT (2005), 422. Die dort benannten Aspekte beziehen sich auf ein konkretes Projekt und werden hier versucht zu systematisieren.

b) Kontakt mit Haupt- und Ehrenamtlichen

Die Praktikantinnen und Praktikanten haben während ihres Praktikums Kontakt mit haupt- und ehrenamtlichen Mitarbeiterinnen und Mitarbeitern, die sie an ihren Berufserfahrungen teilhaben lassen. Sie lernen am Exempel konkreter diakonischer Mitarbeiter und setzen sich exemplarisch mit deren Überzeugungen und Handlungsmotiven auseinander. Damit werden im gelingenden Fall die hinter dem Handeln liegenden Beweggründe beleuchtet.

c) Menschen am Rande

Der überwiegende Teil der diakonischen Praktika wird in Einrichtungen absolviert, in denen sich die Mitarbeiterinnen und Mitarbeiter um „Menschen am Rande" kümmern. Es geht um Alte, Kranke, Behinderte, Wohnungslose, um Menschen also, die gesellschaftlich marginalisiert werden. Menschen am gesellschaftlichen Rand stehen gewissermaßen im Zentrum diakonischer Praktika.

d) Strukturelle Herausforderungen

Lernende sind es gewohnt, sich im „System Schule" zu bewegen; ihnen sind die dortigen Kommunikationswege vertraut. Sie kennen ihre Mitschülerinnen und Mitschüler, wenden sich bei Problemen an die Klassenlehrkraft und treffen die Schulleiterin bzw. den Schulleiter beim Mittagessen in der Mensa. Diakonische Lernorte sind ihnen dagegen zumeist fremd. Sie kennen dort niemanden, sind auf einen betreuenden Mitarbeiter verwiesen und haben in der Regel sonst niemanden, mit dem sie vertrauensvoll ihre Alltagserfahrungen teilen können. Damit stehen die Praktikantinnen und Praktikanten nicht nur vor persönlichen, sondern auch vor rechtlichen, organisatorischen und mitunter auch religiösen Herausforderungen.

e) Gesellschaftliche Verantwortung

Die Herausforderungen, vor die die Praktikanten gestellt sind, variieren je nach Praxisort. Das dient einerseits der eigenen Positionsbestimmung und macht sie andererseits sprach- und handlungsfähig für den gesellschaftlichen Diskurs. Ein Praktikum bei der Bahnhofsmission führt beispielsweise zur Frage nach Formen und Ursachen von Obdachlosigkeit, ein Praktikum im Altersheim zur Frage nach einem Lebensende in Würde und in einer Behinderteneinrichtung werden möglicherweise Fragen nach pränataler Diagnostik virulent. Trotz der gesellschaftlichen Relevanz solcher Probleme wird den

Lernenden aber auch deutlich, dass Hilfe hier ganz individuell geleistet wird, insofern sie sich auf einen konkreten Menschen bezieht.

f) Hilfe für Bedürftige[9]
Wesentlich für diakonische Praktika ist die praktische Hilfe für Menschen, die auf Hilfe anderer angewiesen sind. Lernende reden insofern nicht nur darüber, wie man Menschen in Not helfen *könnte*, sondern *tun* dies auch ganz praktisch. Dies verändert nicht zuletzt den Blick auf die individuelle wie kollektive Realisierbarkeit von Hilfe. Sie machen dabei die Erfahrung, dass helfen Freude bereiten, aber auch verletzen kann. Die Formen der Hilfe sind in den diakonischen Einrichtungen recht unterschiedlich. Sie reichen von kurzfristig-punktueller Unterstützung (z. B. Bahnhofsmission, Suppenküche) über mittelfristige Hilfen (z. B. Beratungseinrichtungen, Suchtdienste) bis hin zu langfristig-begleitender Zuwendung (z. B. Altersheim, Behinderteneinrichtung). Die Intensität der benötigten Hilfe hat auch Einfluss auf die Art der Beziehung zwischen den Praktikanten und den Hilfsbedürftigen (bzw. den in der Einrichtung tätigen Mitarbeitern). „Je länger die Hilfe dauert, desto stärker wird die Beziehung selbst zur Hilfeleistung“[10].

Diese sechs benannten Aspekte verweisen indirekt bereits auf ein ganzes Tableau pädagogischer Probleme, die mit diakonischen Praktika verbunden sind:

Nicht an allen Schulorten sind außerschulische diakonische Lernorte in ausreichender Zahl vorhanden. Lernende müssen darum ihre Praktika unter Umständen auch in nicht-kirchlichen Einrichtungen absolvieren, wobei sich die spezifisch diakonische Perspektive dann möglicherweise eher verunklart. Dazu kommt, dass der Kontakt mit Haupt- und Ehrenamtlichen nicht immer konfliktfrei verläuft. Dies kann vom eigentlichen diakonischen Lernen ablenken, zumal nicht jeder Mitarbeiter einer diakonischen Einrichtung auch kirchlich gebunden ist und seine Berufstätigkeit im Zusammenhang mit einer religiösen Orientierung sieht.

Inwiefern es bei einem diakonischen Projekt tatsächlich um Menschen am Rande der Gesellschaft geht, hängt stark von den Gegebenheiten vor Ort ab. Und ob Lernende mit diesen Menschen tatsächlich im Alltag kaum Berührung haben, ist kontingent. Es gibt durchaus Familien, in denen Angehörige

---

9 Vgl. zur kritischen Auseinandersetzung mit dem Hilfeaspekt Kap. 5.1.4.

10 Heinz SCHMIDT (2005), 423.

bis zum Tod gepflegt werden, manche Kinder haben behinderte Geschwister, andere leben möglicherweise von Hartz IV. Die pädagogische Distanz zum Lerngegenstand kann damit auf ein Maß schrumpfen, bei dem Lernende im Extremfall ihrer eigenen außerschulischen Situation begegnen.

Auch strukturelle Herausforderungen können einem erfolgreichen Praktikumsbesuch im Weg stehen. So kann es durchaus zu psychischen Überforderungen kommen, wenn Praktikanten z. B. in einem Obdachlosenasyl direkt mit sozialen Problemlagen konfrontiert werden, denen sie nicht gewachsen sind. Dies können geschilderte biographische Erlebnisse von Obdachlosen sein, ebenso wie Krankheiten und hygienische Bedingungen.

Die Anforderungsprofile diakonischer Praktika sind zudem selten miteinander vergleichbar, da die Lernorte bzw. die Spezifika der jeweiligen Einrichtung stark variieren. Je nach Zielgruppe, Größe der Einrichtung und Betreuungsschlüssel werden hier sehr unterschiedliche pädagogische Rahmenbedingungen vorgefunden. So wie Lernende die Situation in ihrer Einrichtung gesehen haben, muss sie sich andernorts nicht darstellen. Es kann dadurch mitunter ein verzerrtes Bild der gesellschaftlichen Herausforderungen entstehen. Diakonische Praktika tragen darum den Charakter exemplarischen Lernens. Ein kaum zu unterschätzender Faktor im diakonischen Lernprozess ist in jedem Fall auch die Ambivalenz des Helfens. Jemandem zu helfen, ist für den Helfer nicht zwangsläufig eine positive Erfahrung; es kann auch zu Ablehnungen kommen, ebenso zu Abhängigkeiten oder Aversionen.[11]

5.1.2 Lerntheoretische Modelle

Ihren theoretischen Rahmen erhalten diakonische Praktika durch die Modelle des *situated learning*. Die Bezogenheit von *situated learning* und diakonischem Lernen hat vor allem Huldreich David Toaspern herausgearbeitet.[12] Er versteht dabei die diakonischen Einrichtungen als *communities of practice*, in denen sich Lernen ereignet. Die Lernenden kommen als *newcomers* in diese *communities*, und es entsteht ein „enkulturierendes Lernen“ durch

---

11 Vgl. hierzu Henning LUTHER (1986) und den von ihm geforderten Abschied vom „Defizitmodell des Helfens“. Vgl. auch Kap. 5.1.4.

12 Vgl. Huldreich David TOASPERN (2007), insbesondere 49ff. – Nicht dargestellt wird im Folgenden das Modell des World Travelling, vgl. 158ff.; vgl. ferner Christoph GRAMZOW (2010), 61ff. und Helmut HANISCH/Christoph GRAMZOW/Siegfried HOPPE-GRAFF (2004), 133ff.

legitimate peripheral participation. Die *community of practice* ist die „praktisch tätige Gemeinschaft“, in die die Lernenden gestellt sind. „Lernen erfolgt nicht durch Instruktion und Lehre, sondern dem *newcomer* werden im Zuge seiner Tätigkeit in der Praxis alle nötigen Informationen und Fertigkeiten vermittelt.“[13] Dabei besteht die *participation* in den Zugangsmöglichkeiten des Lernenden zur *community*. Eine volle Partizipation wird zwar im Rahmen eines Praktikums wohl kaum erreichbar sein, doch je intensiver der individuelle Gesamteindruck ist, desto intensiver sind die Partizipationserfahrungen. *Peripheral* bezieht sich darauf, dass die Tätigkeiten des *newcomers* sich zunächst auf periphere Aufgaben beschränken und erst nach und nach ausgeweitet werden (können). Schließlich ist mit *legitimate* der institutionelle Status des Lernenden gemeint. Auch wenn er *newcomer* ist und über geringere Kenntnisse und Fähigkeiten verfügt, so ist ihm doch „der Status einer vollen Mitgliedschaft in der tätigen Gemeinschaft zu gewähren“.[14]

Dieses Modell der *legitimate peripheral participation*[15] muss allerdings auch hinterfragt werden im Blick auf mögliche Inkompatibilitäten. Aufgrund der o.a. Problemzonen kann nicht angenommen werden, dass der intermediäre Status der Lernenden im beschriebenen Sinne von der *community* akzeptiert wird; auch der Grad der *participation* ist von verschiedenen Einflussfaktoren abhängig. So bestimmt z. B. die Länge des Praktikums, inwiefern die Lernenden nicht nur periphere, sondern auch zentrale Aufgaben übernehmen können und dürfen. Mit dem Modell der *legitimate peripheral paticipation* wird demnach weniger der Lern*prozess* beschrieben als vielmehr die Lern*struktur*. Die Vielzahl der Beispiele, die für ein solches Modell angeführt werden,[16] sprechen weniger für die tatsächliche Bezogenheit von *situated learning* als *legitimate peripheral participation* und diakonischem Lernen als vielmehr für dessen Allgemeinheit, so resultieren die Konsequenzen[17] (Bezogenheit von Schule und Praxis) nicht aus dem Modell und dem Praktikum als solchem.

Stärker am Lernprozess orientiert ist dagegen das Modell des *Knowing what we know* von Catherine Elisabeth Snow[18], das Toaspern auf das diakonische Lernen übertragen hat.[19] Es basiert darauf, dass Lernende in Kontakt mit

---

13 Christoph GRAMZOW (2010), 62f.

14 Christoph GRAMZOW (2010), 62.

15 Vgl. zur Theorie allgemein Jean LAVE/Etienne WENGER (1991).

16 Vgl. Huldreich David TOASPERN (2007), 81ff.

17 Vgl. Helmut HANISCH/Christoph GRAMZOW/Siegfried HOPPE-GRAFF (2004), 147ff.

18 Vgl. Catherine Elisabeth SNOW (2001).

19 Vgl. Huldreich David TOASPERN (2007), 122ff.

Experten treten und von ihnen Impulse erhalten. Die Lernenden erhalten damit ein sog. *preprofessional personal knowledge*, das durch theoretische Begleitung erweitert werden kann. Seine Anwendung findet dieses Wissen schließlich in aktiven Handlungen. Auch wenn die Lernenden nur über ein geringes Wissen und wenige Fähigkeiten verfügen, werden sie aktiv tätig. Sie „handeln mit begrenzter Kompetenz" (*performing with limited competence*). Mit zunehmender Handlungsdauer erhöht sich die Kompetenz der Lernenden. In der nachgängigen Analyse eigenen Handelns werden Theorie und Praxis aufeinander bezogen und die begrenzte Kompetenz erweitert sich.

Modell C.E. Snow:

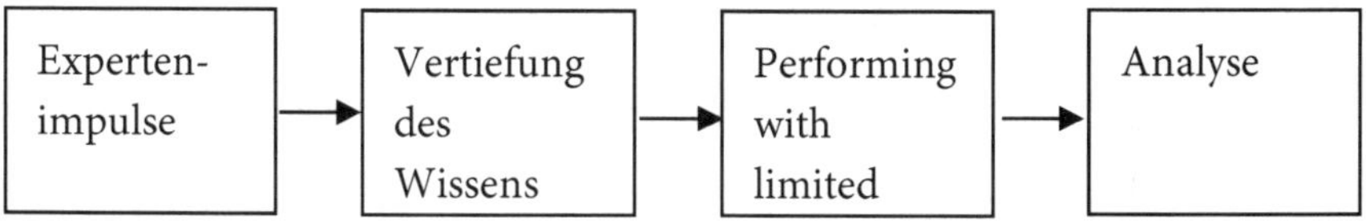

Toaspern[20] (und ihm folgend Gramzow[21]) beschreibt dieses Modell in vier inhaltlichen Schwerpunkten: sprachliche Kommunikation und soziale Interaktion, Enkulturierung, *performing* und *competence* sowie Experten auf dem Weg zum Expertentum. Besonderes Augenmerk soll an dieser Stelle auf dem *performing* liegen, weil dieser Aspekt alle anderen Punkte einschließt. Der Ausdruck *performing with limited competence* verdeutlicht, dass von den Lernenden pädagogisch eine Performanz gefordert wird (eine Aufführung, Darbietung etc.), die nicht einer dieser Performanz zugrundeliegenden Kompetenz (Befähigung, Stimmigkeit) entsprechen muss, vielmehr werden die Kenntnisse, Fähigkeiten im Vollzug erworben: „Jede *performance* aber erhöht die Kompetenz"[22].

Unter diesem Gesichtspunkt wird hier die These vertreten, dass diakonische Projekte genuin einen performativen Charakter tragen.[23] Denn nicht nur terminologisch, sondern auch inhaltlich werden hier die Beziehungen zum performativen Religionsunterricht deutlich. Die Grundannahme performativer Religionsdidaktik, dass unter Religion das zu verstehen ist, „was sich in, mit und unter den Formen ihrer Ingebrauchnahme *zeigt*",[24] gilt in besonderer Weise für das diakonische Lernen, bei dem es ja gerade um die

20 Huldreich David TOASPERN (2007), 135ff.

21 Christoph GRAMZOW (2010), 69ff.

22 Huldreich David TOASPERN (2007), 139.

23 Zur Verbindung von diakonischem Lernen und performativem Religionsunterricht vgl. auch Christoph BIZER (2006).

24 Silke LEONHARD/Thomas KLIE (2008), 11.

Praxis diakonischen Handelns geht, eine Praxis also, in der sich die „Liebesatmosphäre Jesu" zeigt. Die Zuwendung zum Menschen performiert sich im Modus diakonischen Handelns. „Performativ" im Sinne einer performativen Religionsdidaktik sind die diakonischen Praktika aber nicht an sich, sondern erst dann, wenn die „faktische Performanz", die sich in allen unterrichtlichen Inszenierungen und damit auch Praktika zeigt, didaktisch in eine „taktische Performanz" transformiert wird.[25] Die Lernenden nehmen die Performanz (in diesem Fall das *performing with limited competence*) reflektierend wahr (indem sie vorbereitet und begleitet werden) und stellen den performativen Unterrichtsgegenstand (diakonisches Handeln) reflektierend dar („die Analyse" bei C. E. Snow). Damit ist zwar der performative Charakter diakonischer Projekte deutlich, dennoch liegt in der Performanz selbst ein Problem diakonischer Praktika. Das diakonische Praktikum in einer diakonischen Einrichtung kann allenfalls als der Exemplarfall eines Aufenthaltes in einer „Proberealität"[26] gelten. Anders als im schulischen Kontext wird nicht die außerschulische Realität in dem für schulische Prozesse üblichen Modus probeweise inszeniert (diese spielt sich ja höchst real in den einzelnen Einrichtungen ab), sondern es entsteht ein inszenierter Probeaufenthalt in je unterschiedlichen, nicht-inszenierten Realitäten. Die Inszenierung eines diakonischen Praktikums bedeutet die Durchbrechung der schulischen Realität und die Öffnung des Lernens für neue – den Lernenden bisher unbekannte – Realitäten. Dem *Raum* kommt hierbei eine wesentliche didaktische Bedeutung zu. Die didaktische Relevanz des Raumes als religionspädagogischer Kategorie hat u. a. Thomas Klie dargestellt[27]. Auch und gerade in Bezug auf das diakonische Praktikum spielt die Topologie eine wesentliche Rolle. Dies gilt zunächst für die sog. Verhältnis-Räume: „Raum ist nicht einfach unabhängig von subjektiven Verortungen zuhanden. Was jeweils als Raum erkannt und realisiert wird, ist kulturell vermittelt."[28] Daher ist es von Ausschlag gebender Bedeutung, *wo* das Praktikum stattfindet und wie es sich den Lernenden sozial vermittelt. Mit dem Ort des Praktikums werden auch dessen Lernoptionen determiniert. Es ist ein Unterschied, ob der Praktikumsort zu Fuß erreichbar ist oder womöglich sogar weiter vom Schulort entfernt ist. Das Verhältnis des Lernenden zum Praktikum wird auch über den Ort bestimmen, da der Lernende sich nicht zuletzt auch über den Ort mit seinem

---

25 Vgl. Silke LEONHARD/Thomas KLIE (2008), 15.
26 Vgl. dazu u. a. Bernhard DRESSLER (2003), 159ff.
27 Vgl. Thomas KLIE (2003a).
28 Thomas KLIE (2003a), 201.

Praktikum identifiziert. Die Reaktionen der Mitschüler, Lehrenden oder Eltern auf die Verhältnisbestimmung haben einen Einfluss auf das Verhältnis selbst: Der Satz „Ich mache ein Praktikum im Altersheim“ oder „bei Behinderten“ löst andere Reaktionen aus als die Aussage: „Ich mache ein Praktikum bei Mercedes“ oder „bei der Deutschen Bank“. Die allgemeine soziale Akzeptanz des Praktikumsortes bestimmt auch das Verhältnis der Praktikanten zu den dort arbeitenden (und lebenden) Menschen. Raumfragen sind auch Akzeptanzfragen.

Auch im Blick auf mögliche Wort-Räume ist die Wahl des Praktikumsorts von Bedeutung: Wenn die „leib-räumliche Gestalt“ für das Wortgeschehen konstitutiv ist,[29] dann wirkt das Wort, indem es gesagt wird. Diese zentrale biblisch-theologische Verhältnisbestimmung diakonischen Handelns bleibt den Lernenden verborgen, wenn es nicht explizit von den in der Einrichtung arbeitenden Menschen zum Ausdruck kommt. Ohne Indikativ bleibt nur ein ethischer Imperativ, der durchaus unbestimmt bleibt für eine mögliche religiöse Motivation.[30] Andererseits hat nicht nur das Wort Gottes leibliche Dimensionen. Alles, was gesagt wird, kann körperliche Auswirkungen haben. „Danke“ als wörtliche Reaktion auf eine helfende Handlung kann ebenso motivationssteigernd wirken wie: „Das hast du gut gemacht.“ Andererseits bewirken leere Wort-Räume pädagogisch gesehen mitunter auch eine Desillusionierung. Hat sich ein Praktikant oder eine Praktikantin viel Mühe bei der Arbeit gegeben, bedeutet die fehlende Wertschätzung derselben, dass die Motivation nach und nach sinken wird. In einem diakonischen Praktikum spielt auch die leib-räumliche Dimension des Lernens eine wichtige Rolle: „Was Räume bedeuten, zeigt sich, *ob* und wenn ja, *wie* wir uns darin befinden.“[31] Alle Bewegungen und Gesten, die im Rahmen eines diakonischen Praktikums vollzogen werden, haben eine subjektive Bedeutsamkeit.[32] Das anfangs unsichere In-der-Ecke-Stehen eröffnet grundsätzlich andere Leib-Räume als das tatkräftige (Mit-)Helfen. Das Lernen im diakonischen Praktikum ereignet sich in erster Linie durch Mimesis. Die Lernenden ahmen das Verhalten der am Ort arbeitenden nach (Expertenimpulse) und erlangen darüber erst nach und nach eine *preprofessionelle Kompetenz* (*performing with limited competence*).[33]

---

29 Thomas KLIE (2003a), 202.

30 Vgl. zum Zusammenhang von ethischem und diakonischem Lernen Kap. 0.

31 Thomas KLIE (2003a), 204.

32 Vgl. zur Bedeutung der Gesten Kap. 0.

33 Vgl. zum Lernen durch Mimesis Christoph WULF (2007), 46.

Diakonisches Lernen umfasst eigene Zeit-Räume: „Zeit-Räume sind *getaktete Räume*. In ihnen spielt sich etwas ab – auf Zeit.“[34] Die Zeit-Räume eines Praktikums unterscheiden sich von schulischen Zeit-Räumen. Kein Klingelzeichen gibt den Takt vor. Zwar sind Beginn und Ende zumeist temporär getaktet, doch ist der (Arbeits-)Takt dazwischen den Lernenden zumeist fremd und muss erst gesondert von ihnen erschlossen werden. Es gibt am Praxisort keine Abfolge unterschiedlicher Fachunterrichtsstunden, sondern einen von der zu leistenden Arbeit bestimmten Rhythmus.

Zusammenfassend lässt sich sagen, dass diakonische Praktika topologisch in einem engen lerntheoretischen Zusammenhang zur performativen Religionsdidaktik stehen. Ausgehend von den Modellen des *situated learning* wird deutlich, dass es sich bei einem diakonischen Praktikum um eine besondere Form pädagogischer Performanz handelt. Die Lernenden nehmen probeweise an einer möglicherweise christlich gelebten Realität teil und bringen diese für sich selbst zur Aufführung *(performing with limited competence)*, indem sie auf Zeit und methodisch kontrolliert aktive Mimesis betreiben. Das Modell von C.E. Snow, das zur lerntheoretischen Grundlegung diakonischer Praktika herangezogen wurde, muss insofern performativ modifiziert werden. Den Ausgangspunkt des Lernprozesses bildet der (Experten)impuls (z. B. der Mentor gibt eine Einführung in die zu leistende Arbeit), der zur Mimesis befähigt. Diese führt zur Reflexion (mitlaufende Reflexion), die sich sowohl auf die Mimesis als auch auf den Impuls bezieht: ‚Wie deutet ihr das, was ihr gemacht habt in der Diakonie?‘. Die drei Elemente (Impuls-Mimesis-Reflexion) sind nicht chronologisch-statisch zu verstehen, sie bedingen und durchdringen einander. Nach der Reflexion folgt wieder Mimesis oder ein Impuls. Eine solche Form pädagogischer Performanz schließt die vier von Klie beschriebenen Räume unabdingbar ein. Eine solche wechselseitige Durchdringung von Impuls, Mimesis und Reflexion führt zur benannten preprofessionellen Kompetenz der Lernenden. Der performative Charakter diakonischer Praktika besteht damit in dieser wechselseitigen Durchdringung von Impuls, Mimesis und Reflexion. Dabei lassen sich keine spezifischen Lernorte festschreiben. Zwar ist Mimesis eher an den Praxisort gebunden, doch kann diese auch in der schulischen Vor- und Nachbereitung geschehen. Umgekehrt sind Impuls und Reflexion nicht nur auf die Schule bezogen, sondern finden auch am Praxisort statt. Idealerweise bildet die Reflexion die Klammer eines Praktikums. Während die *vorlaufende Reflexion*

[34] Thomas KLIE (2003a), 206.

der Vorbereitung dient (Was erwartet die Lernenden?), wertet die nachlaufende Reflexion das Praktikum aus. Daraus ergibt sich für die Performanz diakonischer Praktika folgendes Modell:

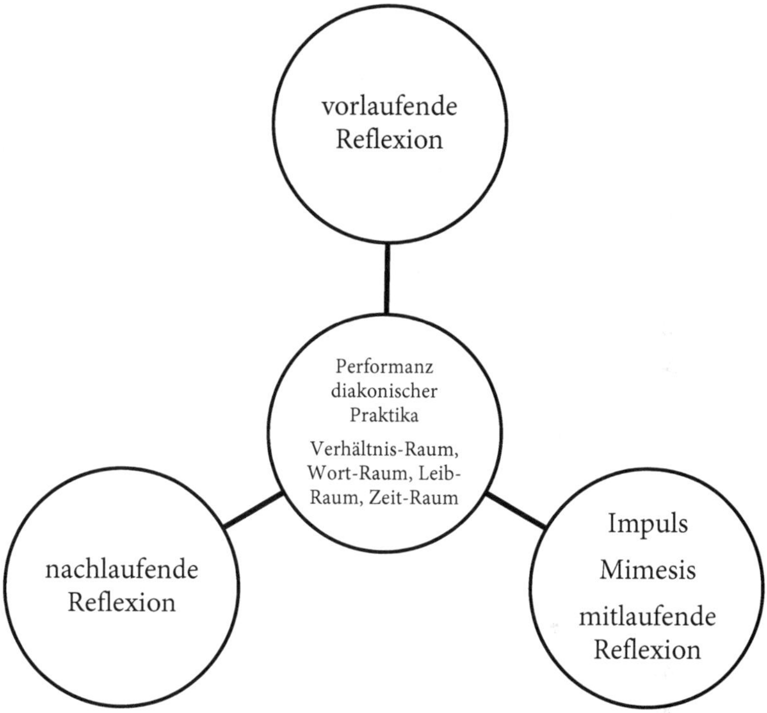

Im Folgenden wird das hier vorgeschlagene Modell für diakonische Praktika näher entfaltet.

5.1.3 Strukturen diakonischer Praktika

Strukturell betrachtet gliedern sich diakonische Praktika in drei Teile: Einführung, Durchführung, Auswertung.[35] Damit ist jedoch noch keine zeitliche Reihenfolge festgelegt, da Einführung und Auswertung auch parallel zur Durchführung erfolgen können, so dass auch der jeweilige Ort (Schule bzw. Praxisort) variieren kann. Unterschiedlich ist allerdings der unterrichtliche Rahmen, der dem diakonischen Praktikum eine didaktische Struktur gibt.

[35] Vgl. Bernd HEIMBERG (2005).

Der unterrichtliche Rahmen

Diakonische Praktika haben ihren Ursprung in evangelischen Schulen[36] (analog dem Compassion-Projekt an katholischen Schulen)[37], werden mittlerweile aber auch in öffentlichen Schulen durchgeführt. An evangelischen Schulen werden derzeit unterschiedliche Konzepte erprobt, nach denen sich das diakonische Lernen organisiert.[38] Dies kann einerseits im Rahmen des Religionsunterrichts geschehen, bei der die Religionslehrkraft auch die Lehrkraft darstellt, die für die Praktika in erster Linie verantwortlich zeichnet.[39] Andererseits gibt es an zahlreichen evangelischen Schulen auch eigene Unterrichtsfächer „Diakonie“, in deren Rahmen solche Praktika stattfinden.[40] Schließlich können diakonische Praktika auch Bestandteil des Schulkonzepts sein, womit sich die Verantwortlichkeiten auf verschiedene Lehrkräfte verteilen (z. B. Klassenleiter, Jahrgangsstufenleiter, Koordinatoren).[41]

Die Möglichkeiten an öffentlichen Schulen sind im Vergleich dazu begrenzt, wenngleich die rechtlichen Rahmenbedingungen der einzelnen Bundesländer Spielräume lassen. So kann es auch an öffentlichen Schulen Diakoniekurse geben.[42] Zumeist sind die diakonischen Projekte an öffentlichen Schulen von den Religionslehrkräften verantwortet und werden im Rahmen des Religionsunterrichts organisiert.[43]

Vorauslaufende und nachlaufende Reflexion

Die Einführung in diakonische Praktika (vorauslaufende Reflexion) kann sowohl in der Schule als auch an den Praktikumsorten selbst stattfinden, beide Optionen begegnen in der Praxis. Während in der Schule eher eine allgemeine Einführung vorgenommen wird (Sinn des Praktikums, Praktikumsort etc.), widmet sich die Einführung vor Ort den konkreten Aufgaben im Praktikum. Nach Abschluss kann dann eine Auswertung des Praktikums sowohl in der Schule als auch am Praktikumsort stattfinden (nachlaufende Reflexion). Für die unterrichtliche Vor- und Nachbereitung sind bereits ent-

36 Vgl. z. B. Uta HALLWIRTH (2008). Vgl. auch Kap. 0.

37 Vgl. dazu insbesondere Lothar KULD/Stefan GÖNNHEIMER (2004). Vgl. auch Kap. 0.

38 Vgl. Uta HALLWIRTH (2005), 128ff.

39 Vgl. u. a. das sozialdiakonische Praktikum am Evangelischen Gymnasium Berlin-Frohnau, in: Huldreich David TOASPERN (2007), 58ff.

40 Vgl. u. a. die Untersuchungen am Evangelischen Schulzentrum Michelbach/Bilz von Christoph GRAMZOW (2010).

41 Vgl. Kerstin DOHMEN (2005), 82ff.

42 Vgl. Britta VON SCHUBERT (2000) und Helmut HANISCH/Christoph GRAMZOW (2002).

43 Vgl. Huldreich David TOASPERN (2006); vgl. auch die Praxisberichte unter www.diakonieatlas.de (Zugriff am 19.3.2013).

sprechende Handreichungen publiziert worden.[44] Damit das Praktikum für die Lernenden nachvollziehbar ein *diakonisches* Praktikum wird, ist es notwendig, die zu erwartenden Handlungsvollzüge auch theologisch zu bestimmen; ansonsten bleibt das helfende Handeln für die Lernenden rein sozialethisch bzw. sozialpragmatisch motiviert und unterscheidet sich für sie intentional nicht vom *social learning*. Die Auswertung diakonischer Praktika geschieht häufig in Form von sog. „Praktikumsberichten“, die die Lernenden selbst verfassen. Darin beschreiben sie die Arbeiten, die sie in der Einrichtung übertragen bekommen haben und reflektieren ihre Erfahrungen. In aller Regel stellen sie ihren positiven Erlebnissen auch Zweifel, Unsicherheiten, Ängste etc. gegenüber.[45]

Impuls, Mimesis und mitlaufende Reflexion

Impuls und Mimesis finden in der Regel an einem diakonischen Praktikumsort statt (z. B. Altenheim, Bahnhofsmission, Hospiz). Der Impuls geht zumeist von den Beschäftigten der Einrichtung aus und führt zur Mimesis, d. h. die Lernenden setzten diesen Impuls um. Dabei durchdringen sich Impuls und Mimesis und beides wird von den Lernenden reflektiert (mitlaufende Reflexion). Bei der Durchführung eines diakonischen Projekts sind empirisch unterschiedliche Varianten gegeben. Die wohl häufigste Form ist das sog. *Blockpraktikum*, das (vornehmlich an konfessionellen Schulen) über einen Zeitraum von zwei Wochen durchgeführt wird. Es gibt aber auch kürzere Projekte (eine Woche, ein Wochenende u. ä.).[46] Längere Praktika sind meist nicht kompakt organisiert, sondern erstrecken sich über den Zeitraum eines Schuljahres bzw. Halbjahres.[47] Hierbei besuchen die Lernenden gewöhnlich die entsprechende Einrichtung nach der Schule bzw. in den Ferien oder am Wochenende.

Bei der Durchführung spielen *Impuls* und *Mimesis* eine zentrale Rolle. Diakonische Praxisprojekte sind nur dann als diakonisches Lernen zu verstehen, wenn die Verschränkung von Impuls, Mimesis und Reflexion gewahrt bleibt. Dabei muss die Reflexion vorlaufend, mitlaufend und nachlaufend erfolgen. In diakonischen Praxisprojekten sind alle Beteiligten Subjekte und

---

44 Vgl. z. B. die Beiträge in Bärbel HUSMANN (2005) und für das Compassion-Projekt Lothar KULD/Stefan GÖNNHEIMER (2004).

45 Vgl. z. B. die beiden Berichte im Sammelband von Bärbel HUSMANN (2005): Ann-Katrin SCHÜTZE (2005) und Sarah LAGERSHAUSEN (2005).

46 Vgl. z. B. die Berichte auf www.diakonieatlas.de (19.3.2013).

47 So beispielsweise am Ev. Gymnasium Potsdam-Hermannswerder, vgl. die Darstellung unter www.diakonieatlas.de (19.3.2013).

Objekte der Lernprozesse und es müssen Szenarien der Gegenseitigkeit integraler Bestandteil der Praktika sein.[48]

5.1.4 *Problemanzeige*

Diakonische Praktika in den beschriebenen Formen gehen von zumeist zwei Defiziten aus, vor deren Hintergrund die Sinnhaftigkeit diakonischer Praktika diskutiert werden muss. Das erste Defizit besteht bei den Lernenden, die diakonisches Handeln erst erlernen „müssen".

Dies entspricht zwar dem Grundverständnis von Schule, doch die Notwendigkeit diakonischen Lernens ist damit nicht begründet. Indem diakonisches Lernen als eine besondere Form der Persönlichkeitsentwicklung[49] verstanden wird, ist dabei ein defizitärer Status quo vorausgesetzt, der auf eine didaktische Neu-Inszenierung zielt, da das vermeintliche Defizit weder in schulischen Zusammenhängen noch im sozialen Umfeld gefördert wird. In dieser Weise resümiert z. B. Gottfried Adam: „diakonisch-soziales Lernen zielt darauf, jungen Menschen die Entwicklung einer eigenständigen Persönlichkeit zu ermöglichen"[50]. Dabei betont er, dass durch das diakonische Lernen die Lernenden dazu befähigt werden, die diakonische Dimension des Menschseins zu erfassen. Ob es für dieses Bildungsziel diakonischer Praktika bedarf, ist allerdings nicht gesondert begründet, auch bleibt Adam die empirische Evaluation seiner These schuldig. So kommt Christoph Gramzow bei der empirischen Untersuchung im Rahmen seiner Habilitation zwar zu dem Schluss, dass diakonisches Lernen die Persönlichkeitsbildung fördert, muss aber gleichzeitig zugestehen, dass dies nicht für alle Schülerinnen und Schüler gleichermaßen gilt.[51]

Defizite werden aber nicht nur am Ort des handelnden Subjekts, sondern – weit schwerwiegender – auch am Ort der zu behandelnden Subjekte implizit vorausgesetzt. Indem als ein grundlegender Aspekt diakonischen Lernens die Hilfe für Bedürftige ausgemacht wird bzw. als ein weiterer der Blick für die Menschen am Rande, werden die Menschen, denen geholfen werden soll, als defizitäre Objekte identifiziert. Statt einer inklusiven wird eine exklusive Struktur programmatisch vorausgesetzt.

---

48 Vgl. Kap. 6, These XI.

49 Vgl. z. B. Diakonisch-soziales Lernen als Impuls zur Persönlichkeitsentwicklung, in: Gottfried ADAM/Helmut HANISCH/Heinz SCHMIDT/Renate ZITT (2006), 43–55.

50 Gottfried ADAM (2008), 369.

51 Vgl. Christoph GRAMZOW (2010), 586.

Henning Luther forderte in seinem Aufsatz zur Seelsorge einen Abschied vom „Defizitmodell des Helfens".[52] Nur indem der Andere zugelassen wird, um sich in ihm selbst zu erkennen, ist nach Luther eine Solidarität mit den Betroffenen möglich. „Echte, d. h. wechselseitig ausgelegte, Solidarität verliefe dann aber nicht einseitig als Hilfe für andere, sondern führte dazu, daß gerade auch von dem Anderen her wir, die wir gesund, stark, lebend … sind, lernen können und infragegestellt werden."[53] Aus dem „für andere" wird dann ein „mit dem Anderen".

Unter diakonischer Bildung wird aus diakonischer Perspektive meist „Teilhabegerechtigkeit" verstanden, also das Recht aller Kinder und Jugendlichen auf Bildung.[54] Damit kommt für diakonische Projekte nicht nur der helfende Praktikant in den Blick, sondern auch der, dem geholfen wird. Diese doppelte Perspektive: Praktikant (helfendes Subjekt) und derjenige, dem geholfen wird (Empfänger der Hilfe) erweitert den Blick auf diakonische Projekte, die in der bisherigen Diskussion unberücksichtigt geblieben ist. So pädagogisch wertvoll ein diakonisches Praktikum für den Schüler und die Schülerin als Praktikant/Praktikantin sein mag, so unklar ist aber der Nutzen für den Hilfsbedürftigen. Das diakonische Praktikum wird von Lehrerinnen und Lehrern begleitet. Die Lernenden werden vorbereitet, während des Praktikums besucht und reflektieren im Anschluss das Praktikum. Bewohnerinnen und Bewohner eines Altenheims verfassen keine Berichte, werden kaum auf die Praktikanten vorbereitet und es ist unklar, inwiefern eine Reflexion stattfindet. Dadurch wird deutlich, dass das diakonische Praktikum ein didaktisches Konzept für gesunde Lernende ist, um deren Bildung geht es, nicht um die der Hilfsbedürftigen. Teilhabegerechtigkeit im Sinne diakonischer Bildung findet durch diakonische Praktika nicht statt.

Die Diskussion um die Inklusion in den letzten Jahren hat hier die Perspektive geweitet.[55]

Mit dem Begriff der Inklusion wird die „prinzipielle Ausrichtung am gemeinsamen Leben und Lernen"[56] verstanden. Diese Gemeinsamkeit bezieht sich nicht nur auf behinderte und nicht behinderte Kinder und Jugendliche, sondern schließt alle Formen der Heterogenität ein.[57] Inklusiv verstandene Praxisprojekte unterscheiden dann nicht wie im von H. Luther beschriebe-

---

52 Vgl. Henning LUTHER (1986).
53 Henning LUTHER (1986), 16.
54 Vgl. insbesondere Silke KÖSER (2008), 80ff.
55 Vgl. z. B. die Beiträge in Annebelle PITHAN/Wolfhard SCHWEIKER (2011).
56 Ulrich HEIMLICH (2007), 90.
57 Vgl. Hans-Jürgen RÖHRIG (2009).

nen Defizitmodell des Helfens zwischen Subjekt und Empfänger der Hilfe. Insbesondere durch die UN-Konvention für Behindertenrechte ist die Bedeutung der Inklusion gestärkt worden. Darin wird die „volle und wirksame Teilhabe an der Gesellschaft und Einbeziehung in die Gesellschaft" gefordert.[58]

Damit eröffnet sich diese Perspektive der Inklusion nicht nur für koedukative Lehr-Lern-Szenarien der Regelschule, sondern insbesondere auch für diakonische Projekte. In diakonischen Projekten helfen Schülerinnen und Schüler Behinderten, pflegen Kranke, sorgen sich um Demente. Die damit verbundene positive Wirkung auf Helfende und die Betreuten ist unbestritten.[59] Wenn allerdings die Prinzipien der Inklusion für solche Projekte gelten sollen, dann können Lernende nicht in der aktiven Rolle der Fürsorgenden bleiben, sondern werden selbst zum Empfänger von Fürsorge und das nicht nebenbei, sondern eben im wahrsten Sinne des Wortes: inklusiv. Zum grundlegenden Konzept diakonischer Praktika muss also gehören, dass die Praktikanten nicht nur als Helfende oder Beobachtende in diakonische Einrichtungen gehen, sondern dass sie selbst eine implizite Form von Lebenshilfe erfahren.

Unter dem Aspekt der Inklusion müssen die benannten Aspekte diakonischer Praktika als ergänzungsbedürftig betrachtet werden. Lernende helfen und ihnen wird auch im weitesten Sinne „geholfen". Versteht man „Helfen" nicht nur in einem engen Sinn als Aufhebung eines aktuell identifizierbaren Defizits, sondern als eine elementare Form der Wahrnehmungsschärfung, dann erweitern sich nicht nur Kenntnisse und Fähigkeiten aller Beteiligten, sondern sie werden auch vor Aufgaben und Herausforderungen gestellt, die nur gemeinsam wahrgenommen und bewältigt werden können. Mit Blick auf Seelsorge schreibt H. Luther: „Eine solidarische Begegnung mit dem Anderen hindert uns, das Leiden der Anderen nur als deren persönliches Problem, als deren Mangel anzusehen. Sie kann uns daran erinnern, daß ihr Leiden immer auch ein Leiden an unserer Welt ist (Röm 8,22–24). Der andere, der aus der Welt fällt, wirft ein Licht auf den Riß, der durch unsere Welt geht und der keine falsche, vorschnelle Versöhnung zuläßt. Therapeutische Geschäftigkeit muß vor der Gefahr solch falscher Versöhnung bewahrt werden, die die Erlösungsbedürftigkeit dieser Welt überspielt.

Wenn solidarische Seelsorge den personalisierenden, delegatorischen

[58] UN-Konvention über die Rechte von Menschen mit Behinderung, Artikel 3c.

[59] Vgl. z. B. die empirischen Untersuchungen von Christoph Gramzow (2010).

Blick zugunsten dieser weiteren, auch strukturellen Perspektive überwindet, wird deutlich, daß die übliche Trennung zwischen (individueller) Seelsorge und (struktureller, institutionsbezogener) Diakonie hinfällig wird.

Seelsorge ist insofern inhaltlich eine kommunikative, weil sie prinzipiell alle angeht, nicht nur die akut leidenden Betroffenen – und zwar uns alle aufgrund der herrschenden Strukturen unserer Lebenswelt."[60]

Vor diesem Hintergrund stellt sich die Frage nach der didaktischen und theologischen Relevanz diakonischer Praktika. Wenn es nur um die Lernenden ginge, um deren Kompetenzerwerb, dann würde das diakonische Praktikum seinen Sinn verfehlen. Ohne Frage ist es für einen 14jährigen prägend, wenn er Obdachlosen Essen ausschenkt, doch das ist nicht inklusiv. Erst wenn es zu einer Interaktion auf Augenhöhe (einem verbalen Austausch) kommt, bei der nicht nur der Schüler das Gefühl hat, „etwas Gutes" getan zu haben, sondern auch der Obdachlose bemerkt, dass er dem Schüler geholfen hat (ihm einen Rat gegeben, bei Hausaufgaben geholfen), erst dann handelt es sich um diakonisches Lernen.

In diesem Zusammenhang können die kulturgeschichtlichen Untersuchungen zur „Gabe" von Marcel Mauss[61] hilfreich sein, die den ethisch verengten Diskurs zum diakonischen Lernen entscheidend weiten. Mauss legte dar, dass sich aus einer „Gabe", aus einem Geschenk, Verpflichtungen für den Nehmenden ergeben.[62] Die Gabe beinhaltet a) die *Verpflichtung der Erwiderung*. Dabei muss es sich nicht zwangsläufig um ein adäquates Gegengeschenk handeln, es kann dabei auch um Verhaltensweisen gehen. Ferner ergibt sich b) die *Verpflichtung, Geschenke zu machen*. Über die Erwiderung eines Geschenks hinausgehend wird mit dem Geschenk die Erwartung verbunden, dass der Beschenkte selbst zum Schenker wird. Schließlich ergibt sich c) die *Verpflichtung, die Geschenke anzunehmen*. Diese Verpflichtungen bestehen sowohl im zwischenmenschlichen Bereich (die Zurückweisung eines Geschenks wird zu Recht als Affront verstanden) als auch in Bezug auf das Verhältnis der Menschen zu Gott bzw. Göttern.[63] Indem die Welt als Gabe der Götter verstanden wird, ergibt sich also auch die Verpflichtung für die Menschen, diese Gabe zu erwidern. Sie tun dies, indem sie einen Teil ihres Überflusses den Göttern opfern. In zahlreichen Kulturen hat sich da-

---

60 Henning LUTHER (1986), 238.

61 Marcel MAUSS (1990).

62 Marcel MAUSS (1990), 36ff,

63 Mauss untersucht die Gabe vornehmlich anhand „archaischer Gesellschaften" mit polytheistischen Vorstellungen; vgl. Marcel MAUSS (1990), 39ff.

rauf aufbauend die Vorstellung durchgesetzt, dass eine Gabe an Kranke, Kinder oder Arme den Göttern auch wohlgefällig ist. Es entwickelte sich das Almosen. „Das Almosen ist das Produkt eines moralischen Begriffs der Gabe und des Reichtums einerseits und des Begriffs des Opfers andererseits."[64] Diese Entwicklung, die Mauss als „Sieg der ‚Armen'" bezeichnet, vollzog sich insbesondere im Judentum, Christentum und Islam und führte zu einer „Doktrin der Nächstenliebe und des Almosens".[65] In Hinblick auf die aus der Gabe sich ergebenden Verpflichtungen ist ein solches Almosen allerdings problematisch, weil sich ja gerade nicht die Verpflichtung zur Erwiderung ergibt, und die Verpflichtung, selbst Geschenke zu machen, kann sich aufgrund mangelnder ökonomischer Verhältnisse nicht ergeben. „Die nicht erwiderte Gabe erniedrigt auch heute noch denjenigen, der sie angenommen hat [...]. Milde Gaben verletzen den, der sie empfängt"[66].

Überträgt man diese kulturanthropologische Einsicht auf den hier untersuchten Bereich des „helfenden Handelns", dann wird deutlich, dass dieses „helfende Handeln" den Hilfsempfängern nicht gerecht wird, ja es erniedrigt sie sogar. Diakonische Praktika traditionellen Zuschnitts unterliegen genau diesem pädagogischen Dilemma. Indem Schülerinnen und Schüler als „Helfende" in einer Einrichtung tätig sind, erniedrigen sie diejenigen, denen sie doch „helfen" wollen.

Soll der von Mauss dargelegte Zusammenhang von Gabe und Tausch auch bei diakonischen Praktika operationalisiert werden, dann gilt es, in der Planung und Durchführung der Praktika *Szenarien der Gegenseitigkeit* vorzusehen. Solche Szenarien der Gegenseitigkeit sind Phasen der reziproken Kommunikation, über die ein bewusst intendierter Gabentausch stattfindet. Die Lernenden sind dabei „Helfende" *und* „Empfangende von Hilfe" und was für die Praktikanten gilt, gilt auch für die Rezipienten, die nicht nur „Empfangende von Hilfe", sondern auch „Helfende" sind. Die Gabe der Lernenden ist beispielsweise das Waschen am Morgen, das Schieben des Rollstuhls oder die Hilfestellung beim Essen. Die erwiderte Gabe ist dann das Gespräch über Fragen der Lebensgestaltung, das Walzertanzen oder das Geschichtenerzählen. Durch das Praktikum bilden sich Narrationen und gleichzeitig lernen die Praktikanten aus den Narrationen der anderen und diese aus den Narrationen der Praktikanten.[67]

---

64 Marcel MAUSS (1990), 47.
65 Ebd.
66 Marcel MAUSS (1990), 157.
67 Vgl. zur Narration Kap. 0.

Ein solches diakonisches Praktikum, in dem sich Szenarien der Gegenseitigkeit bilden, ist inklusiv, insofern die erwiderte Gabe nicht zufälliges Nebenprodukt, sondern integrierter Bestandteil des Praktikums ist.

5.2 Diakonie in Szene setzen – dichte Beschreibung einer Fortbildung für Lehrkräfte[68]

Die „dichte Beschreibung" der Lehrerfortbildung, die im Folgenden durch reflektierende Bemerkungen immer wieder unterbrochen wird, folgt den Grundsätzen des Modells von Clifford Geertz.[69] Hiernach handelt es sich bei einer dichten Beschreibung um das „Herausarbeiten von Bedeutungsstrukturen".[70] Bei einer Beschreibung werden nicht in erster Linie Sachverhalte dargestellt, sondern Bedeutungen von Vollzügen. Ereignisse werden ausgelegt. „Schon auf der Ebene der Fakten, dem unerschütterlichen Felsen des ganzen Unternehmens (wenn es den überhaupt gibt), erklären wir, schlimmer noch: erklären wir Erklärungen."[71] Die „dünne Beschreibung" bleibt an der Oberfläche und schildert nur das, was zu sehen ist. Demgegenüber besteht die „dichte Beschreibung" in der Deutung dessen, was zu sehen ist, arbeitet Bedeutungsstrukturen heraus, weil eine Beschreibung ohne Erklärung unmöglich ist.

Geertz benutzt als Ethnologe die „dichte Beschreibung" zur „Auseinandersetzung mit den symbolischen Dimensionen sozialen Handelns"[72] von Kulturen. Zu den Dimensionen sozialen Handelns zählt er neben Religion u. a. auch Kunst, Wissenschaft, Ethik. Der Mensch ist für ihn dabei ein Akteur, der „in selbstgesponnene Bedeutungsgewebe verstrickt ist"[73], wobei Geertz Kultur als ein solches Bedeutungsgewebe ansieht. Die Aufgabe der Ethnolo-

---

[68] Unter dem Titel „Armut in Szene setzen. Performative Zugänge zum Thema Armut im Religionsunterricht" fand am 10. Januar 2011 von 9.30–15.00 Uhr im Amt für kirchliche Dienste Berlin-Charlottenburg eine Fortbildung für Religionslehrkräfte statt. Konzipiert und durchgeführt wurde sie von Jens Kramer, Studienleiter für Religionsunterricht im Land Brandenburg. Diese Fortbildung steht im Zusammenhang einer Reihe von Fortbildungen zum diakonischen Lernen und zur Performativen Religionsdidaktik. Weitere Fortbildungen fanden statt am 11.1.2010 und am 23.4.2012.

[69] Vgl. Clifford GEERTZ (1987); vgl. dabei besonders die beiden Beispiele S. 10–12 (von Gilbert RYLE) und S. 12–14.

[70] Clifford GEERTZ (1987), 15.

[71] Clifford GEERTZ (1987), 14.

[72] Clifford GEERTZ (1987), 43.

[73] Clifford GEERTZ (1987), 9.

gie besteht nun in der „dichten Beschreibung“ dieser Bedeutungssysteme und in der Darstellung der Antworten, nicht in der Beantwortung von Fragen.

An dieser Stelle wird die „dichte Beschreibung“ gewählt, damit zum einen methodisch Bedeutungsstrukturen herausgearbeitet werden können, die die Auseinandersetzung mit dem Thema „Armut“ (und im weiteren Sinne mit „Diakonie“) beeinflussen. Diese Bedeutungsstrukturen beeinflussen nämlich inhaltlich die unterrichtliche Behandlung. Darüber hinaus bietet die „dichte Beschreibung“ an dieser Stelle auch die Möglichkeit zur Reflexion performativer Religionsdidaktik, indem mit den Lehrkräften selbst performativ gearbeitet wird.

Es ist Montagmorgen an einem Wintertag in Berlin. Acht Religionslehrerinnen[74] *kommen zur Lehrerfortbildung in das Amt für kirchliche Dienste in Berlin. Das Haus in Berlin stammt aus den 1960er Jahren und ist renovierungsbedürftig. Dessen ungeachtet ist es den kirchlichen Mitarbeiterinnen und Mitarbeitern vertraut, seit Jahrzehnten finden hier Fortbildungen statt, zahlreiche Lehrkräfte wurden hier auch ausgebildet.*[75] *Wenn Besucherinnen und Besucher das Tagungshaus (in dem sowohl Büros als auch Veranstaltungsräume untergebracht sind) betreten, sehen sie eine Magnettafel, an der die Räume der an diesem Tag stattfindenden Veranstaltungen genannt werden. Für die beschriebene Fortbildung, an diesem Tag die einzige Veranstaltung im Haus, steht dort „Raum 404“. Der Raum befindet sich in der 4. (der obersten) Etage und wird gleichzeitig als „Lernwerkstatt“ genutzt. Hier finden sich also auch zahlreiche Materialien, die für die Arbeit im Religionsunterricht verwendet werden können. Dieser Raum ist für die Lehrkräfte vermutlich ungewöhnlich, da Fortbildungen zumeist in Raum 308 stattfinden. Auf dieser Etage befinden sich auch die Büros der für den Religionsunterricht zuständigen Studienleiterinnen und Studienleiter.*

Nach und nach finden sich die Lehrkräfte in Raum 404 ein. Jede Lehrerin wird persönlich begrüßt und sucht sich einen Platz an einem quadratisch ausgerichteten Tischensemble. Anwesend sind um 9.30 Uhr acht Lehrerinnen (vier weniger als angemeldet), eine Mitarbeiterin[76] *und der verantwortlicher Stu-*

[74] Eine neunte Religionslehrerin kommt im Laufe der ersten Inszenierung noch dazu. Alle Religionslehrerinnen sind kirchliche Lehrkräfte mit einem Fach.

[75] Die Besonderheit der Berliner Regelung für den Religionsunterricht brachte es mit sich, dass die Ausbildung von Lehrkräften (in Berlin „Katecheten“ genannt) kirchenintern organisiert und vom Institut für katechetischen Dienst (IKD) durchgeführt wurde, das in der Goethestraße seinen Sitz hatte.

[76] Diese Mitarbeiterin betreut die Homepage zum diakonischen Lernen (www.diakonieatlas.de), begleitete die Fortbildung und schrieb Reaktionen und Äußerungen der Lehrkräfte mit.

dienleiter. Die meisten der Anwesenden kennen sich aus vorangegangenen Veranstaltungen. Sechs Lehrerinnen sind Diakoniekoordinatorinnen.[77]

Die Lehrerinnen werden nun im Plenum begrüßt, es erfolgt an dieser Stelle keine weitere Vorstellung, auch kein Überblick über die Struktur des Tages, stattdessen werden die Lehrkräfte gebeten, mit in den Raum 308 zu kommen, weil dort die erste Inszenierung beginnen soll.

Inszenierung I – Sensibilisierung für das Thema Armut

Die Lehrkräfte reagieren überrascht, begleiten den Studienleiter aber ohne Zögern zum Raum eine Etage tiefer. Dieser Raum ist verschlossen. Einzig eine junge Gemeindepädagogin betritt den Raum. Entsprechend der alphabetischen Reihenfolge werden die Lehrkräfte nun vom Studienleiter nach und nach einzeln in den Seminarraum gelassen. Gespannt wartet jede Lehrerin, bis sie an der Reihe ist. Es wird draußen überlegt, was wohl hinter der Tür auf sie wartet. Dabei gibt es unterschiedliche Hypothesen, diese reichen von „nichts" bis hin zur Frage, ob sie nun selbst „arm" sein müssen. Auch wird überlegt, ob für eine solche Inszenierung im Religionsunterricht zwei Lehrkräfte anwesend sein müssen, da die Schülerinnen und Schüler auf dem Flur schlecht allein gelassen werden können.

Im Seminarraum selbst begrüßt die Mitarbeiterin jede Lehrerin und bittet sie, sich einen Platz auszusuchen und sich zu setzen. Die einzelnen Plätze sind entsprechend vorbereitet, indem verschiedene Speisen zurechtgelegt wurden. Vor zwei Plätzen liegt jeweils eine Schachtel Pralinen, vor einem Platz liegt ein Stapel Schokoriegel, vor einem weiteren liegt nur ein Schokoriegel, verteilt sind ebenso eine Kartoffel, eine Packung Nudeln und eine Zwiebel. Einige Plätze bleiben leer.[78] *Die Lehrkräfte werden gebeten, die vor sich liegende Speise noch nicht zu essen. Im Raum sind die Tische U-förmig aufgestellt, wobei an der Stirnseite ein Laptop für die Seminarleitung steht. Eine Längsseite sitzt am Fenster mit Blick auf die Tür, die andere schaut zum Fenster hinaus. Der Blick fällt auf eine große Kastanie vor dem Haus und die dahinter liegende Trinitatis-Kirche. In diesem Raum stehen auf einen Beistelltisch Kaffee und Tee für die Teilnehmerinnen bereit.*

---

[77] Bei den Diakoniekoordinatoren handelt es sich um Lehrkräfte, die mit der Einführung des diakonischen Lernens in den Rahmenlehrplan für den Evangelischen Religionsunterricht in der EKBO die Koordinierung des diakonischen Lernens in ihrem jeweiligen Bereich übernommen haben. Zum Rahmenlehrplan vgl. Konsistorium der Evangelischen Kirche Berlin-Brandenburg-schlesische Oberlausitz (2007) und zur Organisation des Religionsunterrichts in Berlin und Brandenburg vgl. Ulrike Häusler (2007) und Karin Borck (2007).

[78] Es waren mehr Plätze vorhanden als Teilnehmerinnen.

Diese Form der Inszenierung wurde zur Sensibilisierung der Lehrkräfte für das Thema gewählt.[79] Die Lehrkräfte nahmen zwar bewusst an einer Fortbildung zum Thema „Armut" teil, insofern waren sie für dieses Thema bereits motiviert, allerdings sollten Inszenierungsmöglichkeiten für den Religionsunterricht dargestellt werden und im Rahmen der Fortbildung sollten die Lehrkräfte *selbst* Teil dieser Inszenierung werden.[80]

Für die Qualität von Lehrerfortbildungen markiert Bärbel Husmann[81] als einen der wichtigsten Eckpunkte: „Die Teilnehmenden sollen die Möglichkeit haben, ihre eigene Lernausgangslage zu thematisieren und in Beziehung zu setzen zu den angebotenen Lernwegen"[82]. Diese Maxime wurde in diesem Fall aufgegriffen und methodisch in Szene gesetzt. Die Lehrkräfte sollten performativ in einen Bezug zum Thema gebracht werden und sowohl Thema als auch Inszenierung anschließend reflektieren.[83] Martina Kumlehn folgert aus den „Fallstudien zur Performanz religiöser Bildung"[84] die Ausbildung religiöser Kompetenz bei den Lehrkräften, die sie versteht als die Verbindung „religiöser Stilbildung, Alteritätskompetenz als bewusstem Umgang mit relativer und radikaler Fremdheit und Übergangskompetenz als Oszillation zwischen Performanz und Reflexion."[85] Diese drei Elemente spielen auch in der beschriebenen Fortbildung eine wichtige Rolle. Während die religiöse Stilbildung stattfindet in der Auseinandersetzung mit dem Thema Armut, auch in der Reflexion biblischer Texte, ist die Ausbildung der Alteritätskompetenz dahingehend schwierig, als es das Fremde in Bezug auf das Thema der Fortbildung für die Lehrkräfte nicht oder nur bedingt gibt. Gleichwohl spielt die Frage nach der Alteritätskompetenz dahingehend eine Rolle, als der Umgang mit dem Thema mit den Schülerinnen und Schülern geklärt werden muss. Die „Oszillation zwischen handlungsorientierter aktiver Gestaltung und beobachtend-analytischer Reflexion",[86] die für einen gelingenden performativen Religionsunterricht wesentlich ist, spielt für die Fortbildung eine doppelte Rolle. Einerseits geht es darum, die Oszillation in den performativen

---

79 Vgl. Jens KRAMER (2011), 5f.

80 Vgl. zum Inszenierungsbegriff Kap. 0.

81 Vgl. Bärbel HUSMANN (2007).

82 Bärbel HUSMANN (2007), 111. Vgl. zur Qualität von Lehrerfortbildung z. B. Dietlind FISCHER (2000b) und die Beiträge in Folkert DOEDENS/Dietlind FISCHER (2007).

83 Zur performativen Didaktik bei Lehrerfortbildungen vgl. auch Barbara HANUSA (2008).

84 So der Untertitel von Bernhard DRESSLER/Thomas KLIE/Martina KUMLEHN (2012).

85 Martina KUMLEHN (2012c), 286.

86 Martina KUMLEHN (2012c), 297.

Elementen zu beachten und sie andererseits für den Unterricht in der Schule anzuregen.

Gelingen kann dies insbesondere dann, wenn die Rollen ineinanderfließen. Husmann fordert: „Die Teilnehmenden sollten offene, differenzierende und individuelle Lernformen selbst erproben können."[87] Indem die Lehrkräfte selbst an der Inszenierung teilnehmen, lernen sie sie über ein methodisches Arrangement kennen. Sie wechseln damit in die Schülerrolle, erproben die Aufgabe und treten anschließend in die Reflexion. Eine solche Erprobung dient laut Husmann dazu, einen „Transfer auf die Unterrichtssituation anzubahnen"[88]

Für die Inszenierung wurde ein kontingentes Setting gewählt, weil so die Möglichkeit gegeben ist, das Thema nicht abstrakt als „Armut allgemein"[89] zu behandeln, sondern es bieten sich unterschiedliche Reflexionsmöglichkeiten. So liegt beispielsweise in der alphabetischen Reihenfolge, in der die Lehrerinnen den Raum betreten, eine willkürliche Bevorzugung bzw. Benachteiligung. Die ersten werden bevorzugt, weil sie freie Auswahl haben, während die letzten mit dem Vorlieb nehmen müssen, was noch übrig ist.

Die erste Lehrerin betritt den Raum und setzt sich nach der Begrüßung und nach kurzem Überlegen still an einen leeren Platz. Auch die zweite Lehrerin setzt sich an einen leeren Platz, kommentiert die Szene aber mit den Worten: „Naja, die Kartoffeln will ich nicht essen, auf Pralinen habe ich keinen Appetit und auf Nudeln auch nicht. Hier habe ich Platz, hier kann ich mich ausbreiten." Als die dritte Lehrerin den Raum betritt, spricht sie die beiden bereits Anwesenden an: „Ihr nehmt nichts, ist ja klar!", was von der zuerst hereinkommenden erwidert wird mit: „Ja, wir sind die Guten." Schließlich setzt sich die dritte Person zum Paket Nudeln. Die vierte Lehrerin setzt sich zu den getrockneten Aprikosen und fragt: „Ist das hier ein Psychotest?" Dies wird von den anderen mit einem Lachen kommentiert. Mit den Worten „Ich setze mich zu den Mon Chéri, das passt wie man's nimmt", setzt sich die fünfte Lehrerin zielstrebig an den von ihr gewählten Platz.

Nun sind noch mehrere leere Plätze frei, sowie ein Platz mit einem Bonbon, ein Platz mit vielen Bonbons der gleichen Sorte und ein Platz mit einer Kartoffel. Die nun folgende Lehrkraft setzt sich sofort auf den Stuhl bei den vielen Bonbons und wird von der Lehrerin mit den Nudeln angesprochen: „Ja, nicht

---

87 Bärbel HUSMANN (2007), 111.
88 Bärbel HUSMANN (2007), 111.
89 Vgl. Norbert METTE (2002).

nur einer, gleich viele." Die angesprochene Lehrerin reagiert darauf nicht. Als die vorletzte Lehrerin den Raum betritt, kommt sie der Aufforderung, sich einen Platz zu suchen, nicht gleich nach. Sie wird nochmals gebeten, sich an einen Platz zu setzen und sagt dann: „Der ist schon besetzt." Gemeint waren die vielen Bonbons, sie setzt sich dann aber doch auf den Stuhl bei dem einen Bonbon. Als die letzte Lehrerin an der Reihe ist, geht sie zielstrebig auf den Platz mit der Kartoffel zu und setzt sich wortlos hin.

Ihr folgend betritt auch der Studienleiter den Raum. Da zunächst keine Reflexionsphase geplant ist, fragt der Studienleiter die Teilnehmerinnen nur nach ihrer Zufriedenheit mit der vor ihnen liegenden Speise. Zu seiner Überraschung bekunden nach einigem Zögern alle Lehrerinnen, dass sie mit ihrem Platz zufrieden sind. Daraufhin bittet er alle wieder nach draußen, ohne dass das weitere Vorgehen erklärt wird. Die Teilnehmerinnen kommen dieser Bitte zügig und ohne Diskussion oder Murren nach.

Da die alphabetische Reihenfolge das Moment der Willkür beinhaltet, ist bei dieser Inszenierung zu vermuten, dass einige gern an einem anderen Platz gesessen hätten und demzufolge eher nicht zufrieden sind, was vornehmlich für diejenigen gelten dürfte, die erst später den Raum betraten.

Der Grad der Zufriedenheit dürfte sehr unterschiedlich sein, da ja auch die individuellen Bedürfnisse und Vorlieben vermutlich unterschiedlich sind. Wer also gern Süßigkeiten isst, ist vermutlich mit der Kartoffel weniger zufrieden. Aber auch der leere Platz kann die Teilnehmerinnen zufrieden machen, wenn sie z. B. gerade nicht das Bedürfnis haben, etwas essen zu wollen.

Geplant war an dieser Stelle, dass die Teilnehmerinnen den Raum nach dem Grad ihrer Zufriedenheit verlassen und wieder betreten. Diejenigen also, die unzufrieden waren, hätten im Raum bleiben können und sich einen neuen Platz aussuchen dürfen, und die Zufriedenen verlassen den Raum zuerst und kommen als letzte wieder hinein. Auf diese Weise sollte nicht nur eine Sensibilisierung für das Thema „Armut", sondern auch für das damit verbundene Thema „Gerechtigkeit" erreicht werden. Da alle angeben, zufrieden zu sein,[90] wird die Umkehrung der Verhältnisse wiederum inszeniert, indem die alphabetische Reihenfolge umgedreht wird. So ist zwar nicht die individuelle Zufriedenheit das Kriterium, wann jemand zurück in den Raum geht, aber durch die Umkehrung der Reihenfolge wird eine Auseinanderset-

[90] An dieser Stelle fand eine unzureichende Klärung des Begriffs „Zufriedenheit" statt, die in künftigen Inszenierungen präzisiert werden muss.

zung mit der Frage nach Gerechtigkeit und dem, was einem zusteht, angebahnt.

Vor der Tür erklärt der Studienleiter den Wartenden, dass sie nun erneut den Raum betreten und sich einen Platz aussuchen dürfen. Dabei wird betont, dass die vorherige Wahl keine Rolle spielt. Wiederum werden die Lehrerinnen einzeln in den Raum gelassen, diesmal allerdings in umgekehrter alphabetischer Reihenfolge. Dies führt vor der Tür zu Befürchtungen „ihr Platz" könne nun anderweitig besetzt sein. Da alle Lehrerinnen nun Bescheid wissen, was sie hinter der Tür erwartet, werden sie in kürzeren Abständen in den Raum zurückgelassen. Bei der Platzwahl gibt es nun einige Veränderungen. Gleich die erste Lehrerin (vorher die letzte ohne große Wahlmöglichkeit) setzt sich zu den getrockneten Aprikosen mit den Worten: „Man muss ja mal was anderes machen." Vorher saß sie bei der Kartoffel. Die zweite Person saß zuvor bei dem einen Bonbon und setzt sich nun zu den Nudeln. Genau dies kommentiert die dritte Lehrerin mit den Worten: „Das ist ja doof!" Sie wollte sich nämlich zu den Nudeln setzen, geht daraufhin wieder zu ihrem vorigen Platz, der mit den vielen Bonbons. Auch die nun folgende geht auf ihren alten Platz zurück, zur Packung Mon Chéri und bemerkt, dass sie froh ist, dass der Platz noch frei ist. Die fünfte Person betritt den Raum und setzt sich zu einer Packung Pralinen. Kommentiert aber, dass sie sich auf diesen Platz setzt, um nicht in der Sonne sitzen zu müssen. Den Platz mit dem einen Bonbon wählt die nächste Lehrerin, sie saß vorher bei den Nudeln. Als die vorletzte Lehrerin sich an einen leeren Platz setzt, meinte die Lehrerin bei den Nudeln: „Mei, eine richtige Religionslehrerin! So bescheiden!" Die Angesprochene reagiert darauf nicht, während die anderen kurz lachen. Auch die achte Lehrerin entscheidet sich für ihren alten Platz, auf dem nichts liegt. Durch diese doppelte Inszenierung entsteht eine recht gelöste Stimmung in der Gruppe. Da sich die meisten schon längere Zeit kennen, herrscht auch eine gewisse Vertrautheit, die sich im folgenden Gesprächsgang niederschlägt.

Mit der Anwesenheit des Studienleiters endet der erste Teil dieser Inszenierung und es beginnt die Reflexion. Zwar haben sich die Lehrkräfte auf die Inszenierung eingelassen, doch gelang diese nur zum Teil. Auf der formalen Ebene haben sie genau das getan, worum der Studienleiter sie gebeten hat, doch bei ihrer Platzwahl sind einige gleich in die Reflexion gegangen. Sie haben sich nicht – wie intendiert – dorthin gesetzt, wo sie es wirklich wollten, sondern dorthin, wo es ihnen in dem Moment opportun erschien. Die Lehrerinnen nahmen jeweils unterschiedliche Rollen ein.[91] Während einige in der Aufgabenstellung blieben und den Platz wählten, der ihnen am meisten zusagte, bestimmte die Platzwahl bei anderen die Rolle als Religionslehrerin, die vermeintlich ein bestimmtes Verhalten nahelegt. Deutlich wird dies anhand der Äußerung „Mei, eine richtige Religionslehrerin! So bescheiden!" Zudem wird an dieser Stelle der Zusammenhang von Ästhetik und Ethik deutlich. Aus der Beobachtung folgte eine Handlung, die an dieser Stelle sehr reflektiert erfolgte.[92] Die Lehrerinnen konnten sich nicht *nicht* verhalten,[93] auch wenn die Begründungen für das jeweilige Verhalten sehr unterschiedlich waren. Die unterschiedliche Rollenwahrnehmung und die Begründung für ihr Verhalten wird im folgenden Gesprächsgang deutlich.

Nun werden die Teilnehmerinnen vom Studienleiter gebeten ihre Gedanken zu beschreiben, die sie bei der Auswahl ihrer Speise bzw. ihres Platzes hatten. Dieser Impuls zielt zugleich auf eine Vorstellungsrunde, bei der jede Teilnehmerin die Schulform nennt, an der sie unterrichtet. Die Reihenfolge der Auswertung richtet sich danach, wo die Teilnehmerinnen nun sitzen. Es beginnt die Lehrerin links vom Podium. Sie hatte den Platz bei einem Kasten Pralinen gewählt, um nicht, wie sie angab, von der Sonne geblendet zu werden. In der ersten Runde hatte sie bei einem leeren Platz gesessen. Als ihr entscheidendes Kriterium nannte sie, sich etwas auszusuchen, was möglichst leicht zu verteilen ist (der Kasten Pralinen). In der ersten Runde konnte sie sich nicht entscheiden und hat sich darum lieber dort hingesetzt, wo nichts lag.

Daneben sitzt die Lehrerin, die sich zweimal zu den vielen Bonbons gesetzt hat; auch sie sagt, das Teilen ist ihr besonders wichtig. Die neben ihr sitzende Lehrerin hat nach ganz anderen Kriterien entschieden. Sie gibt an, sie schätze alle Lebensmittel und könne sich daher nicht für eins entscheiden. Darum war die Motivation für die Platzwahl durch den Raum bestimmt (sie hat sich einen recht sonnigen Platz ausgesucht).

„Ich habe nur an mich gedacht!", sagt die Lehrerin bei den Aprikosen. „Teilen wollte ich nicht." Sie zog mit ihren Äußerungen zu den altruistischen Motiven einiger Vorrednerinnen auch deren Motive in Zweifel. Ähnlich die folgende Lehrerin: „Als zwei bei ‚nichts' saßen, dachte ich: ‚Nein, da mache ich nicht mit! Das ist so typisch Religionslehrerin'. Also dachte ich: ‚Nudeln mag ich gerne.' Da habe ich auch nicht ans Teilen gedacht. Beim zweiten Mal war ich

91 Vgl. zum Rollenbegriff Kap. 0.

92 Zum Zusammenhang von Ästhetik und Ethik vgl. Kap. 1.2.1.

93 Vgl. hierzu Kap. 3.3.3.

erstaunt, dass die Nudeln weg waren. Also habe ich mich – da ich über mich selbst gestaunt – zu dem Bonbon gesetzt, obwohl ich den gar nicht mag. Da wäre der leere Platz wohl gut gewesen, aber ich habe mich dahin gesetzt, wo etwas ist." Die Lehrerin neben ihr äußerte sich ähnlich, nur dass sie in der ersten Runde beim Bonbon saß und in der zweiten bei den Nudeln. Sie ist froh, bei den Nudeln zu sein, weil diese ihre „Leidenschaft" sind.

Bei den beiden letzten Teilnehmerinnen führte ein ähnlicher Gedanke zu ganz unterschiedlichen Ergebnissen. Beide haben sich immer an den gleichen Platz gesetzt. Während die eine allerdings (sie betrat in der ersten Runde zuerst den Raum) an einem leeren Platz saß, setzte sich die andere zu einem Kasten Mon Chérie. Für beide spielte bei der Auswahl nach eigenen Angaben ihr Körpergewicht die entscheidende Rolle.

Die erste: „Ich habe mich hierfür entschieden, weil mir zu viel durch den Kopf ging. Eine Sache unter vielen, die eine Rolle spielt: „Ich habe mich nicht vor eine Schachtel Pralinen gesetzt, weil die anderen dann denken: ‚Ist ja klar, dass die Dicke sich zu den Pralinen setzt.'"

Welche Erwartungen sie beim ersten Betreten des Raumes hatte, schildert die letzte Lehrerin in der Reihe. Sie hatte mit etwas ganz anderem gerechnet. Ihre Vermutung war, dass im ganzen Raum Bilder hingen und sie sagen müssten, welches sie am besten fänden. Dann sagt sie zur Platzauswahl: „Man sieht's ja auch, ich bin der Nascher vom Dienst. Ich habe auch gedacht: ‚Ja klar die Dicke!' Aber ich habe auch gedacht: ‚Ist ja egal, die[94] magst du gerne.'" Zudem ist ihr auch wichtig, neben ihrer Freundin zu sitzen.

Durch die Äußerungen wird das ambivalente Rollenverständnis deutlich. Einerseits waren die Lehrerinnen in einer Schülerrolle, andererseits aber auch in der Rolle als Religionslehrerin. Entsprechend der Schülerrolle setzten sie sich auf den Platz, der ihrem Bedürfnis am ehesten entsprach (z. B. Aprikosen). Die Rolle als Religionslehrerin führte zu einem anderen Nachdenken: Passt die Platzwahl zu meiner Vorstellung einer Religionslehrerin? Diese Überlegungen führten z. B. zur Wahl des Platzes, auf dem nichts lag, oder zum Gedanken, die Lebensmittel zu teilen. Dass die Lehrerinnen zwischen den beiden Rollen changieren wird anhand der Äußerungen deutlich, die mit dem Bruch der Rolle als Religionslehrerin spielen („Nein, da mache ich nicht mit! Das ist so typisch Religionslehrerin"). Darüber hinaus spielten auch

94 Gemeint sind die Pralinen.

andere Rollenerwartungen eine Rolle, z. B. das Körpergewicht („Ist ja klar, dass die Dicke sich zu den Pralinen setzt").

Die Ungleichheit, die in der Verteilung der Speisen lag, haben die Teilnehmerinnen nicht so empfunden, sie sahen ihr je individuelles Bedürfnis befriedigt. Durch die Vielzahl der Speisen ist der Akzent möglicherweise auch auf die Frage gelenkt worden, welche Bedeutung die einzelne Speise innerhalb der Inszenierung hat, als dass über Gerechtigkeit oder Ungerechtigkeit in der Verteilung nachgedacht wird. Nicht alle hatten eine Speise, aber die, die keine hatten, wollten auch keine, so dass sich das Thema Armut erst durch die Reflexion erschließen konnte.

Einzelne haben allerdings bei der zweiten Platzwahl deutlich gemacht, dass sie gern woanders gesessen hätten. Die Frage nach Gerechtigkeit, hier verstanden als Verteilungsgerechtigkeit, ist auf diese Weise im Blick.

Bei der Begründung für die Platzwahl wurde das Denken in Narrationen deutlich.[95] Die Lehrerinnen haben sich für einen Platz aus einer vorherigen Narration heraus entschieden (z. B. die Vorliebe für eine bestimmte Speise oder das Bestreben, mit den anderen zu teilen).

Ohne weiteren Impuls kommt es zu einer offenen Diskussion über das Thema Armut und zur Relevanz des Themas im Religionsunterricht. Dabei wird von mehreren Teilnehmerinnen betont, dass sie die erlebte Inszenierung selbst auch gern im Religionsunterricht ausprobieren würden. Der Studienleiter schlägt dabei mögliche Differenzierungen für die Grund- und die Oberschule vor. In der Grundschule könne man sich auf eine Speise beschränken und Differenzierungen in der Menge vornehmen.[96] Hingegen in der Oberschule können unterschiedliche Speisen gerade zu Diskussionen zu notwendigen und weniger notwendigen Lebensmitteln beitragen. Diese Anregung wird von den Teilnehmerinnen positiv aufgegriffen.

Dann allerdings kommt es zu einem Gespräch über Kinderarmut und eine Lehrerin sagt: „Ich kann das [Problem der Kinderarmut, J. K.] doch nicht auflösen! Die Eltern verprassen das Geld weiterhin nicht für den vorgesehen Zweck. […][97] Wir sind total machtlos, es wird immer schlimmer. Wie wird man mit diesem Negativerfolg fertig?"

---

95 Vgl. Kap. 0.

96 Ähnlich wie es hier bei den Bonbons war – einmal viele und dann nur einer. Dabei ließen sich weitere Differenzierungen finden.

97 An dieser Stelle erfolgt ein Bezug auf eine Fortbildung vom Mai 2010, an der einige der Anwesenden teilgenommen haben. Es wurde dabei die Stadtmission und deren Obdachlosenarbeit besucht.

In dieser Äußerung liegt ein zentraler Aspekt bei der Behandlung des Themas Armut im Religionsunterricht und weitergefasst auch anderer diakonischer Themen. Die Lehrkräfte beschäftigen die Fragen, wie sie mit Hilflosigkeitserfahrungen angesichts eines solchen sozial virulenten Themas umgehen können.

Das Thema „Armut" ist in kirchlichen Bildungsprozessen hinlänglich behandelt worden,[98] ohne dass hier auf diese bedrängende pädagogische Frage eine Antwort gefunden wäre. So richtig es ist, dass kirchliche Bildungsverantwortung als die Ermöglichung von Teilhabe verstanden wird, so unklar sind die damit verbundenen didaktischen Aporien.

„Armut" als Thema des Religionsunterrichts birgt die Gefahr, dass nicht das Thema und die Auseinandersetzung damit im Zentrum des Unterrichts stehen, sondern die individuelle Situation einzelner und die damit verbundene Gefährdung der Distanz. Eine für Lehrkräfte naheliegende Option, diesem Dilemma auszuweichen, ist, selber in die Helferrolle zu fallen. Diese Helferrolle entmündigt jedoch den Schüler und stuft ihn herab zu einem Objekt der Hilfe.[99] Zudem fällt die Lehrkraft aus ihrer Lehrerrolle heraus und erscheint eher als Sozialarbeiter denn als Pädagoge.

Das didaktische Problem ist mit einer solchen Hilfe aber noch nicht gelöst, im Gegenteil. Für Schülerinnen und Schüler aus prekären Verhältnissen ist Bildung zwar eine Chance, aus diesen herauszukommen,[100] dennoch sind die sozialen Verhältnisse der Lernenden nicht durch die Lehrkräfte lösbar. Dieser Gedanke bestimmte auch die folgende Diskussion.

In dem Gespräch werden in der Gruppe vornehmlich zwei Fragen diskutiert: Zum einen geht es darum, ob man behaupten könne, Eltern „verprassen" ihr Geld und fördern ihre Kinder nicht ausreichend. Hierbei werden innerhalb der Gruppe zwei Positionen deutlich. Die einen schließen sich der Meinung der Lehrerin an und sehen die Eltern in zentraler Verantwortung, der diese eben nur eingeschränkt nachkommen, während andere die Armut, in der manche Familien leben, hervorheben und feststellen, dass man sich zu diesen Lebensverhältnissen nur äußern könne, wenn man auch in ihnen lebte. Als Lehrkraft stehe einem deshalb kein Urteil zu, weil man vergleichsweise sehr viel verdiene.

98 Vgl. z. B. Johannes EURICH/Florian BARTH/Klaus BAUMANN/Gerhard WEGNER (2011). Darin vor allem die Beiträge von Heinz SCHMIDT (2011) und von Kerstin GRIESE (2011).

99 Vgl. Marcel MAUSS (1990), 157. Vgl. auch Kap. 3.3 und 0.

100 Vgl. Heinz SCHMIDT (2011), 514ff.

Zum anderen kreist die Diskussion darum, wie mit dem „Negativerfolg" umgegangen wird, also mit der Erfahrung, Kindern, die in Armut leben, nicht helfen zu können. Eine Lehrerin berichtet, dass sie einer Schülerin immer etwas zu essen mitbringt, weil dieses Mädchen nie Frühstück bekommt. Gleichzeitig berichtet sie aber auch, dass sie unter ihrem eigenen Verhalten leide, weil sie dann auch anderen Kindern etwas zu essen mitbringen müsse. Sie fühlt sich in einem Teufelskreis, aus dem sie nicht herauskommt. Je nachdem, in welchem Stadtbezirk Berlins die Lehrerinnen unterrichten, ergeben sich unterschiedliche Erfahrungsberichte. In Neubaugebieten wie Marzahn, Hellersdorf und dem Märkischen Viertel wird sehr viel von Schülerinnen und Schülern berichtet, die in Armut aufwachsen. Hingegen berichten Lehrerinnen aus anderen Bezirken, dass ihnen dies Phänomen fremd sei und sie deshalb die Schülerinnen und Schüler auch erst für das Thema Armut sensibilisieren müssten.

Zwischenteil

Im Anschluss an die erste Inszenierung wird mithilfe einer PowerPoint-Präsentation eine kurze Einführung in die Performative Religionsdidaktik gegeben, sowie Möglichkeiten einer unterrichtlichen Inszenierung aufgezeigt. Im Anschluss kommt es zu einem Gespräch der Teilnehmerinnen über die Bedeutung von Spiegelneuronen für das ethische Lernen. Dabei gehen die Meinungen darüber auseinander, inwiefern Spiegelneuronen relevant sind für ethisches Verhalten. Auf die Aussage einer Teilnehmerin hin, dass die Parteinahme für jemanden von den Spiegelneuronen abhänge und damit nicht bewusst beeinflusst werden könne, ethisches Verhalten also biologisch determiniert sei, erwiderte eine Lehrerin: „Aber das kann man doch alles abtrainieren, wenn ich mir die Schüler so anschaue." Die Möglichkeit einer biologischen Determination wird auch von anderen kurz diskutiert, dann aber argumentiert, dass eine ethische Bildung unmöglich sei angesichts einer derartigen Determination. Die dichte Beschreibung setzt an einer Stelle wieder ein, als sich eine Teilnehmerin meldet und sagt:

„Kinder sind so offen für die Thematik. […] Die brennen ja, die werden leicht zu Revolutionären. Und dann komm ich daher und mach sie sensibel.[101] *[…] Ich bin nicht dafür, dass sie immer ein schlechtes Gewissen haben, dass es ihnen gut geht." Hierauf entstand in der Gruppe eine leichte Unruhe, die um*

[101] Der Ausdruck „sensibel" bezieht sich auf die Präsentation, in der es um den didaktischen Dreischritt Sensibilisierung – Konkretisierung – Perspektivierung ging.

die Frage kreiste, ob im Religionsunterricht den Kindern ein schlechtes Gewissen gemacht wird, wenn sie sich damit auseinandersetzen, dass andere Kinder in Armut leben.

„Es geht doch nicht um ein schlechtes Gewissen", so wurde erwidert, „es geht erst einmal um Wahrnehmung der Unterschiede [zwischen ‚armen' und ‚reichen' Kindern, J. K.] und um die Frage: Wie gehe ich mit den Unterschieden um? […] Warum soll ich jetzt nicht in einer Klasse, in der versteckte Armut ist, zum Beispiel ein Kind nicht genug zu essen hat, warum soll dem Kind nicht geholfen werden? Ich bin doch als Pädagoge in einer Situation, wo ich denke: Irgendwie muss ich damit umgehen. Das heißt nicht, dass jemand ein schlechtes Gewissen hat, wenn jemand ein Brot mithat und das jeden Tag allein aufisst. Es ist wichtig, dass man im Unterricht nicht moralisiert. Wie mach ich's, dass ich einerseits sage: Das ist jetzt so, ich nehme es so wahr und was können wir jetzt machen?"

„Stullenpatenschaften!" ruft die Lehrerin, die die Diskussion angestoßen hat. An ihrer Schule ist es so organisiert, dass Kinder, deren Familien es sich leisten können, und einzelne Lehrer mehr Stullen mit in die Schule bringen, damit die Kinder, die sonst kein Pausenbrot hätten, auch etwas bekommen. „Und meine N.N.[102] *sitzt da und empfängt, empfängt, empfängt. Die N.N. muss auch etwas tun!"*

Die Teilnehmerinnen berichten anschließend von unterschiedlichen Hilfsangeboten, die an der jeweiligen Schule für bedürftige Schülerinnen und Schüler gemacht werden. Dabei wird deutlich, dass die Herangehensweise der einzelnen Lehrkräfte unterschiedlich ist. Sie reicht von einer Alimentierung der Not über die Organisation von Hilfsprojekten bis hin zu Veranstaltungen, bei der alle Beteiligten zu „Helfern" werden.

Anhand des beschriebenen Gesprächsgangs lässt sich das Dilemma ethischen und diakonischen Lernens deutlich aufzeigen. Einerseits verschwimmt beim diakonischen Lernen die Unterscheidung zwischen außerschulischer Lebenswirklichkeit und einer didaktisch inszenierten Proberealität. Die in Anschlag zu bringenden Merkmale einer didaktischen Inszenierung[103] gehen verloren, wenn die soziale Situation der Lernenden selbst zum Unterrichtsgegenstand wird, dies betrifft z. B. die Möglichkeit des Perspektivwechsels sowie die temporale und spatiale Anordnung. Es besteht damit die Gefahr,

---

[102] N.N. (nomen nominandum) steht für den Namen einer Schülerin.

[103] Vgl. Kap. 0.

dass die Lernenden didaktisch instrumentalisiert werden, indem ihre soziale Situation zum Unterrichtsgegenstand wird. Umgekehrt kann die Situation der Lernenden nicht unberücksichtigt bleiben.

Andererseits ist diakonisches Handeln als Ausdruck religiöser Praxis Gegenstand des Religionsunterrichts und damit ist das diakonische Lernen nicht nur auf eine Praxis verwiesen, sondern auch auf eine Praxis hin orientiert.

Das zentrale Dilemma diakonischen Lernens besteht in der Korrespondenz dieser Aspekte: diakonisches Handeln *probeweise* didaktisch zu inszenieren und damit eine Distanz zur Lebenswelt der Lernenden zu wahren; andererseits resultiert aus der didaktischen Inszenierung diakonischen Handelns der Übertrag in die Lebenswelt der Lernenden. Je näher das gewählte Sujet an der Lebenswelt der Lernenden ist, desto eher wird dieser Übertrag erfolgen. Die Frage nach Verteilungsgerechtigkeit ist z. B. virulenter in einem Schulbereich, in dem es große soziale Unterschiede gibt. Diesem Dilemma kann jedoch begegnet werden:

- Der Unterschied zwischen einer didaktisch inszenierten Proberealität und der Lebenswirklichkeit der Lehrenden und Lernenden muss gewahrt bleiben.[104] Die sozialen Dilemmata einer Klasse können nicht unterrichtlich, auch nicht im Religionsunterricht, gelöst werden und sollten damit auch nicht zum Gegenstand des Unterrichts werden.
- Lehrerende und Lernende müssen vor der eigenen Authentizität geschützt werden, „indem man sie nicht permanent einfordert"[105].
- Die sozialen Dilemmata einer Klasse oder Schule sind auch als Angelegenheiten der Klasse oder Schule zu betrachten, zu deren Lösung der Religionsunterricht möglicherweise *einen* Beitrag leistet.[106]
- Diakonisches Lernen motiviert zum diakonischen Handeln, kann es aber nicht hervorbringen. Eine solche Motivation entsteht durch die didaktische Inszenierung von Narrationen, die Parteinahme und Empathie hervorbringen können,[107] ebenso in der leiblich-ästhetischen Inszenierung diakonischen Handelns.[108]

Diakonisches Handeln, das sich in Gesten der Güte zeigt, scheint auch in der beschriebenen Inszenierung auf, etwa in dem Bestreben zu teilen (tätige

104 Vgl. zur Inszenierungslogik Kap. 0.
105 Martina KUMLEHN (2012a), 37.
106 Vgl. zum ethischen Lernen in der Schule Kap. 0.
107 Vgl. Kap. 0.
108 Vgl. Kap. 0.

Hilfe) oder darin, dass Lehrkräfte sich – unabhängig vom leiblichen Bedürfnis – zu ihren Freunden gesetzt haben (Zuwendung). Deutlich werden die Gesten der Güte auch in einer abgewandelten Form dieser Inszenierung.[109] Hier wurden weniger Stühle aufgestellt, als sich Teilnehmer an der Aufführung beteiligten, woraufhin fehlende Stühle herbeigeholt wurden (tätige Hilfe) bzw. Teilnehmer auf den Schoß genommen wurden (Zuwendung).

Inszenierung II – Eine Haltung entwickeln
Nach einer Pause, in der die Speisen geteilt und gegessen wurden, begeben sich die Teilnehmenden wieder eine Etage höher, hier soll eine weitere Inszenierung stattfinden.

Alle Teilnehmenden sitzen in einem Stuhlkreis beisammen, während der Studienleiter eine ca. 20 cm große Skulptur zeigt. Dabei handelt es sich um die Darstellung eines Menschen, der leicht gebeugt auf dem Boden sitzt, die Beine sind angewinkelt. Der rechte Arm ist auf das rechte Knie gestützt und die Hand scheint den Kopf zu halten. Hingegen liegt der linke Arm auf dem linken Bein.

Diese Skulptur zeigt der Studienleiter zunächst den Teilnehmerinnen, dann gibt er sie im Kreis herum. Nun besteht die Aufgabe darin, dass die Teilnehmerinnen sich an eine Situation aus ihrem eigenen Erleben erinnern, in der sie sich in einer solchen Haltung befunden haben oder jemanden in dieser Haltung sahen. Anschließend finden sich die Teilnehmerinnen zu Paaren zusammen und erzählen sich die erinnerte Situation. Dabei erhalten sie die Aufgabe, anschließend eine Szene vorzuspielen, allerdings so, dass derjenige, der die Situation erlebt hat, die entsprechende Haltung annimmt, während der andere erzählt.

Es fällt den Teilnehmerinnen leicht, sich in Paaren zusammenzufinden; da inzwischen neun Lehrerinnen anwesend sind, bildet sich eine Dreiergruppe. Nicht allen Teilnehmerinnen ist eine Situation eingefallen, die der Haltung der Skulptur entspricht, so dass es nicht bei allen Paaren eine Auswahl an Situationen gab.

*In der **ersten Szene** wird beschrieben, dass ein Mann einen Herzinfarkt bekommt. Das Herz schlägt nicht mehr, doch der Arzt kann helfen, die Operation gelingt. Es bleibt aber die bange Frage: Wie geht es weiter? Ertrage ich, was passiert?*

---

109 Durchgeführt im Rahmen des religionspädagogischen Vikariats am 6.9.2012 in Brandenburg/Havel.

Der Studienleiter fragt die Teilnehmerinnen, wie eine solche Szene im Unterricht aufbereitet werden könnte. Zwei Varianten werden ins Gespräch gebracht: 1. Schülerinnen und Schüler treten in Dialog mit den handelnden Personen und versuchen mit ihnen gemeinsam Handlungsalternativen zu entwickeln. 2. Die Schülerinnen und Schüler versetzen sich in die Situation der handelnden Person und beschreiben deren Gefühle.

Es ist für den performativen Religionsunterricht wesentlich, dass sich die Schülerinnen und Schüler in eine entsprechende Haltung begeben, dass diese inszeniert und anschließend reflektiert wird. Bei der hier gewählten Inszenierung korrespondieren leiblich-ästhetische und narrative Aspekte.[110] Die Geste spielt insofern eine wichtige Rolle, als nicht nur ein bestimmter Gestus von den Lernenden betrachtet und gedeutet wird, sondern gerade durch das Nachstellen des Gestus und das Imaginieren von Gedanken und Gefühlen erfolgt eine intensive Auseinandersetzung.[111] Die Bedeutung von Narrationen wird hier deutlich, da zum einen die vorausliegenden Narrationen der Teilnehmenden erinnert und reflektiert werden, gleichzeitig lernen die anderen auch aus diesen Narrationen.[112]

In den folgenden Szenen schlägt der Studienleiter jeweils unterschiedliche Möglichkeiten der Auswertung vor. Bei der ersten Auswertung wurden die Teilnehmerinnen selber gebeten, Möglichkeiten zu entwickeln, um ihnen die Relevanz der Reflexion bewusst zu machen. Sie sollten dies bei der ersten Szene tun, damit sie nicht durch die vorherigen Ideen gelenkt oder blockiert werden.

In der ***zweiten Szene*** *wird eine Situation als Lehrkraft dargestellt: „Was war heute bloß wieder los? Die Klasse war so unruhig und alle haben rumgehampelt.“ An dieser Stelle wird die Szene eingefroren, d. h. die Haltung wird beibehalten, aber es wird nicht mehr erzählt. Anschließend werden die anderen Teilnehmerinnen gebeten, an Stelle der bisher Redenden zu sprechen, indem sie die Hand auf ihre Schulter legen. Auf diese Weise entstehen drei Ideen: 1. „Es ist schrecklich. Man hat keinen Zugriff mehr auf die Kinder. Dazu muss ich unbedingt mal eine Fortbildung machen.“ Diese Bemerkung führt bei allen Teilnehmenden zu Gelächter. 2. „Es war wieder so laut in der Klasse! Nachher ruft noch ein Vater an und beschwert sich.“ 3. „Und übermorgen musst du*

[110] Vgl. Kap. 0 und 0.
[111] Zur Geste vgl. Kap. 0.
[112] Zur narrativen Didaktik vgl. Kap. 0.

wieder hierher und es wird und wird nicht besser." Nun formuliert die Gruppe selbst weiter, was in das Bekenntnis mündet „sich nicht kleinmachen" lassen zu wollen.

In der **dritten Szene** *wird ein Geburtstag von vor zehn Jahren beschrieben. Der Bruder kommt zu Besuch. Er ist derjenige, der die entsprechende Haltung annimmt. Die anderen Gäste spekulieren über den Grund, warum er so niedergeschlagen dasitzt, bis er erzählt, dass er gerade vom Dienst komme und ein befreundeter Pilot abgestürzt und ums Leben gekommen sei.*

Die anderen Teilnehmerinnen sind von dieser Szene sichtlich beeindruckt, was sowohl an der Darstellung als auch an der Erzählweise liegen könnte. Der Studienleiter nimmt nun eine Parameteränderung vor: Es ist wieder Geburtstag, aber ein Jahr später. Sofort begibt sich die Lehrerin, die pantomimisch die Skulptur nachgestellt hat, in eine andere Haltung: Lässig setzt sie sich „als Bruder" mit verschränkten Armen hin. Die andere Lehrerin erzählt nun die Geschichte weiter, obwohl ihr ja der Fortgang gar nicht klar sein kann.

Ein Paar hat sich zwar über die Skulptur und deren Gestus unterhalten, aber keine Szene nachgestellt.

Der vorgeschriebene Gestus hatte in keiner der dargestellten Szenen mit Armut zu tun, in allen kamen aber Haltungen zum Ausdruck, die bei der Behandlung des Themas Armut wichtig sind: Niedergeschlagenheit, Verzweiflung, Hoffnungslosigkeit. In dieser Form der Inszenierung ging es zunächst darum, dass die Teilnehmerinnen eine Haltung einnehmen, die auch Menschen einnehmen, die in Armut leben. Nicht das Thema war hierbei also wichtig, sondern der Gestus und das damit verbundene Gefühl.

Gesten sind Ausdruck einer performativen Kommunikation. Die Einleibung in einen diakonischen Gestus ermöglicht einen Verstehensprozess (Huizing), durch den diakonisches Handeln erschlossen werden kann.[113]

Die Verbindung von Gestus und Inhalt erfolgt in einer weiteren Inszenierung.

Die Teilnehmenden begeben sich nun wieder ins Plenum, sie sitzen wie zu Beginn der Fortbildung. Der Studienleiter und die Mitarbeiterin lesen in verteilten Rollen die Geschichte vom reichen Mann und armen Lazarus (Lk 16,19–31) vor. Entsprechend der Sitzordnung werden die Teilnehmerinnen in drei Gruppen zu je drei Personen eingeteilt mit der Aufgabe, die biblische Ge-

113 Vgl. Kap. 0.

schichte nachzuspielen und dabei möglichst oft Gesten der Armut zu finden.

Eine Gruppe begibt sich gleich in einen Nebenraum, um zu proben. Die anderen Teilnehmerinnen tun sich sehr schwer mit der Aufgabe. Es kommt zu lockeren Gesprächen, die eine Auseinandersetzung mit dem Thema erschweren:

„Ich spiele den lieben Gott!" – „Den haben wir doch gar nicht dabei." – „Der ist doch immer da!" – „Aber Gott darf man doch gar nicht spielen."

Entgegen der Aufgabenstellung bildet sich nur eine Gruppe, die auch nicht den Text darstellt, sondern über ihn spricht. In der Diskussion der Gruppe wird insbesondere dem Unbehagen über den Text Ausdruck verliehen, so sagt eine Teilnehmerin: „Ich finde den Text problematisch für den Religionsunterricht. Der hat doch eine fatale Logik: die Armen sollen ruhig arm bleiben, hinterher geht es ihnen dann besser."

Eine weitere Lehrerin fügt hinzu: „Die Schüler haben heute gar keine Jenseitsvorstellungen mehr." Aus ihrer Sicht ist darum die Geschichte für Schülerinnen und Schüler unverständlich.

Dem hält eine weitere Lehrerin entgegen: „Die Geschichte zeigt doch, wie Reichtum im Neuen Testament gesehen wurde. Wir können doch nicht alles glätten, wie es uns passt."

An dieser Stelle wird deutlich, dass theologische Überzeugungen (z. B. „Aber Gott darf man doch gar nicht spielen" oder der Verweis auf die Aussageabsicht: „die Armen sollen ruhig arm bleiben") und soziologische Annahmen (z. B. „Die Schüler haben heute gar keine Jenseitsvorstellungen mehr") der Teilnehmerinnen ein Einlassen auf die Inszenierung erschweren. Die kritische Distanz gegenüber dem Text Lk 16,19–31 und seiner Verwendbarkeit im Religionsunterricht resultiert auch aus einer vermuteten Erwartungshaltung bei den Schülerinnen und Schülern. Indem eine Lehrerin sagt: „Die Schüler haben heute gar keine Jenseitsvorstellungen mehr", impliziert sie, dass der Text auch nicht im Religionsunterricht behandelt werden könne. „Nicht das Abstreifen der religiösen Dimension zugunsten eines allgemein menschlich verständlichen psychologischen oder moralischen Zugangs kann die Zeitgemäßheit der biblischen Texte retten und erweisen, sondern der religiöse Zugang selbst muss in einer solchen Weise ermöglicht werden, dass er seine lebenerschließende Kraft in der Deutung menschlicher Erfahrung der Gegenwart erweisen kann."[114]

[114] Martina KUMLEHN (2012b), 147.

Der Text Lk 16,19–31 wurde zur Illustration des Gestus gewählt, weil darin der performative Charakter des biblischen Textes deutlich wird.[115] Jesus redet nach Lukas im „appellativen Indikativ“, d. h. der Text beinhaltet eine Aussage, „die provozieren und zum Nachdenken bringen soll, die Zumutungen an den Hörer heranträgt mit dem Ziel, wenigstens etwas zu verändern“[116].

Eine solche Provokation ist mit dem Text erreicht worden, die auch zur Auseinandersetzung mit der lukanische Aussageabsicht führte.[117] Aus diesem Grund hat der Studienleiter nicht noch einmal dazu animiert, dass alle Gruppen den Text nachspielen sollen. Was Martina Kumlehn für den Umgang mit biblischen Texten im Religionsunterricht formuliert, gilt auch hier, nämlich dass „nicht nur aus einem biblischen Text Anschlussstellen für die eigene Lesartenbildung und Gestaltungsformen didaktisch herauszuarbeiten sind“, sondern die Lehrenden müssen aus diesen Lesarten „weiterführende und vertiefende Reflexionsgänge herauskristallisieren“.[118] Dies führt dazu, dass die Lesarten verbreitert und vertieft werden, was auch dann der Fall ist, wenn nicht zugestimmt wird. Mit der Textauswahl wurde die Eschatologie als theologische Dimension diakonischen Handelns besonders in den Blickpunkt gerückt.[119] Gerade die Verbindung von Eschatologie und diakonischem Handeln[120] stieß bei den Lehrkräften jedoch auf Ablehnung.

Eine Gruppe führt nach etwa 20 Minuten ihr pantomimisches Spiel von Lk 16,19–31 vor. Dafür wurde der Raum, in dem zuvor der Stuhlkreis war, so umgeräumt, dass eine „Bühne“ mit Zuschauerreihen entstand. Die Aufführung wurde so gewählt, dass auf die Bühne ein (harter) Holzstuhl gestellt wurde, daneben ein weicher Sessel. Eine Lehrerin stellt Abraham dar, eine Lazarus und eine den reichen Mann. Die Geschichte wird pantomimisch dargestellt, einzig Abraham spricht. Durch die unterschiedlichen Sitzgelegenheiten werden die verschiedenen Zustände ausgedrückt. Der Sessel steht dabei für Reichtum in dieser Welt und Abrahams Schoß in der kommenden, während der harte

115 Zum performativen Charakter neutestamentlicher Texte vgl. Eckart REINMUTH (2012), 79f.

116 Klaus BERGER (2012), 275.

117 Vgl. dazu Klaus BERGER (2012), 274–276. Nach Berger geht es nicht um Darstellung eines Automatismus, dass Reiche in die Hölle und Arme in den Himmel kommen, sondern um eine „Verheißung für die Armen und eine Provokation für die Reichen“ mit dem Ziel, „dass die gegenwärtige Welt gerechter wird“ (275).

118 Martina KUMLEHN (2012c), 298.

119 Vgl. Kap. 6, Thesen II und III.

120 Vgl. Kap. 2.2.4.

Stuhl auf die Armut in dieser Welt und auf die Hölle verweist. Als Gesten der Armut wählte die Gruppe zum einen die Haltung der Skulptur, um die Verzweiflung des Lazarus angesichts seiner Armut und die des reichen Mannes in der Hölle auszudrücken, zum anderen auch die gefalteten Hände als Zeichen des Bittens um Gnade bzw. Brot.

Die Teilnehmerinnen der anderen Gruppen sind von der Darstellung sichtlich beeindruckt und es kommt daran anschließend zur Diskussion über die Frage, wie sich Lazarus fühlt angesichts seines „Sieges" über den reichen Mann. Insbesondere die Teilnehmerin, die den Lazarus gespielt hat, betont, dass sie Mitleid mit dem Reichen hatte. Das Gefühl der ausgleichenden Gerechtigkeit, so die einhellige Meinung, ist nur von kurzer Dauer und schlägt um in Mitleid.

Etwas unvermittelt wirft eine Lehrerin ein: „Für mich ist das, was wir gemacht haben, ein gutes altes Rollenspiel. Unter performativem Religionsunterricht stelle ich mir etwas anderes vor."

Durch diese Zwischenbemerkung angeregt, macht der Studienleiter deutlich, dass das Rollenspiel selbst noch keinen performativen Religionsunterricht ausmacht, da die Interpretation und Reflexion noch fehlen.

Die Äußerung der Lehrerin drückt zudem Vorbehalte gegenüber einer Performativen Religionsdidaktik aus, die – wie Godwin Lämmermann es formuliert – nicht mehr sei als die „Neuerfindung des Rads"[121]. Es fällt der Lehrerin schwer, sich auf die Inszenierungen einzulassen. Mehrfach betont sie, dass das alles „nicht neu" sei, benennt als Beleg ihrer Aussage jedoch nur methodische Beispiele, was auf eine priorisierende Methodik vor der Didaktik bei ihr schließen lässt. Dieser Kritik liegt eine Verwechslung von Methodik und Didaktik zugrunde. Da Religion zuallererst eine Religionspraxis ist, muss sie auch als solche erschlossen werden.[122] Hierfür bieten sich zahlreiche Methoden an, insbesondere solche der *mimesis* und *aisthesis*.[123] Wesentliches Merkmal einer performativen Religionsdidaktik ist aber die Reflexion, denn „erst die Einsicht plausibilisiert die Ansicht"[124]. Bleibt der Religionsunterricht bei der Methode stehen, ist er nicht performativ. Es „geht um ein sachangemessenes, handlungsorientiertes Verstehen von Religion *als einer Praxis*"[125]. Die hierfür verwendeten Methoden werden selbstverständlich auch in ande-

[121] Vgl. Godwin LÄMMERMANN (2008), 107.
[122] Vgl. Silke LEONHARD/Thomas KLIE (2008), 11.
[123] Vgl. die unterrichtspraktischen Beispiele in Thomas KLIE/Silke LEONHARD (2008), 157ff.
[124] Silke LEONHARD/Thomas KLIE (2008), 14.
[125] Bernhard DRESSLER (2003), 162.

ren Zusammenhängen angewendet, doch dann als Lernwege mit anderen didaktischen Begründungszusammenhängen. Diakonisches Handeln, das sich in „Gesten der Güte" zeigt, drückt sich auch in dieser Inszenierung aus (Abraham gegenüber Lazarus, aber auch Lazarus gegenüber dem Reichen).

Aufbauend auf die „Gesten der Armut", kommt es in der Fortbildung nun zu einer Vertiefung. Wenn sich Schülerinnen und Schüler „Religion als Praxis" erschließen sollen, müssen sie auch verstehen, welches die Grundlagen dieser Praxis sind. Im beschriebenen thematischen Zusammenhang bedeutet dies, dass die Schülerinnen und Schüler christliche Perspektiven nur nachvollziehen können, wenn ihnen bewusst wird, worauf sich diese Verhaltensweisen beziehen.

Der Studienleiter bildet in der Mittagspause entsprechend der Sitzordnung zwei Gruppen mit je vier Teilnehmerinnen und geht mit einer Gruppe in den Nebenraum. Dort stellt er die Aufgabe, sich einen Gestus zu überlegen, der für sie Armut ausdrückt und diesen nachzustellen.

Anschließend begibt er sich zur zweiten Gruppe, die den Auftrag erhält, die dargestellten Gesten der anderen Gruppe zu interpretieren und sich spontan eine Geschichte dazu auszudenken. Dabei sollen sie sich jeweils hinter die betreffende Person stellen und als diese (deren Gestus dargestellt wird) sprechen.

Die vier Lehrkräfte, die sich einen Gestus überlegt haben, werden in den Raum gebeten, in dem auch die vorangegangene Inszenierung stattfand, und sie nehmen gleich die geplante Haltung ein. Die vier anderen Lehrerinnen schauen sich die einzelnen Gesten in Ruhe an, schließlich stellt sich eine Lehrerin hinter eine Kollegin, die im Schneidersitz auf dem Boden sitzt und die Handflächen den anderen geöffnet hinhält. Die Lehrerin dahinter sagt: „Es reicht bisher nicht. Ob noch einer kommt?"

Als nächstes stellt eine Lehrerin einen Gestus dar, in dem sich jemand auf einen Stuhl setzt, die Füße liegen auf einem weiteren Stuhl. Die Hand geht zum Mund, als ob sie aus einer Flasche trinkt. Ihr wird in den Mund gelegt: „Fernsehen schauen und Bier trinken! Dit is echt geil! Man, toll, die sehen ja jenauso aus wie ick!"[126]

Eine dritte Frau zählt pantomimisch das Geld aus ihrer Hosentasche. Hinter ihr wird gesagt: „Es ist unfassbar! Es reicht nicht mal mehr, um ein halbes Brot zu kaufen."

Schließlich zählt eine Lehrerin pantomimisch an einem Tisch Geld. Die

---

[126] Gemeint sind die Darsteller im „Fernsehen".

Kollegin dahinter sagt: „O.k., also, wofür brauche ich Geld? Hundefutter, Nudeln, Brot … Nein, es reicht nicht, dann zähle ich noch mal …“

Die Teilnehmerinnen stehen oder sitzen immer noch mit ihren Gesten im Raum. Dann werden diejenigen, die eben gesprochen haben, gebeten, in den Gestus zu gehen, den sie eben kommentiert haben, ihn aber weiterzuentwickeln. Was könnte passieren? Hierfür können sie auch sprechen.

Die erste Lehrerin setzt sich in einen Sessel und sagt: „Immer nur warten, warten, warten. Ich warte darauf, dass etwas passiert, den ganzen Tag.“ Die zweite setzt sich genauso hin wie die Kollegin und sagt: „In der Glotze gibt es gar nichts mehr zu gucken. Kopf leer. Keine Idee, was ich machen könnte.“ Die Arme von sich gestreckt, die leeren Handflächen dem Betrachter entgegenhaltend, sagt die dritte Lehrerin: „Gut, dann war's das eben. Ich kann mir nichts mehr kaufen.“ Die vierte Lehrkraft setzt sich auf den Boden im Schneidersitz, hält ihre Handflächen bettelnd als Teller hin und sagt: „Also fragen tu ich keinen. … Hoffentlich erkennt mich keiner. … Man ist das peinlich!“

In einem dritten Teil dieser „Gesten der Armut“ stellen sich nun die Lehrerinnen, die als erstes den Gestus dargestellt haben, hinter ihre Kolleginnen und versuchen Perspektiven für Wege aus der Armut zu finden, bezogen auf den dargestellten Gestus.

Zu der im Sessel sitzenden Frau wird gesagt: „Ich habe mich schon so daran gewöhnt allein zu sein … Aber ein bisschen was könnte ich ja machen. Ich habe gehört, es gibt da so Lesepatenschaften.“[127]

„Also den ganzen Tag hier rumsitzen halt ich nicht mehr aus. Ich dusch mich jetzt und geh' dann mal raus.“ So sagt es eine Lehrerin als jemand, der seine Beine auf den Stuhl gelegt hatte. Diejenige, die ohne etwas dastand sagt: „Also es fällt mir schwer, aber ich werde es doch machen. Ich probier jetzt mal die Tafel aus.“ Schließlich diejenige, die auf dem Boden sitzt: „Es ist so blöd hier rumzusitzen. Ich ruf meine Mutter an und sprech mich mit ihr aus. Vielleicht nimmt sie mich ja wieder auf und ich kann bei ihr wohnen.“

Die Teilnehmerinnen haben unterschiedlichen „Gesten der Armut“ gefunden und dabei auch verschiedenen Armutsphänomenen Ausdruck verliehen. Neben der materiellen Armut (Gestus 3 und 4) stellten sie auch geistige Armut (Gestus 1 und 2) dar. In der Auswertung dieser Inszenierung wurde angemerkt, dass Schülerinnen und Schüler in der Grundschule vermutlich vornehmlich die materielle Armut im Blick haben und geistige Armut ihnen

[127] In einem Gespräch am Rande wurde gemeint, es handele sich um eine alte und einsame Frau.

nicht als Armut klar ist. Die Teilnehmerinnen haben auch Perspektiven entwickelt, wie ein Weg aus der Armut aussehen kann.

In der dargestellten Inszenierung waren mehrere Gesten intendiert. Einmal ein „Gestus der Armut", durch den deutlich wird: Armut zeigt sich, ist erkenn- und interpretierbar (die Lehrerinnen konnten zum dargestellten Gestus eine passende Geschichte erzählen). Durch den Perspektivwechsel haben die Lehrkräfte unterschiedliche Rollen[128] eingenommen und damit den Gestus nicht nur in der Beobachterperspektive betrachtet, sondern sind selbst in die Rolle eines „Armen" gegangen. Die Beobachterrolle als Voraussetzung für das Entstehen von Empathie[129] erleichtert die Imagination über mögliche Gedanken des „Armen". An dieser Stelle sollten Perspektiven entwickelt werden aus der Perspektive eines Menschen in Armut. Dies wurde deshalb gewählt, weil nicht die Alimentierung von Hilfe im Blickpunkt stehen sollte, die entmündigend sein kann.[130]

In der Fortbildung wird anschließend ein weiteres Beispiel der unterrichtlichen Inszenierung vorgestellt. Hierbei handelt es sich um eine bildliche Darstellung einer Armutsszene und das Entwickeln von Perspektiven, wie Außenstehende sich verhalten können.[131]

Schlussfolgerungen

Die Performative Religionsdidaktik stellt hohe Ansprüche an das Kompetenzprofil der Lehrenden, „die bis in den Habitus hineinreichen"[132] und daraus folgend auch hohe Ansprüche an die Lehrerfortbildungen, die insofern jedoch an ihre Grenzen stoßen, als die Lehrkräfte bereits einen individuellen Habitus ausgebildet haben.[133]

Während der Fortbildung ergaben sich einige Schwierigkeiten, die teilweise durch diese vorherigen Ausprägungen bedingt sind. So konnten sich nicht alle Teilnehmenden auf performative Elemente einlassen, wodurch es zu einer Diskrepanz zwischen Inszenierung und deren Intentionen und den Ergebnissen der Aufführung kam.[134] Die Schwierigkeiten ergaben sich insbe-

---

128 Vgl. zum Rollenbegriff Kap. 0.

129 Vgl. Kap. 0.

130 Vgl. zur Argumentation Kap. 5.1.4.

131 Vgl. zu diakonischen Gesten Kap. 0. Am 4.6.2012 fand eine weitere Fortbildung mit dem gleichen Teilnehmerkreis zum Thema „Gesten der Diakonie" statt, in der die diakonischen Gesten (Geste der Zuwendung, des Trostes und der tätigen Hilfe) intensiver behandelt wurden.

132 Rainer MERKEL (2012), 47. Merkel bezieht sich beim Habitusbegriff auf Bernhard DRESSLER (2009a). Zum Anforderungsprofil für Lehrkräfte vgl. insbesondere Martina KUMLEHN (2012c).

133 Die Grenzen der Lehrerfortbildung beschreibt Rainer MERKEL (2012), insbesondere 44.

134 Vgl. zur Inszenierung Kap. 3.1.5 und zur Planbarkeit Kap. 0.

sondere aus einem bei einigen Lehrkräften unklaren Verständnis Performativer Religionsdidaktik, die von einzelnen auf die Methodik reduziert wurde. Aus dieser Reduktion auf die Methodik blieb den Teilnehmenden die Didaktik unklar. Merkel beschreibt diese Haltung mit dem Ausspruch einer Lehrkraft: „Das haben wir doch schon immer gemacht!“[135] Hier gelang es nur unzureichend Klarheit herzustellen.

Die Feststellung, dass die Teilnehmenden einer Fortbildung selbst den Perspektivwechsel brauchen, um „ihre eigenen Blickrichtungen und Deutungsmuster“[136] zu erweitern und so Schülerinnen und Schüler neue Perspektiven eröffnen zu können, gestaltete sich in der Umsetzung dahingehend schwierig, als weniger der Perspektivwechsel reflektiert wurde, sondern vielmehr die Methode. Den teilnehmenden Lehrerinnen war, wie aus einigen Äußerungen hervorging, die Praxisrelevanz besonders wichtig. Es ging dabei weniger um die inhaltliche und didaktische Auseinandersetzung mit dem Thema „Armut“ als vielmehr um die Prüfung der Methoden in Bezug auf ihre Umsetzbarkeit im eigenen Religionsunterricht.

Während der Fortbildung stellte es sich zunehmend als erschwerend heraus, dass der Begriff „Armut“ nicht hinreichend geklärt wurde, so dass Differenzierungen zwischen einer materiellen, strukturellen und geistigen Armut ineinanderflossen, was die Gespräche mit den Teilnehmerinnen erschwert hat, weil nicht immer klar war, von welcher Armut die Rede war. Das eigene Verständnis von Armut war für viele maßgeblich und es fiel ihnen schwer, sich auf andere Armutsvorstellungen einzulassen. Dies hätte in einem Theorieblock reflektiert werden müssen.

Trotz dieser benannten Schwierigkeiten konnten zentrale Erkenntnisse dieser Arbeit in der Fortbildung dargestellt und erprobt werden, die eine Korrespondenz von Performativer Religionsdidaktik und diakonischem Lernen darstellen.

- Alle Inszenierungen sind für die Schule als den Ort diakonischen Lernens konzipiert.[137] Schule wird in dieser Arbeit als der zentrale Ort diakonischen Lernens angesehen und darum waren die vorgestellten Methoden und Inhalte auch auf die Schule bezogen. Welche Folgen sich aus der unterrichtlichen Inszenierung ergeben und inwiefern die Schülerinnen und Schüler diakonisch lernen, kann im Rahmen dieser Untersuchung nicht bestimmt werden. Es fehlen derzeit empirische Untersuchungen, die die

135 Rainer MERKEL (2012), 46.
136 Barbara HANUSA (2008), 85.
137 Vgl. Kap. 0, These X.

Folgen diakonischen Lernens in der Schule erheben, was eine Folge der Fokussierung im Begriff des diakonischen Lernens auf die Praxisprojekte in der bisherigen religionsdidaktischen Diskussion ist.

- Proberealität als grundlegendes Merkmal schulischen Unterrichts muss auch für diakonisches Lernen gelten, indem zwischen einer didaktisch inszenierten Proberealität und der Lebenswirklichkeit der Lehrenden und Lernenden unterschieden wird.[138] Die sozialen Dilemmata einer Klasse können nicht unterrichtlich, auch nicht im Religionsunterricht, gelöst werden und sollten damit auch nicht zum Gegenstand des Unterrichts werden. Es gehört zur professionellen Distanz von Lehrkräften, zwischen dem unterrichtlichen Sujet und der Lebenswirklichkeit von Lernenden und Lehrenden zu unterscheiden.[139]
- Die verschiedenen Dimensionen diakonischen Handelns und Lernens können didaktisch erschlossen werden.[140] Dabei lag der Schwerpunkt in dieser Fortbildung beim diakonischen Handeln auf der eschatologischen Dimension (Inszenierung von Lk 16,19–31) und der Fürsorge für Schwache (z. B. Geste der Armut und das Teilen zu Beginn).[141] Die didaktische Perspektive der Verheißung konnte nur bedingt erschlossen werden, während die der Verantwortung an mehreren Stellen zum Tragen kam (z. B. Inszenierung zu Beginn und die Weiterentwicklung der Geste der Armut).
- Diakonisches Handeln ist ein Handeln in Gesten, das didaktisch erschlossen werden kann.[142] Die drei als diakonisch charakterisierten Gesten (Zuwendung, Trost und tätige Hilfe) konnten in der Fortbildung dargestellt und umgesetzt werden und wurden von den Teilnehmerinnen auch als diakonische Gesten interpretiert (z. B. beim Gestus der Armut). Inwiefern dies mit Schülerinnen und Schülern auch gelingen kann, kann durch die Fortbildung nicht ermittelt werden. Den Lehrkräften gelang es, sich das Sujet diakonisches Handeln am Beispiel Armut auch mithilfe von Gesten zu erschließen, wenngleich sie bereits für das Sujet sensibilisiert waren.
- Mittels der Inszenierungen wurden Perspektivwechsel ermöglicht, bei denen die Lehrkräfte auch ganz unterschiedliche Rollen eingenommen

---

138 Vgl. zur Inszenierungslogik Kap. 0.

139 Vgl. Martina KUMLEHN (2012a), 37. Diese Unterscheidung fiel jedoch einigen Lehrerinnen in der Fortbildung schwer.

140 Vgl. Kap. 6, Thesen II und III.

141 Auf weiteren Fortbildungen kamen auch die anderen Dimensionen zum Tragen, z. B. auf der Fortbildung am 4.6.2012.

142 Vgl. Kap. 6, Thesen VIII, IX und XV.

haben.[143] Dies gelang insbesondere bei der Inszenierung II, bei der didaktisch inszeniert verschiedene Perspektiven zu einer Szene eingenommen wurden. Dass aus der Übernahme bestimmter Rollen auch ein bestimmtes Verhalten folgt, wurde in der Inszenierung I deutlich (Verhalten als Religionslehrerin).

- In der medialen Darstellung eines Menschen, der auf Hilfe angewiesen ist (z. B. Skulptur in der Inszenierung II), performiert sich ein Geschehen und die Betrachtenden wiederum performieren dieses Geschehen.[144] Aus der Darstellung eines Hilfebedürftigen folgt nicht nur die Wahrnehmung eines performativen Akts (ein Mensch braucht Hilfe), sondern Imaginationen dessen, was diesem Menschen helfen könnte. Der Zusammenhang von Ethik und Ästhetik ist evident.[145]
- Damit zusammen hängt das Lernen aus Narrationen.[146] Indem inszenierte Situationen mit vorhandenen Narrationen in Verbindung gebracht werden, werden nicht nur eigene Narrationen weiterentwickelt, sondern es entstehen auch Narrationen bei den anderen Lernenden.
- Diakonisches Lernen motiviert zum diakonischen Handeln, kann es aber nicht hervorbringen. Eine solche Motivation entsteht durch die didaktische Inszenierung von Narrationen, die Parteinahme und Empathie hervorbringen können,[147] ebenso in der leiblich-ästhetischen Inszenierung diakonischen Handelns.[148]

5.3 Gesten der Diakonie – Umsetzungen im Religionsunterricht

Im Folgenden werden Möglichkeiten dargestellt, wie die Gesten der Diakonie im Religionsunterricht umgesetzt werden können, auch die Umsetzung in gemeindlichen Bildungsprozessen (z. B. Konfirmandenarbeit) ist so möglich.[149]

Aus den Erkenntnissen der vorliegenden Untersuchung ergibt sich, dass sich diakonisches Handeln in Gesten zeigt[150], deren didaktische Inszenie-

143 Vgl. Kap. 6, Thesen VII und XIV.
144 Vgl. Kap. 1.2.1 und Kap. 6, Thesen IV, V und VI.
145 Vgl. Kap. 0.
146 Vgl. Kap. 3.2 und Kap. 6, These XIII.
147 Vgl. Kap. 0.
148 Vgl. Kap. 0.
149 Durchgeführt wurde die Einheit im Frühjahr 2014 mit einer 7. Klasse im Wolkenberg-Gymnasium Michendorf. Der Dank gilt darum an dieser Stelle den Schülerinnen und Schülern, die mit ihren Ideen das Thema bereichert haben.
150 Vgl. Kap. 6, These IX.

rungsmöglichkeiten im Folgenden aufgezeigt werden.[151] Dabei ist es zunächst wichtig, den Schülerinnen und Schülern das Sujet diakonisches Handeln zu plausibilisieren und in der eigenen Lebenswelt zu verankern[152] und mit den theologischen Dimensionen diakonischen Handelns[153] zu verbinden. Im weiteren Verlauf geht es dann darum, dass die Lernenden diakonische Gesten erkennen, selbst diese Gesten ausdrücken können und erkennen, wo solche Gesten notwendig sind.[154] Mediale Darstellungen diakonischen Handelns bzw. die mediale Darstellung von Situationen, in denen diakonisches Handeln notwendig ist, spielen dabei eine herausgehobene Rolle.[155]

Die Beschreibung der Vorgehensweise und der einzelnen Methoden erfolgt jeweils so, dass die Materialien beschrieben und die verwendeten Impulse genannt werden. So ist die Vorgehensweise nachvollziehbar, gleichzeitig bleiben Modifizierungen in Bezug auf die eigene Unterrichtssituation möglich.[156]

5.3.1 Der Einstieg

Als Einstieg in das Thema „Diakonisch handeln" diente das Lied OMG! des Rappers Materia. In diesem Lied wird – insbesondere durch den Refrain – die Frage aufgeworfen, wie es möglich ist, in den Himmel zu kommen und wo dieser sich überhaupt befindet („wo zur Hölle soll der sein?"). Die zentrale Frage des Liedes „Oh mein Gott dieser Himmel, wie komm ich da bloß rein?", ist in abgewandelter Form die Frage des Schriftgelehrten an den lukanischen Jesus, was er tun müsse, um das ewige Leben zu „ererben" (Lk 10,25). Jesus antwortet bei Lukas auf die Frage mit dem Gleichnis vom barmherzigen Samariter, und auch in dem Lied geht es darum „Gutes", zu tun, und die Antwort auf diese Frage ist letztlich im Lied die Liebe. Der Text und auch das Video bieten vielfältige Anknüpfungsmöglichkeiten. Es werden zahlreiche biblische Motive verarbeitet (Übers Wasser laufen, Wasser in Wein verwandeln, Abendmahl u. a.), sowie auch Bezüge zu anderen Religio-

---

151 Vgl. Kap. 6, These VIII.

152 Vgl. Kap. 5.3.1 und 5.3.2.

153 Vgl. Kap. 6, These II.

154 Vgl. Kap. 5.3.2 bis 5.3.6.

155 Vgl. Kap. 6, These IV, V und VI.

156 Darum erfolgt auch keine genaue Stundenverlaufsplanung bzw. werden die Stunden auch nicht (wie in Kap. 5.2) in einer *dichten Beschreibung* vorgestellt.

nen herstellt (z. B. durch den Verweis auf Mohammed und Buddha). Auch werden verschiedene religiöse Ausdrucksformen aufgegriffen (z. B. Kasteiung, Taufe, Zölibat). Insgesamt sind die religiös konnotierten Anklänge in dem Lied so zahlreich, dass eine umfassende Behandlung im Rahmen einer Einheit zum diakonischen Handeln zu weit führen würde. Dies setzte zudem voraus, dass die Lernenden die vielen Anspielungen erkennen und verstehen können. In der 7. Jahrgangsstufe, in der die Einheit unterrichtet wurde, kann dies aber nicht vorausgesetzt werden. So diente das Lied mit dem Video in erster Linie der Anknüpfung an die Lebenswelt der Lernenden, die eine zentrale Voraussetzung für einen kompetenzorientierten Unterricht ist.[157] Die Lernenden setzten sich so inhaltlich mit einem Lied auseinander, das sie auch in ihrer Freizeit hören und dessen religiösen Gehalt sie bislang nicht wahrgenommen haben. Da es in den nachfolgenden Stunden um das Gleichnis vom barmherzigen Samariter geht, wird eine Verknüpfung geschaffen von der Lebenswelt der Lernenden und biblischer Erzählwelt. Damit wird das Gleichnis für die Lernenden aktualisiert.

In der praktischen Umsetzung wurde den Lernenden zunächst das Video gezeigt, ohne dass sie das Thema kannten.[158] Damit sie sich nicht in der Vielschichtigkeit des Textes und Videos verirrten, hatten sie die Aufgabe: Achtet auf den Text und das Video und stellt anschließend dar, wie man nach Aussage von Materia in den Himmel kommen kann. In ihren Antworten bezogen sich die Schülerinnen und Schüler auch vornehmlich auf die Zeile des Refrains: „Oh mein Gott dieser Himmel, wie komm ich da bloß rein?" und erklärten, dass man „Gutes tun" müsse. Im weiteren Verlauf entstand ein Gespräch zu der Frage, was denn dieses „Gute" sei. Hier argumentierten die Schülerinnen und Schüler losgelöst vom Lied und benannten Handlungen, die sie als „gut" einschätzten: seinen Freunden helfen (z. B. in der Schule), freundlich sein, „spenden für Menschen in armen Ländern".

Obwohl nur ein geringer Teil der Lernenden religiös sozialisiert ist, wurde der „Himmel" als religiöse Kategorie nicht hinterfragt. Es war für die Lernenden nicht verwunderlich, dass man etwas tun könnte, um „in den Himmel" zu kommen, auch wenn sie selbst nicht angeben würden, dorthin kommen zu wollen. Darum war für sie auch die Frage des Liedes „Wo zur Hölle soll der sein?" nicht relevant. Für den Lernenden ist der Himmel kein

---

157 Vgl. zu Kriterien für kompetenzorientierten Unterricht z. B. Andreas FEINDT/Hilbert MEYER (2010).

158 Vgl. https://www.youtube.com/watch?v=XXoRoLdXnvU&feature=kp (Zugriff am 5.6.2014).

Ort, an den man gelangen könnte, sondern ein Zustand der Zufriedenheit, weil man sich „gut" verhalten hat.[159]

Mit diesem Einstieg in die Einheit „diakonisch handeln" wurden die Schülerinnen und Schüler sensibilisiert für Verhaltensweisen, die als „gut" bezeichnet werden und dafür, dass die Begründung für die Handlungen auch religiös sein kann.[160] Nach der Behandlung des Gleichnisses vom barmherzigen Samariter, die im Anschluss erfolgte, wurde noch einmal auf das Lied Bezug genommen. Die Lernenden reflektierten von sich aus, dass die Frage des Schriftgelehrten und die von Materia miteinander vergleichbar sind und auch, dass die jeweiligen Antworten miteinander korrespondieren.

5.3.2 *Barmherziger Samariter – Gestus der tätigen Hilfe und der Zuwendung*

In der Stunde nach der Behandlung des Liedes OMG! ging es um das Gleichnis vom barmherzigen Samariter (Lk 10,25–37), allerdings stand zunächst nicht der Text im Vordergrund, sondern es ging wiederum um eine Aktualisierung. Den Schülerinnen und Schülern wurde eine stilisierte Darstellung des Gestus der Hilfe gezeigt (nach Huizing der „Gestus des Kniefalls").[161] Aufgabe war zunächst, dass sie sich passend zur Darstellung eine Situation aus ihrem eigenen Erleben überlegen. Anschließend wurden Kleingruppen gebildet, in denen sich die Schülerinnen und Schüler diese Situationen erzählten. Damit sind auch die etwas ruhigeren Schülerinnen und Schüler in einen Austausch getreten. Schließlich sollten sich die Lernenden auf eine dieser Situationen einigen und diese dann darstellen. Dabei war es auch wichtig, dass dargestellt wird, wie es zu dieser Situation kommt und wie sie sich weiter entwickelt. Dargestellt wurde beispielsweise, dass jemand beim Schlittschuhlaufen hingefallen ist und ihm anschließend aufgeholfen wurde. Insgesamt konnten alle Schülerinnen und Schüler Situationen benennen, in denen ihnen oder jemand aus ihrer unmittelbaren Umgebung in solcher Weise geholfen wurde. Den Gestus der tätigen Hilfe konnten sie damit aus ihrem eigenen Erleben nachvollziehen. Bei der Auswertung der Darstellun-

---

159 Lediglich ein Schüler aus einem stark religiös geprägten Elternhaus hatte eine sehr klare Vorstellung davon, dass der Himmel ein Ort sei, an den man nach der leiblichen (!) Auferstehung gelangt.

160 Vgl. auch Kap. 6, These II und III.

161 Vgl. die Titelseite des zeitspRUng 1/2010: http://www.akd-ekbo.de/files/1_2010.pdf (Zugriff 12.6.14).

gen ging es stets um zwei Fragen: Passt die nachgestellte Szene zur bildlichen Darstellung? und: Warum verhalten sich die jeweiligen Protagonisten so? In nahezu allen Situationen gab es auch Menschen, die nicht geholfen haben. Hier war es wichtig, die Motive der handelnden Personen zu beleuchten.

Durch die medialen Darstellungen diakonischen Handelns wurden die Lernenden dazu angeregt, diakonisches Handeln auch in ihrem Alltag zu entdecken und selbst diakonisch zu handeln.[162]

In einem weiteren Schritt wurde nun der Text des Gleichnisses eingeführt. Die Schülerinnen und Schüler bekamen ein Textblatt mit dem Text Lk 10,25–37 in der Übersetzung der Basisbibel. Nachdem der Text gelesen wurde, haben die Lernenden die für sie wesentlichen Textpassagen gekennzeichnet. Dabei galten folgende Regeln:

- Es dürfen einzelne Wörter, Wortgruppen und ganze Sätze markiert werden.
- Insgesamt darf es nur bis zu fünf Markierungen geben (nur fünfmal den Stift ansetzen).
- Es dürfen nicht zwei zusammenhängende Sätze markiert werden.

Dies hat jeder Schüler und jede Schülerin für sich gemacht, dann kamen sie wiederum in einer Gruppe zusammen und haben einander die markierten Textpassagen vorgelesen. Nun bestand die Aufgabe darin, aus den markierten Textpassagen einen neuen Text zu gestalten. Hierfür galten folgende Regeln:

- Es dürfen nur die markierten Textteile verwendet werden.
- Der Wortlaut darf nicht verändert werden.
- Beim Vortragen ist insbesondere Kreativität gefragt. Die Textpassagen können z. B. in ihrer Reihenfolge verändert werden, wiederholt werden, laut und leise gelesen werden, gemeinsam oder in Gruppen gesprochen werden.

Herausgekommen sind dabei immer neue Texte des Gleichnisses, die wiederum eigene Interpretationen des Gleichnisses waren. In der Interpretation ging es schließlich auch genau darum herauszufinden, wo der spezifische Akzent dieser Interpretation liegt. Häufig war dies den Lernenden gar nicht bewusst, sondern wurde erst durch ihre Mitschülerinnen und Mitschüler deutlich. Größtenteils arbeiteten die Schülerinnen und Schüler zentrale Aussagen des Gleichnisses besonders heraus. Folgende Sätze wurden häufig verwendet: Liebe deinen Mitmenschen wie dich selbst (V. 27); Wer ist denn

[162] Vgl. Kap. 6, These IV.

mein Mitmensch? (V. 29); Er ging zu ihm hin, behandelte seine Wunden (V. 34). Alle Schülerinnen und Schüler hatten den letzten Satz markiert: Dann geh und mach es ebenso (V. 37). Darum wurde er auch von allen Gruppen chorisch gesprochen und bildete den Abschluss. Den Lernenden fiel auch auf, dass dieser Satz immer vorkam und sie interpretierten dies so, dass dies die zentrale Botschaft der Geschichte sei, „weil ja der Schriftgelehrte nicht weiß, wie er sich verhalten soll", so eine Schülerin.

Im sich anschließenden Gesprächsgang wurde an das Lied von Materia erinnert und nahezu allen Schülerinnen und Schülern fiel auf, dass in beiden Texten fast die gleiche Frage gestellt wird und auch, dass ähnliche Antworten gegeben werden.

In der folgenden Stunde ging es um eine Konkretisierung des Gleichnisses auf eine spezifische Situation. Hierfür wurde mit den Schülerinnen und Schülern das Gedicht von D.J. Purnell „Geh an ihm vorbei" besprochen.[163] In dem Gedicht werden die Gedanken eines Menschen beschrieben, der an einem Menschen ohne festen Wohnsitz vorbeigeht. Er denkt z. B. „Er ist gar kein richtiger Mensch, nur Müll auf dem Weg."

Für die Lernenden wurde der Text in Sinnabschnitte gegliedert und sie sollten sich in Partnerarbeit mögliche Antworten dieses Menschen ohne festen Wohnsitz überlegen.[164] Dann stellten sie sich als Partner jeweils gegenüber auf und lasen ihre Texte. Dabei nahm jeder die körperliche Haltung ein, die dem Text entsprach. Schülerinnen und Schüler, die den Menschen ohne festen Wohnsitz darstellten, setzten sich zumeist mit gesenktem Blick auf den Boden, die anderen standen aufrecht daneben. Nun wurde erst das Gedicht vorgelesen und dann die Erwiderung. Dies war für die Schülerinnen und Schüler sehr beeindruckend, da sie die deutliche Distanz verbal und körperlich zum Ausdruck brachten.

Als Gesprächsimpuls folgte nun die Frage, wie sie – vor dem Hintergrund des Textes Lk 10,25–37 – einem Menschen ohne festen Wohnsitz begegnen könnten. Wiederum stellten sie sich gegenüber auf entwickelten sehr unterschiedliche Möglichkeiten. Die einen sprachen mit ihrem Körper, indem sie sich z. B. hinhockten oder sich daneben setzten, andere versuchten mit demjenigen ins Gespräch zu kommen, wieder andere wollten Geld geben. Der probeweise Charakter, den die in der Schule inszenierten Beispiele haben, wird so deutlich. Die Lernenden haben sich *nicht wirklich* einem Menschen

---

163 Religion 7/8 entdecken – verstehen – gestalten, 7.

164 Vgl. zum methodischen Vorgehen http://www.akd-ekbo.de/files/1_2010.pdf, 28.

ohne festen Wohnsitz zugewendet, aber sie haben *ausprobiert*, wie sie es tun könnten, ihr Verhalten reflektiert und auch das ihrer Mitschülerinnen und Mitschüler.

5.3.3 Gerechtigkeit und Ungerechtigkeit

Diakonisches Handeln setzt nicht nur die Notwendigkeit einer diakonischen Handlung voraus, sondern basiert auch darauf, dass diese Notwendigkeit erkannt wird.[165] Hierfür wurde folgende Übung durchgeführt:[166] Im Religionsraum wurde vor dem Unterricht ein Stuhlkreis vorbereitet, allerdings waren es zwei Stühle weniger als für die Anzahl der Schülerinnen und Schüler notwendig. Dann wurden auf die vorhandenen Stühle Schoko-Bons sehr ungleich verteilt: auf einem lag eine ganze Tüte, auf einigen ein paar, dann auf einzelnen Stühlen nur einer. Etliche Stühle blieben ganz leer. Dann wurden die Lernenden in alphabetischer Reihenfolge einzeln in den Raum gelassen. Bis auf den ersten Schüler, der sich auf einen leeren Stuhl setzte, begaben sich die Schülerinnen und Schüler danach zu den Stühlen mit den noch jeweils am meisten zur Verfügung stehenden Schoko-Bons. Als kein Stuhl mehr frei war, setzte sich ein Schüler auf einen Tisch in der Nähe des Stuhlkreises, die Schülerin, die am Schluss den Raum betrat, wurde von einer Mitschülerin mit auf ihren Stuhl gelassen.

Anschließend wurde kurz über die Eindrücke der Schülerinnen und Schüler gesprochen. Dabei stellten die Lernenden zum einen fest, dass die Schoko-Bons unterschiedlich verteilt waren, und übertrugen dies auf ihr eigenes Leben, da die Reichtümer auch innerhalb der Klasse sehr unterschiedlich verteilt seien. Während des Gesprächs war zu beobachten, dass Einzelne von ihren Schoko-Bons denen gaben, die gar keine hatten.

Diejenigen Schülerinnen und Schüler, die mit ihrem Platz und den Schoko-Bons zufrieden waren, sollten anschließend wieder den Raum verlassen und die Unzufriedenen durften im Raum bleiben. In umgekehrter alphabetischer Reihenfolge durften sie sich nun einen Platz aussuchen. Dann wurden auch die anderen Schülerinnen und Schüler in umgekehrter alphabetischer Reihenfolge hereingebeten. Als wieder kein Stuhl mehr frei war, nahm sich ein Schüler einfach einen der abseits stehenden Stühle und stellte ihn in

[165] Vgl. hierzu Kap. 0 und die Überlegungen zur narrativen Empathie.

[166] Es handelt sich hierbei um eine Abwandlung der in Kap. 0 beschriebenen Inszenierung I.

den Stuhlkreis hinein und die Schülerin am Schluss wurde von einer anderen Schülerin auf den Schoß genommen.

Wie das anschließende Reflexionsgespräch zeigte, war den Lernenden nicht nur die Gerechtigkeit bzw. Ungerechtigkeit deutlich, sondern auch, dass sie innerhalb des Spiels „diakonisch" gehandelt hatten. Indem sie beispielsweise bewusst die Ordnung durchbrochen hatten (durch das Teilen der Schoko-Bons und die Sorge um diejenigen, die keinen Stuhl haben), wurde ihnen deutlich, dass ihr Verhalten mit dem des barmherzigen Samariters korrespondierte. Zwar hatten sie keine Verwundeten versorgt, aber sie hatten sich denen, die weniger als sie selbst hatten, zugewendet (Gestus der Zuwendung) und geteilt (Gestus der tätigen Hilfe).[167]

In einem sich anschließenden Reflexionsgespräch, in dem diese „diakonischen Gesten" thematisiert wurden, meldete sich eine Schülerin sagte: „Trost gehört doch bestimmt auch dazu." Dadurch konnte schon auf die noch kommenden Stunden verwiesen werden.[168]

5.3.4 *Geste der Zuwendung*

Der Gestus der Zuwendung wurde anhand der lukanischen Erzählung vom Zöllner Zachäus (Lk 19,1–10) inszeniert. Zunächst wurden mehrere Schülerinnen und Schüler in einer Reihe nebeneinander aufgestellt, als ob sie an einer Straße Spalier stünden. Diese Schülerinnen und Schüler sollten in ihrer Rolle nichts sagen, vielmehr gab es zwei „Beobachter", die jeweils sagten, wie sie die Szene wahrnehmen würden und auch Hinweise geben konnten, wie sich jemand hinstellen könnte. Zunächst wirkte die Szene auf sie so, als ob die anderen auf etwas oder jemanden warteten. Dann kam ein (kleinerer) Schüler hinzu, der sich hinter die anderen stellte. Da er an den anderen nicht vorbeisehen konnte, sollten die Beobachter Ideen entwickeln, wie er dennoch etwas sehen könnte. So sagten sie ihm, dass er sich auf einen Tisch stellen solle.

Anschließend ging ein Schüler „als Jesus" an den Wartenden vorbei, die sich (ohne zu sprechen) bemerkbar machen sollten. Dies geschah z. B. dadurch, dass sie sich meldeten oder umherhüpften. Der Schüler reichte jedoch „als Jesus" dem Schüler auf dem Tisch die Hand.

---

167 Vgl. Kap. 0, These IX.

168 Vgl. Kap. 5.3.5.

Eine solche Form der Inszenierung erfordert von der Lehrkraft eine klare Vorstellung davon, wie sich die Schülerinnen und Schüler positionieren sollen, welche Gesten also besonders herausgearbeitet werden sollen.

Anschließend wurde der Text Lk 19,1–10 vorgelesen und die Schülerinnen und Schüler sollten in ihre eben eigenommenen Rollen gehen. Die Lernenden konnten aufgrund der zuvor stumm inszenierten Handlungsabläufe erkennen, welche Rolle sie im Text haben.

Im Reflexionsgespräch sollten die Schülerinnen und Schüler darüber nachdenken, warum diese Geschichte von Jesus erzählt wird. Neben eher allgemeinen Antworten (z. B. weil Jesus ein guter Mensch war) kam als weiteres Argument, dass er z. B. den Menschen zeigen wollte, dass auch ein Zöllner sich ändern könne. Die Übertragung in die eigene Lebenswelt fiel noch schwer und gelang erst durch folgende Aussage: „Heute gibt es bei uns keine Zöllner wie Zachäus. Was könnte die Geschichte denn heute noch bedeuten?" Nun argumentierten die Schülerinnen und Schüler, dass es auch heute Ausgrenzung gibt und dass sich lohnt, für andere Partei zu ergreifen. Die Lernenden brachten hierzu zahlreiche Beispiele aus ihrem eigenen Erleben, z. B. Mobbing in der Klasse, verbunden mit der Überlegung, wie man sich den anderen dann zuwenden könnte.

5.3.5 Geste des Trostes

Für die unterrichtliche Inszenierung der Geste des Trostes wurde ein Bild der Skulptur „Der Gestürzte" von Wilhelm Lehmbruck gewählt.[169] Lehmbruck stellt in dem Gipsguss von 1915 einen unbekleideten hilflosen Mann dar, der am Boden kniet. In einer Hand hält er die abgebrochene Spitze einer Lanze, der Kopf ist nach vorn gebeugt und berührt den Boden, das Rückgrat ist tief eingesunken. Die Lernenden bekamen dieses Bild zunächst mit nach Hause mit der Aufgabe, sich zu überlegen, warum die dargestellte Person sich in dieser Position befindet. Hierfür hatten sich die Schülerinnen und Schüler viele Situationen überlegt, dass er den Fußboden putzen muss, Turnübungen machen muss oder dass er traurig ist.

Zu zweit ging es nun darum, dass die Schülerinnen und Schüler sich auf eine dieser Situationen einigen, dann sollte einer den Gestus selbst einneh-

[169] Vgl. http://de.wikipedia.org/wiki/Wilhelm_Lehmbruck#mediaviewer/Datei:Lehmbruck_-_die_Gest%C3%BCrzte.jpg (Zugriff 18.6.14).

men und der andere versuchen, ihn aus diesem Gestus wieder herauszuholen. Gestisch war dies bei nahezu allen Partnern so, dass die Schülerinnen und Schüler sich neben „den Gestürzten" stellten oder hockten und ihm die Hand auf die Schulter legten (Gestus der Zuwendung und des Trostes). Auch sprachlich drückten sie Zuwendung und Trost aus. Bei der Partnerarbeit, die die Statue so interpretiert hatte, dass jemand den Fußboden putzt, kam noch der Gestus der tätigen Hilfe hinzu.

Insgesamt gelang es den Schülerinnen und Schülern, ausgehend von der Statue, Alltagssituationen zu benennen, in denen Menschen Trost, Zuwendung und Hilfe brauchen, und es gelang ihnen ebenso, für diese konkreten Situationen Lösungsmöglichkeiten zu finden. Diakonisches Handeln konnte so probeweise und didaktisch inszeniert geübt werden.

5.3.6 *Zusammenfassung und Vertiefung*

Zur Zusammenfassung und Vertiefung des Themas wurde der Kurzfilm „Herr im Haus" (Deutschland, 2000) gezeigt.[170] Darin wird ein Pfarrer dargestellt, der sehr mit der äußerlichen Pflege seiner idyllisch gelegenen Kirche beschäftigt ist. Diese Idylle findet er gestört durch jeden, der in die Kirche kommt. Zunächst eine weinende junge Frau, die mit ihrem Ehering spielt. Als er – anstatt mit ihr zu reden – eine Wespe vom Kruzifix entfernt, verlässt sie die Kirche und hinterlässt dabei Dreckspuren auf dem Fußboden. Diese versucht der Pfarrer zu beseitigen, als eine alte Frau mit einer Kerze die Kirche betritt. Auch diese bringt Dreck mit herein, darum bringt er den Kerzenständer schnell zu ihr, damit sie nicht noch mehr Dreck macht. Als er gerade mit dem Saubermachen fertig ist, klopft es an der Kirchentür. Der Pfarrer öffnet die Tür und davor steht ein Mann mit einer Krücke und verbundenem Kopf; er humpelt auf den Pfarrer zu, doch dieser schüttelt den Kopf und verschließt die Tür. Im Hintergrund dieser Szenen wird deutlich, dass ein Gewitter heraufzieht und immer stärker wird. Die letzte Szene des Films spielt nach dem Gewitter. Der Pfarrer sitzt an der Orgel und spielt „Nearer my God to thee", als er ein Türgeräusch hört. Er geht nachschauen und sieht wieder Fußspuren in der Kirche, die vom Kreuz hinab führen. Christus ist vom Kreuz gestiegen und hat die Kirche verlassen.

---

170 Vgl. zu weiteren Informationen http://www.materialserver.filmwerk.de/arbeitshilfen/herrimhaus_ah.pdf (Zugriff 18.6.14).

Für die Schülerinnen und Schüler war der Inhalt der einzelnen Szenen und des Films schnell verständlich. Das Verhalten des Pfarrers wird gedeutet als „das Gegenteil von dem, was wir gelernt haben". Ihnen war bewusst, dass Trost, Zuwendung und Hilfe in den einzelnen Szenen fehlten. Als Aufgabe zur weiteren Bearbeitung haben die Schülerinnen und Schüler in Partnerarbeit jeweils eine der Szenen nachgespielt, allerdings mit der Frage: Wie hätte sich denn der Pfarrer verhalten können, wenn er Jesu Botschaft ernst nähme? Als Hintergrund wurde hierfür der Text Mt 25,31–46 mit den Schülerinnen und Schülern besprochen, der auch eine Zusammenfassung der vorgegangen biblischen Texte darstellt und Raum für neue Deutungsmöglichkeiten bietet.

Den Lernenden gelang es dabei, zahlreiche Alternativen zu entwickeln und diese sowohl gestisch als auch sprachlich auszudrücken. Abschließend gab es folgenden Impuls: „Was denkt ihr, wohin Jesus, der im Film die Kirche verlassen hat, gegangen ist?" Die Überlegungen der Schülerinnen und Schüler hierzu blieben nicht bei dieser Frage stehen, sondern gingen noch darüber hinaus. Denn zum einen war ihnen deutlich, dass Jesus zu denen geht, die Hilfe brauchen, zum anderen betonten sie auch, dass es die Aufgabe des Pfarrers wäre, sich um diese Menschen zu kümmern. Sie betonten, dass Jesus nicht nur zu den „Armen" geht, sondern, dass er ihnen auch helfen würde.

6 Thesen

Die Ergebnisse der vorliegenden Untersuchung werden in folgenden Thesen zusammengefasst.

These I: Diakonisches Lernen ist die Didaktisierung diakonischen Handelns: die probeweise Teilnahme an diakonischen Handlungsvollzügen, die didaktische Inszenierung diakonischen Handelns als ästhetischer Ausdrucksform sowie deren kritische Reflexion.

Aus dem Ansatz einer Performativen Religionsdidaktik, dass sich Religion immer nur in ihren Praxisvollzügen zeigt, folgt, dass unterrichtlich genau diese Vollzüge dargestellt werden müssen. Für das diakonische Lernen bedeutet das, auch diakonisches Handeln als Praxisvollzug darzustellen. Diese Praxis ist eine sich ästhetisch zeigende biblisch-theologisch begründete Nächstenliebe. Didaktisch gesehen kann es sich nur um eine probeweise Hineinnahme handeln, da es ansonsten zu einer Kompensationsstrategie kommen würde (Compassion). Notwendig ist darüber hinaus auch die kritische Reflexion, die für eine Performative Didaktik unerlässlich ist.

These II: Diakonisches Lernen hat seine Grundlegung in biblischen Texten. In diesen orientiert sich diakonisches Handeln an vier theologischen Dimensionen: den Erinnerungen an das Heilshandeln Gottes, der eschatologischen Perspektive, der Fürsorge für Schwache und dem Handeln in der Nachfolge Jesu.

Diakonisches Handeln wird biblisch unterschiedlich begründet; so kann auch die Motivation, warum sich Menschen diakonisch verhalten bzw. dies gerade nicht tun, sehr verschieden sein. Eine Reduktion auf einen einzelnen Aspekt wird der Vielschichtigkeit biblischer Rede nicht gerecht. Biblisch gesehen orientiert sich diakonisches Handeln an:

den Erinnerungen an das Heilshandeln Gottes. Die Aufforderung, „einen Fremden nicht zu bedrücken“ (Ex 22,20) wird beispielsweise mit der Erinnerung begründet, dass die Israeliten selbst einmal Fremde in Ägypten waren;

der eschatologische Perspektive. In Jes 56,1 verbindet sich die Verheißung des nahe bevorstehenden Heils mit der Forderung, Rechtes zu. Auch gilt entsprechend Lk 10,25–37 das ewige Leben als Lohn für Gottes- und Nächstenliebe;

der Fürsorge für Schwache. Insbesondere im Neuen Testament ist die Fürsorge eines der zentralen Themen, z. B. Apg 2,42–47 und 4,32–35;

am Handeln in der Nachfolge Jesu. Die Vorbildwirkung Jesu bildet einen wesentlichen Aspekt in der neutestamentlichen Begründung diakonischen Handelns. So ist beispielsweise Jesus derjenige, der die „Zöllner und Sünder" annimmt und gleichzeitig deren Annahme fordert (z. B. Mk 2,15–17).

These III: Aufbauend auf den biblischen begründeten theologischen Dimensionen diakonischen Handelns ergeben sich folgende religionsdidaktische Dimensionen diakonischen Lernens: Erinnerung, Verheißung, Verantwortung, Deixis und Mimesis.

Die biblischen Dimensionen diakonischen Handelns haben didaktische Implikationen, denn die *Begründung* für diakonisches Handeln ist auch immer als *Aufforderung* zu diakonischem Handeln zu verstehen. Es ergeben sich also didaktische Dimensionen. Diese Dimensionen verdeutlichen Perspektiven, vor deren Hintergrund diakonisches Handeln betrachtet und aus der heraus diakonisches Handeln didaktisch inszeniert wird.

Erinnerung: Diakonisches Lernen basiert auf Erinnerung, insofern biblische Geschichten erzählt oder Beispiele diakonischen Handelns dargestellt werden.

Verheißung. Mit der Lerndimension Verheißung wird deutlich, dass diakonisches Handeln eine biblische Lesart für das Verhalten anderen Menschen gegenüber ist. Die Auseinandersetzung mit Verheißungstexten durchbricht den Alltag der Lernenden, lässt sie die Welt betrachten unter der Hypothese *etsi deus daretur* und macht Orientierungsgewinne im Alltag der Lernenden möglich.

Verantwortung: Aus der Perspektive der Fürsorge ergibt sich die Lerndimension Verantwortung. Indem die Lernenden bemerken, dass es Menschen gibt, die auf Unterstützung angewiesen sind, kann eine Verantwortungsbereitschaft entstehen, so dass aus der Beobachtung eine Handlung folgt.

Deixis: Bei der Deixis wird den Schülerinnen und Schülern ein bestimmtes Verhalten (z. B. das Verhalten Jesu) „vor Augen gemalt" (Gal 3,1). Dies kann mithilfe verschiedener Medien geschehen (Texte, Bilder etc.).

Mimesis: Aus der Deixis folgt die Mimesis. Indem Lernende ein bestimmtes Verhalten wahrnehmen, werden sie angeregt, sich genauso oder ähnlich zu verhalten.

These IV: Mediale Darstellungen diakonischen Handelns sind Aufforderungen an den Betrachter, selbst diakonisch zu handeln.
Die Deixis diakonischen Handelns (z. B. die Darstellungen von St. Hedwig oder St. Elisabeth von Thüringen, literarische Darstellungen diakonischen Handelns) erfolgt mit der Absicht, die Betrachter selbst zu diakonischem Handeln anzuregen.

These V: Mediale Darstellungen des Leids, der „vor Augen gemalte" Christus (Gal 3,1), führen zu Performativität des Mitleids und des Erbarmens.
Die Deixis des Leids kann den Betrachter zu Mitleid mit dem Dargestellten führen, woraus wiederum Handlungsimpulse entstehen können. Dies gilt für alle medialen Ausdrucksformen.

These VI: Mediale Ausdrucksformen sind doppelt performativ: Sie performieren das dargestellte Geschehen und laden ein zur Imagination bei den Betrachtenden.
Bei Darstellungen diakonischen Handelns wird zum einen die dargestellte diakonische Handlung als performativer Akt wahrgenommen, zum anderen ergeben sich aus der Imagination weitere Performanzen. „Die Performanz des Geschehens potenziert sich in der Performanz eines Wahrnehmens, Denkens und Imaginierens" (Kolesch/Lehmann).

These VII: In allen unterrichtlichen Prozessen oszillieren Lehrende und Lernende zwischen verschiedenen Rollen. So können auch in diakonischen Lernprozessen keine Rollenzuschreibungen vorgenommen werden, Schülerinnen und Schüler sind gleichermaßen Lernende und Lehrende.
Adaptiert man die Theatermetapher für religionsdidaktische Zusammenhänge, dann kommt ihre theoretische Auflösungsstärke in der Rollenzuschreibung an eine epistemische Grenze. In einem als performativ verstandenen Unterrichtsprozess verschwimmen starre Rollenzuschreibungen: Die Lehrkraft als mitspielender Regisseur lernt und lehrt, Schülerinnen und Schüler lehren und lernen, alle am Unterrichtsprozess Beteiligten agieren phasenweise in wechselnden Rollen. Daraus ergeben sich auch Konsequenzen für das diakonische Lernen. Insbesondere bei diakonischen Praxisprojekten kommt es zu Rollenübernahmen und Perspektivenverschiebungen. Die Lernenden werden – unter kontrollierten Bedingungen – vom Hilfsbedürftigen zum Helfer und umgekehrt.

Auch wenn Schülerinnen und Schüler in diakonischen Lernprozessen bestimmte Kompetenzen erwerben sollen, sind sie doch nicht nur an die Rolle des Lernenden gebunden, weil Lernprozesse grundsätzlich dynamisch sind und die Schülerinnen und Schüler Lehrende in dergestalt sind, dass sie insbesondere in diakonischen Praxisprojekten mit ihrer Persönlichkeit die Beteiligten beeinflussen. Es kommt zu Rollenübernahmen und Perspektivverschiebungen. Die Schülerinnen und Schüler werden – unter kontrollierten Bedingungen – vom Hilfsbedürftigen zum Helfer und umgekehrt.

These VIII: Gestische Inszenierungen ermöglichen den Lernenden, die leiblichen Aspekte diakonischen Handelns zu vergegenwärtigen, gestisch auszudrücken und Gesten zu erkennen, zu reflektieren und damit multimodal zu kommunizieren.

Schon in biblischen Narrationen erscheinen Gesten als Grundlage religiöser Kommunikation. Ein diakonisches Sujet in Gesten zu erschließen, hebt die leiblichen Aspekte der Zuwendung ins Bewusstsein, indem das Probehandeln reflektiert wird. Die Anregung zum aktiven Gestengebrauch im Religionsunterricht kann zu einer Voraussetzung dafür werden, dass diese Gesten auch jenseits von Schule und Unterricht gebraucht werden, insbesondere dann, wenn die Gesten im Unterricht kritisch reflektiert und auf ihre Relevanz hin betrachtet werden.

These IX: Diakonisches Handeln drückt sich in „Gesten der Güte" aus. In „Gesten der Güte" zeigt sich die „Liebesatmosphäre Jesu" (Huizing). In der „Liebesatmosphäre Jesu" wiederum erweist sich die „Geste der Güte" als diakonisch. Für das diakonische Lernen sind drei „Gesten der Güte" von besonderer Bedeutung: die Geste der Zuwendung, der tätigen Hilfe und des Trostes.

Gesten der Güte, in denen sich die Liebesatmosphäre Jesu ausdrückt, sind die zentralen Gesten christlichen Handelns (Huizing). Der Gestus wirkt dabei unabhängig von der Motivation der Ausführenden. Handlungsvollzug und Handlungsnorm sind ineinander verschränkt. Die „spezifisch christliche Motivation" (Kumlehn) der „Gesten der Güte" zeigt sich an der Rückgebundenheit an die „Liebesatmosphäre Jesu". Die „Geste der Güte" kann also nur insofern als diakonisch angesehen werden, als sich hierin die „Liebesatmosphäre Jesu" zeigt. Solche Gesten der Güte können sehr vielfältig sein. Diese Vielfalt ist auch für das diakonische Lernen wichtig, denn diese Gesten können didaktisch unterschiedlich inszeniert werden. Gesten drücken etwas aus (Gedanken, Gefühle) oder weisen auf etwas. Die Bedeutung der Gesten erschließt sich am besten in ihrem Vollzug. Aus diesem Grund ereignet sich diakonisches Lernen in der Performanz und Reflexion von Gesten, insbesondere in den Gesten der Zuwendung, der tätigen Hilfe und des Trostes.

Zuwendung: Durch Gesten der Zuwendung wird ausgedrückt: Dieser Mensch ist mir wichtig, ich bin für ihn da. Insofern ist die Geste der Zuwendung Ausdruck einer diakonischen Grundhaltung: Der Annahme des Nächsten ohne Vorbedingungen.

Tätige Hilfe: Durch die Geste der tätigen Hilfe zeigt sich diakonisches Handeln. Explizit viele biblische Texte (z. B. Lk 10,25–37; Mt 25,31–46) spiegeln diesen Hintergrund.

Trost: Die Geste des Trostes ist von der der tätigen Hilfe insofern zu unterscheiden, als die *actio* hier weniger stark ausgeprägt ist und die Betonung auf dem Gestus allein liegt.

These X: Für den Religionsunterricht ist die Schule der zentrale Ort diakonischen Lernens.

Lernorte spielen für das diakonische Lernen eine wesentliche Rolle. Die institutionellen Orte diakonischen Handelns sind im schulischen Kontext nur eingeschränkt zugänglich, z. B. in diakonischen Praktika. Diakonisches Lernen im Religionsunterricht ist darum auf unterrichtliche Re-Inszenierungen diakonischen Handelns angewiesen. Auf diese Weise lässt sich auch die Schule als Ort diakonischen Handelns zu verstehen.

These XI: Diakonische Praxisprojekte sind nur dann als diakonisches Lernen zu verstehen, wenn die Verschränkung von Impuls, Mimesis und Reflexion gewahrt bleibt. Dabei muss die Reflexion vorlaufend, mitlaufend und nachlaufend erfolgen. In diakonischen Praxisprojekten sind alle Beteiligten Subjekte und Objekte der Lernprozesse und es müssen Szenarien der Gegenseitigkeit integraler Bestandteil der Praktika sein.

Diakonische Praxisprojekte, in denen Lernende auf Zeit in diakonischen Institutionen tätig sind, unterliegen der Gefahr, dass hier der probeweise Charakter, der für das schulische Lernen wesentlich ist, verloren geht. Die für diakonisches Lernen wichtige kritische Reflexion (These I) kann zwar durch gezielte Vor- und Nachbereitung im Blick bleiben, doch Lernprozess und Reflexion sind nicht mehr ineinander verschränkt, sondern werden voneinander getrennt. Dies gilt insbesondere dann, wenn das lerntheoretische Modell des „situated learning“ (C. E. Snow) zugrunde gelegt wird.

Darum ist didaktisch die Verschränkung von Impuls, Mimesis und Reflexion nötig.

Eine weitere Gefahr diakonischer Praxisprojekte besteht darin, dass mit derartigen Praktika eine Haltung gefördert, nach der die Lernenden den anderen „helfen“, sie damit aber auch demütigen (entsprechend Marcel Mauss). Dies widerspricht auch dem Gedanken der Inklusion. Vermieden werden kann dies dadurch, dass Rollenzuschreibungen von vornherein offen bleiben. Wer Subjekt und wer Objekt des Lernprozesses ist, ist nicht immer zu unterscheiden. Schülerinnen und Schüler lernen in Praktika (durch die Tätigkeiten, die Gespräche etc.), sie lehren aber auch (geben ihre Kenntnisse beispielsweise an andere weiter). Gleichzeitig sind diejenigen, die in der diakonischen Einrichtung versorgt werden (z. B. alte Menschen) gleichzeitig Objekt der Hilfe und helfendes Subjekt.

These XII: In der unterrichtlichen Aufführung der Inszenierung „diakonisches Lernen“ vergegenwärtigen die Schülerinnen und Schüler das Sujet „diakonisches Handeln“.
Aus dem Inszenierungsbegriff folgt einerseits die Unterscheidung von Inszenierung (als Planung) und Aufführung (als Durchführung) diakonischen Lernens und andererseits die Vergegenwärtigung des Sujets. Indem also in der beschriebenen Weise diakonisches Lernen inszeniert wird, vergegenwärtigen die Schülerinnen und Schüler diakonisches Handeln.

These XIII: Im diakonischen Lernen werden den Lernenden Narrationsmöglichkeiten eröffnet, die ihnen Empathie und ein sich daraus ergebendes Verhalten ermöglichen.
Die Ausbildung einer narrativen Identität bildet einen wesentlichen Bestandteil des Religionsunterrichts. Für das diakonische Lernen bedeutet das, den Lernenden die Möglichkeit zu geben, unterschiedliche Perspektiven einzunehmen und daraus folgend auch situationsangemessen zu handeln.

These XIV: Diakonisches Lernen eröffnet den Lernenden einen Perspektivwechsel. Sie betrachten die Welt aus der Perspektive der „Liebesatmosphäre Jesu“.
Entsprechend einer „Didaktik des Perspektivwechsels“ (Dressler) werden den Lernenden mit unterschiedlichen didaktischen Inszenierungen Perspektiven eröffnet, die es ihnen ermöglichen, die Welt aus einer Perspektive der „Liebesatmosphäre Jesu“ (Huizing) zu betrachten.

These XV: Diakonisches Lernen ist die *didaktische* Inszenierung diakonischer Gesten der Güte.

Mit dieser These wird ein eigenes Verständnis diakonischen Lernens dargestellt. Diakonisches Handeln drückt sich in Gesten der Güte aus, darum ist diakonisches Lernen auch auf solche Gesten der Güte bezogen. Diakonisches Lernen besteht also in der didaktischen Inszenierung diakonischer Gesten der Güte, insbesondere in Gesten der Zuwendung, der tätigen Hilfe und des Trostes. In der gestischen Inszenierung vergegenwärtigen die Lernenden das Sujet diakonisches Handeln, drücken es selbst gestisch aus, erkennen es in den Gesten anderer und werden so befähigt, selbst diakonisch zu handeln.

Literaturverzeichnis

ADAM, Gottfried (1996), Methoden ethischer Erziehung, in: ADAM, Gottfried/SCHWEITZER, Friedrich (Hrsg.), Ethisch erziehen in der Schule, Göttingen, 110–128.

ADAM, Gottfried (2001), Ethisches Lernen heute. Fachdidaktische Überlegungen hinsichtlich einiger zentraler Fragen, in: Schulfach Religion 20, Nr. 1/2, 105–120.

ADAM, Gottfried (2006), Ethisches Lernen: Methoden und Formen, in: LACHMANN, Rainer/ADAM, Gottfried/ROTHGANGEL, Martin (Hrsg.), Ethische Schlüsselprobleme. Lebensweltlich-theologisch-didaktisch, Göttingen, 23–37.

ADAM, Gottfried (2008), Diakonisch-soziales Lernen. Eine Zwischenbilanz in weiterführender Absicht, in: EURICH, Johannes/ OELSCHLÄGEL, Christian (Hrsg.), Diakonie und Bildung, Stuttgart, 362–375.

ADAM, Gottfried/LACHMANN, Rainer (1986) (Hrsg.), Religionspädagogisches Kompendium, Göttingen, 2. Auflage.

ADAM, Gottfried/SCHWEITZER, Friedrich (1996) (Hrsg.), Ethisch erziehen in der Schule, Göttingen.

ADAM, Gottfried/SCHWEITZER, Friedrich (1996a), Ethische Erziehung als Aufgabe und Möglichkeit der Schule, in: ADAM, Gottfried/SCHWEITZER Friedrich (Hrsg.), Ethisch erziehen in der Schule, Göttingen, 19–37.

ADAM, Gottfried/HANISCH, Helmut/SCHMIDT, Heinz/ZITT, Renate (2006) (Hrsg.), Unterwegs zu einer Kultur des Helfens. Handbuch des diakonisch-sozialen Lernens, Stuttgart.

ADORNO, Theodor W. (1970), Ästhetische Theorie, Frankfurt am Main.

ALTMAYER, Stefan (2006), Von der Wahrnehmung zum Ausdruck. Zur ästhetischen Dimension von Glauben und Lernen, Stuttgart.

ANKER, Andrea (2007), Am Leiden Gottes teilnehmen? Eine kritische Auseinandersetzung mit dem Thema Mitleiden in Bonhoeffers Briefen aus der Haft, in: DALFERTH, Ingolf U./ HUNZIKER, Andreas (Hrsg.), Mitleid, Religion in Philosophy and Theology 28, Tübingen, 239–258.

ANSELM, Reiner (2007), „Wie hast Du's mit der Religion?" Über die Grenzen öffentlicher Enthaltsamkeit in Sachen Religion, in: ZEE, 51. Jg., 3–7.

ARISTOTELES (1980), Rhetorik, hrsg. und übersetzt von Franz G. Sieveke, München.

BACH, Ulrich (2006), Die diakonische Kirche als Freiraum für uns alle, in: MÜLLER-FAHRENHOLZ, Geiko (Hrsg.), Wir brauchen einander. Behinderte in kirchlicher Verantwortung, Frankfurt/M., 29–56, zitiert aus: HERRMANN, Volker/HORSTMANN, Martin (Hrsg.), Studienbuch Diakonik. Band 1: biblische, historische und theologische Zugänge zur Diakonie, Neukirchen-Vluyn, 298–323.

BAUMANN, Ulrike (1987), Ethische Erziehung und Wertwandel, Weinheim.

BAUMGARTEN, Alexander Gottlieb (2007a), Ästhetik. Band I. Lateinisch–deutsch, Hamburg 2007.

BAUMGARTEN, Alexander Gottlieb (2007b), Ästhetik. Band II. Lateinisch–deutsch, Hamburg 2007.

BAYREUTHER, Sabine (2010), Meditation. Konturen einer spirituellen Praxis in semiotischer Perspektive, Leipzig.

BECK, Helmut/SCHMIDT, Heinz (2008) (Hrsg.), Bildung als diakonische Aufgabe. Befähigung - Teilhabe - Gerechtigkeit, Stuttgart.

BELTING, Hans (2005), Zur Ikonologie des Blicks, in WULF, Christoph/ZIRFAS, Jörg (Hrsg.), Ikonologie des Performativen, München, 50–58.

BENEDICT, Hans-Jürgen (2000), Beruht der Anspruch der evangelischen Diakonie auf einer Mißinterpretation der antiken Quellen? John N. Collins Untersuchung „Diakonia“, in: PTh 89/2000, 349–364.

BENEDICT, Hans-Jürgen (2003), Die größere Diakonie: Versuch einer Neubestimmung im Anschluss an John N. Collins, in: HERRMANN, Volker/MERZ, Rainer/SCHMIDT, Heinz (Hrsg.), Diakonische Konturen. Theologie im Kontext sozialer Arbeit, Heidelberg, 127–135.

BENEDICT, Hans-Jürgen (2008), Barmherzigkeit und Diakonie. Von der rettenden Liebe zum gelingenden Leben, Stuttgart.

BERG, Hans Christoph/SCHULZE, Theodor (1995), Lehrkunst. Lehrbuch der Didaktik, Neuwied.

BERGAU, Wilfried (1987), Die neuen Schüler. Beobachtungen und Reflexionen, in: der evangelische erzieher 39, 636–654.

BERGAU, Wilfried (1991), Der Traditionsabbruch bei Jugendlichen - Ursachen und Folgen, in: GVEE Informationen, H. 2, 14–31.

BERGER, Klaus (1990), „Diakonie“ im Frühjudentum. Die Armenfürsorge in der jüdischen Diasporagemeinde zur Zeit Jesu, in: SCHÄFER, Gerhard K./STROHM, Theodor (Hrsg.), Diakonie - biblische Grundlagen und Orientierungen. Ein Arbeitsbuch, Heidelberg, 94–105.

BERGER, Klaus (2012), Kommentar zum Neuen Testament, Gütersloh, 2. Auflage.

BEYER, Franz-Heinrich (1989), Traditionsabbruch und Verbindlichkeit. Aspekte von Gemeindewirklichkeit in der DDR, in: Pastoraltheologie 78, H. 1, 51–64.

BEYER, Hermann Wolfgang (1935), Art. *diakoneo, diakonia, diakonos*, in: ThWNT II, hrsg. von Gerhard Kittel, Stuttgart, 81–93.

BEYER, Martin/LIEDTKE, Ulf (2008), Wort Gottes im Gespräch. Matthias Petzold zum 60. Geburtstag, Leipzig.

BIEHL, Peter (1985), Symbol und Metapher. Auf dem Weg zu einer religionspädagogischen Theorie religiöser Sprache, in: JRP 1, 29–64.

BIEHL, Peter (1991), Symbole geben zu lernen. Einführung in die Symboldidaktik anhand der Symbole Hand, Haus und Weg, Neukirchen, 2. Auflage.

BILLES-GERHART, Elke/BERNART, Yvonne (2005), Abduktive Kompetenz und Medienkompetenz. Eine Analyse des medialen Handelns von Jugendlichen und Lehrkräften, Göttingen.

BIZER, Christoph (2006), Wahrnehmen und Gestalten: Religiöses und diakonisches Lernen auf performativer Grundlage, in: ADAM, Gottfried/HANISCH, Helmut/SCHMIDT, Heinz/ZITT, Renate (Hrsg.), Unterwegs zu einer Kultur des Helfens. Handbuch des diakonisch-sozialen Lernens, Stuttgart, 260–270.

BOËS, Walter (2013), Diakonische Bildung. Grundlegung einer Didaktik diakonischen Lernens an der Schule, Leipzig.

BOHREN, Rudolf (1975), Daß Gott schön werde. Praktische Theologie als theologische Ästhetik, München.

BOKOS, Spyridon (2006), Mimesis im Allgemeinen und als Vollendung christlicher *Repräsentatio*, in: MOKROSCH, Reinhold/WILKENS, Albrecht (Hrsg.), Mimesis. Freundesgabe für Lorenz Wilkens, Osnabrück/Berlin, 17–25.

BORCK, Karin (2007), Religion unterrichten in Brandenburg, in: Theo-Web. Zeitschrift für Religionspädagogik 6, H. 1, 113–122.

BOVON, François (2001), Das Evangelium nach Lukas (Lk 15,1–19,27), EKK Band III/3, Düsseldorf.

BREITHAUPT, Fritz (2009), Kulturen der Empathie, Frankfurt am Main.

BURKERT, Mathias/STURZBECHER, Dietmar (2010), Wertewandel unter Jugendlichen im Zeitraum von 1993 bis 2005, in: SCHUBARTH, Wilfried /SPECK, Karsten/LYNEN VON BERG, Heinz (Hrsg.), Wertebildung in Jugendarbeit, Schule und Kommune. Bilanz und Perspektiven, Wiesbaden, 43–59.

BUTLER, Judith, Performative Acts and Gender Constitution – An Essay in Phenomenology and Feminist Theory, in: CASE, Sue Ellen (Hrsg.), Performing Feminism, Baltimore/London 1990, 270–282.

CASE, Sue Ellen (Hrsg.), Performing Feminism, Baltimore/London 1990.

COLLINS, John N. (1990), Diakonia. Re-interpreting the ancient sources, New York/Oxford 1990.

CONRING, Barbara (2005), Ein Senfkorn säen – Diakonisches Lernen in Kurzzeitprojekten, in: HUSMANN, Bärbel (Hrsg.), Projekt: Diakonie, Rehburg-Loccum, 86–95.

CREMER, Folkhard (1996a), Die St. Nikolaus- und Heiligblut-Kirche zu Wilsnack (1383–1552). Eine Einordnung ihrer Bauformen in die Kirchenarchitektur zwischen Verden und Chorin, Doberan und Meißen im Spiegel bischöflicher und landesherrlicher Auseinandersetzungen. Teil I: Textband, München.

CREMER, Folkhard (1996b), Die St. Nikolaus- und Heiligblut-Kirche zu Wilsnack (1383–1552). Eine Einordnung ihrer Bauformen in die Kirchenarchitektur zwischen Verden und Chorin, Doberan und Meißen im Spiegel bischöflicher und landesherrlicher Auseinandersetzungen. Teil II: Abbildungsband, München.

CRÜSEMANN, Frank (2006), Das Alte Testament als Grundlage der Diakonie, in: SCHÄFER, Gerhard K./ STROHM, Theodor (Hrsg.), Diakonie – biblische Grundlagen und Orientierungen. Ein Arbeitsbuch, Heidelberg, 67–93, zitiert aus: HERRMANN, Volker/HORSTMANN, Martin (Hrsg.), Studienbuch Diakonik. Band 1: biblische, historische und theologische Zugänge zur Diakonie, Neukirchen-Vluyn, 58–87.

DALFERTH, Ingolf U./HUNZIKER, Andreas (2007) (Hrsg.), Mitleid, Religion in Philosophy and Theology 28, Tübingen.

DEGEN, Roland (2008), Wahrnehmen und werten. Religiöse Bildung – orientiert an Ästhetik oder Ethik?, in: ELSENBAST, Volker/SCHWEITZER, Friedrich/ZIENER Gerhard (Hrsg.), Werte – Erziehung – Religion, Münster, 86–95.

DEHN, Mechthild (2005), Die Geschichte von „Rosalind“. Bedeutungsmuster als Spielraum für Identifikation und Irritation – mit Schrift und multimedial, in: WIELER, Petra

(Hrsg.), Narratives Lernen in medialen und anderen Kontexten, Freiburg i. Br., 85–102.

DEHNERT, Barbara (2004), Das Compassion-Projekt unter den Bedingungen der Realschule, in: KULD, Lothar/GÖNNHEIMER, Stefan (Hrsg.), Praxisbuch Compassion. Soziales Lernen an Schulen. Praktikum und Unterricht in den Sekundarstufen I und II, Donauwörth, 139–142.

DEUTENHAHN, Kerstin (2001), The Narrative Intelligence Hypathesis. In search of the transactional format of narratives in human and other social animals, in: Lecture Notes in Computer Science 2177, 248–266.

Diakonisches Werk der EKD (2000) (Hrsg.), Schule und Diakonie. Orte sozialen Lernens, Stuttgart.

DIETZEL, Stefan (2003), Zur Entstehung des Diakonats im Urchristentum. Eine Auseinandersetzung mit den Positionen von Wilhelm Brandt, Wolfgang Hermann Beyer und John N. Collins, in: HERRMANN, Volker/MERZ, Rainer/SCHMIDT, Heinz (Hrsg.), Diakonische Konturen. Theologie im Kontext sozialer Arbeit, Heidelberg, 136–170.

DOEDENS, Folkert/FISCHER, Dietlind (2007), Kompetenzen von Religionslehrer/innen. Anregungen für eine berufsfeldbezogene Fortbildung, in: FISCHER, Dietlind (Hrsg.), Qualität der Lehrerfortbildung. Kriterien und Umgang mit Differenzen, Münster, 35–43.

DOHMEN, Kerstin (2005), Diakonischer Einsatz – Lanzeitpraktika an einer kirchlichen Schule, in: HUSMANN, Bärbel (Hrsg.), Projekt: Diakonie, Rehburg-Loccum, 79–85.

Michael DOMSGEN (2005), Der performative Religionsunterricht – eine neue religionsdidaktische Konzeption?, in: Religionspädagogische Beiträge 54, 31–49.

DRESSLER, Bernhard (2003), Darstellung und Mitteilung. Religionsdidaktik nach dem Traditionsabbruch, in: rhs 1/2002, 11–19, zitiert aus: LEONHARD, Silke/KLIE, Thomas (Hrsg.), Schauplatz Religion. Grundzüge einer Performativen Religionsdidaktik, Leipzig, 152–165.

DRESSLER, Bernhard (2006), Unterscheidungen, ThLZ.F 18/19, Leipzig.

DRESSLER, Bernhard (2007a), Blickwechsel. Religionspädagogische Einwürfe, Leipzig.

DRESSLER, Bernhard (2007b), Performanz und Kompetenz. Thesen zu einer Didaktik des Perspektivenwechsels, in: Theo-Web. Zeitschrift für Religionspädagogik 6, H. 2, 25–31.

DRESSLER, Bernhard (2009a), Was soll eine gute Religionslehrerin, ein guter Religionslehrer können?, in: Theo-Web. Zeitschrift für Religionspädagogik 8 (2/2009), 115–127.

DRESSLER, Bernhard (2009b), Religionsunterricht – mehr als Kompetenzorientierung?!, in: FEINDT, Andreas/ELSENBAST, Volker/SCHREINER, Peter/SCHÖLL, Albrecht (Hrsg.), Kompetenzorientierung im Religionsunterricht. Befunde und Perspektiven, Münster, 23–37.

DRESSLER, Bernhard (2012a), Performative Religionsdidaktik: Theologisch reflektierte Erschließung von Religion, in: KLIE, Thomas/MERKEL, Rainer/PETER, Dietmar (Hrsg.), Performative Religionsdidaktik und biblische Textwelten, Rehburg-Loccum, 7–15.

DRESSLER, Bernhard (2012b), Performative Religionsdidaktik: Theologisch reflektierte Erschließung von Religion, in: DRESSLER, Bernhard/KLIE, Thomas/KUMLEHN, Martina (2012), Unterrichtsdramaturgien. Fallstudien zur Performanz religiöser Bildung, Stuttgart, 15–42.

DRESSLER, Bernhard/MEYER-BLANCK, Michael (2003) (Hrsg.), Religion zeigen. Religionspädagogik und Semiotik, Münster, 2. Auflage.

DRESSLER, Bernhard/KLIE, Thomas (2002), Zeichenspiele inszenieren. Umrisse einer semiotischen Religionsdidaktik, in: JRP 18, 90–99.

DRESSLER, Bernhard/KLIE, Thomas (2008), Strittige Performanz. Zur Diskussion um den performativen Religionsunterricht, in: KLIE, Thomas/LEONHARD, Silke (2008) (Hrsg.), Performative Religionsdidaktik. Religionsästhetik – Lernorte – Unterrichtspraxis, Stuttgart, 210–224.

DRESSLER, Bernhard/KLIE, Thomas/MORK, Carsten (2001) (Hrsg.), Konfirmandenunterricht. Didaktik und Inszenierung, Hannover.

DRESSLER, Bernhard/KLIE, Thomas/KUMLEHN, Martina (2012a), Unterrichtsdramaturgien. Fallstudien zur Performanz religiöser Bildung, Stuttgart.

DRESSLER, Bernhard/KLIE, Thomas /KUMLEHN, Martina (2012b), Der Umgang mit Performanz will gelernt sein, in: DRESSLER, Bernhard/KLIE, Thomas/KUMLEHN, Martina (2012a), Unterrichtsdramaturgien. Fallstudien zur Performanz religiöser Bildung, Stuttgart, 317–320.

DRESSLER, Bernhard/SCHROETER-WITTKE, Harald (2012) (Hrsg.), Religionspädagogischer Kommentar zur Bibel, Leipzig.

DUNDERBERG, Ismo (2003), Vermittlung statt karitativer Tätigkeit? Überlegungen zu John N. Collins' Interpretation von *diakonia*, in: HERRMANN, Volker/MERZ, Rainer/SCHMIDT, Heinz (Hrsg.), Diakonische Konturen. Theologie im Kontext sozialer Arbeit, Heidelberg, 171–183.

ECO, Umberto (1977), Zeichen. Einführung in einen Begriff und seine Geschichte, Frankfurt am Main.

ECO, Umberto (1985), Semiotik und Philosophie der Sprache, München.

ECO, Umberto (1990), Im Labyrinth der Vernunft. Texte über Kunst und Zeichen, Leipzig.

ECO, Umberto (2002), Einführung in die Semiotik, Paderborn, 9. Auflage.

EGGEBRECHT, Hans Heinrich (1996) (Hrsg.), Terminologie der musikalischen Komposition, Stuttgart.

EICKMANN, Jeannette (2008), Vom Rand der Gesellschaft mitten ins Leben hinein. Performative Impulse zu diakonischem Lernen (8. Kl./RS), in: KLIE, Thomas/LEONHARD, Silke (2008) (Hrsg.), Performative Religionsdidaktik. Religionsästhetik – Lernorte – Unterrichtspraxis, Stuttgart, 185–192.

ELSENBAST, Volker/SCHWEITZER, Friedrich/ZIENER, Gerhard (2008) (Hrsg.), Werte – Erziehung – Religion, Münster.

EMMERICH, Kirsten (2005), Das Compassion-Projekt am St. Adelheid-Gymnasium in Bonn als erfolgreicher Weg Sozialen Lernens: konzeptionelle Umsetzungen und Erfahrungen, in: engagement 1/2005, 31–55.

ENDERLE, Volker (2004), Das Compassion-Projekt unter den Bedingungen einer Hauptschule. Das Beispiel der Ernst-Reuter-Schule Karlsruhe, einer Ganztagsschule, in: KULD, Lothar/GÖNNHEIMER, Stefan (Hrsg.), Praxisbuch Compassion. Soziales Lernen an Schulen. Praktikum und Unterricht in den Sekundarstufen I und II, Donauwörth, 135–138.

ENGLERT, Rudolf (2008), Performativer Religionsunterricht – eine Zwischenbilanz, in: ZPT 1/2008, 3–16.

ERJAWEC, Aleŝ (1998), Das fällt ins Auge ..., in: VATTIMO, Gianni/WELSCH, Wolfgang (1998) (Hrsg.), Medien-Welten Wirklichkeiten, München, 39–57.

EURICH, Johannes/OELSCHLÄGEL, Christian (2008) (Hrsg.), Diakonie und Bildung, Stuttgart 2008.

EURICH, Johannes/BARTH, Florian/BAUMANN, Klaus/WEGNER, Gerhard (2011) (Hrsg.), Kirchen aktiv gegen Armut und Ausgrenzung. Theologische Grundlagen und praktische Ansätze für Diakonie und Gemeinde, Stuttgart.

Evangelisch-lutherische Kirche in Bayern (1978), Zwischen Traditionsabbruch und Versorgungsmentalität. Erwägungen zu den Kirchenaustritten, in: Nachrichten der Evangelisch-lutherischen Kirche in Bayern, 33, H. 5, 70–94.

Evangelisches Schulzentrum Leipzig (Hrsg.) (1992), Das Erste Jahr, Leipzig.

FELDMANN, Klaus (2010), Tod und Gesellschaft. Sozialwissenschaftliche Thanatologie im Überblick, Wiesbaden, 2. Auflage.

FEINDT, Andreas/ELSENBAST, Volker/SCHREINER, Peter/SCHÖLL, Albrecht (2009) (Hrsg.), Kompetenzorientierung im Religionsunterricht. Befunde und Perspektiven, Münster.

FEINDT, Andreas/MEYER, Hilbert (2010), Kompetenzorientierter Unterricht, in: Die Grundschulzeitschrift 237, 29–33.

FISCHER, Dietlind (2000a) (Hrsg.), Im Dienst von LehrerInnen und Schule. Aufgaben, Konzepte, Perspektiven kirchlicher Lehrerfortbildung, Münster.

FISCHER, Dietlind (2000b), Entwicklungsperspektiven der Lehrerinnen- und Lehrerfortbildung. Aufgaben und Beiträge kirchlicher Institute, in: FISCHER, Dietlind (Hrsg.), Im Dienst von LehrerInnen und Schule. Aufgaben, Konzepte, Perspektiven kirchlicher Lehrerfortbildung, 131–145.

FISCHER, Dietlind (2007) (Hrsg.), Qualität der Lehrerfortbildung. Kriterien und Umgang mit Differenzen, Münster.

FISCHER, Dietlind/ELSENBAST, Volker (2006) (Redaktion), Grundlegende Kompetenzen religiöser Bildung. Zur Entwicklung des Evangelischen Religionsunterrichts durch Bildungsstandards für den Abschluss der Sekundarstufe I, Münster.

FISCHER-LICHTE, Erika (2004), Ästhetik des Performativen, Frankfurt am Main.

FISCHER-LICHTE, Erika (2007), Semiotik des Theaters. Band 1. Das System der theatralischen Zeichen, Tübingen, 5. Auflage.

FISCHER-LICHTE, Erika (2012), Performativität. Eine Einführung, Bielefeld 2012.

FLESCH, William (2007), Comeuppance. Costly Signaling, Altruistic Punishment, and Other Biological Components of fiction, Cambridge and London.

FOSTER, Norman (1990), Auf den Spuren der Pilger. Die großen Wallfahrten im Mittelalter, Frankfurt am Main.

FRAENGER, Wilhelm (1985), Matthias Grünewald, Dresden.

FRANK, Jürgen/SCHWERIN, Eckart (2008) (Hrsg.), Was evangelische Schulen ausmacht, Münster u. a.

FRÜCHTEL, Ursula (1991), Mit der Bibel Symbole entdecken. In Verbindung mit Hans-Werner Büscher, Göttingen.

FRÜCHTL Josef/ZIMMERMANN Jörg (2001a) (Hrsg.), Ästhetik der Inszenierung, Frankfurt am Main.

FRÜCHTL, Josef/ZIMMERMANN, Jörg (2001b), Ästhetik der Inszenierung. Dimensionen eines gesellschaftlichen, individuellen und kulturellen Phänomens, in: FRÜCHTL, Josef/ZIMMERMANN, Jörg (Hrsg.), Ästhetik der Inszenierung, Frankfurt am Main, 9–47.

GÄRTNER, Claudia (2009), Was leistet ästhetisches Lernen? Wegmarkierungen in einem weitläufigen religionsdidaktischen Feld, in: Religionspädagogische Beiträge 62, 15–25.

GEBAUER, Gunter/WULF, Christoph (1998), Spiel - Ritual - Geste. Mimetisches Handeln in der sozialen Welt, Reinbeck.

GEERTZ, Clifford (1987), Dichte Beschreibung. Beiträge zum Verstehen kultureller Systeme, Frankfurt am Main.

GENSICKE, Thomas (2010), Wertorientierungen, Befinden und Problembewältigung, in: Shell Deutschland Holding (Hrsg.), Jugend 2012. Eine pragmatische Generation behauptet sich, Frankfurt am Main, 187–242.

GERHARDT, Volker (2006), Protestantische Ethik. Zehn Thesen zur Diskussion mit Bischof Huber, in: ZEE, 52. Jg., 49–54.

GÖNNHEIMER, Stefan (2004), Zur Organisation des Praktikums, in: KULD, Lothar/GÖNNHEIMER, Stefan (Hrsg.), Praxisbuch Compassion. Soziales Lernen an Schulen. Praktikum und Unterricht in den Sekundarstufen I und II, Donauwörth, 19–28.

GRAMER, Norbert (2005), Compassion - Compassio - Mitleid(en). Geschichte einer ethischen Konzeption, in: engagement 1/2005, 4–15.

GRAMZOW, Christoph/LIEBOLD, Heide/SANDER-GAISER, Martin (2008) (Hrsg.), Lernen wäre eine schöne Alternative. Religionsunterricht in theologischer und erziehungswissenschaftlicher Verantwortung, Leipzig.

GRAMZOW, Christoph (2010), Diakonie in der Schule. Theoretische Einordnung und praktische Konsequenzen auf der Grundlage einer Evaluationsstudie, Leipzig.

GRETHLEIN, Christian (2005), Fachdidaktik Religion, Göttingen.

GRIESE, Kerstin, Bildung und Befähigung. Diakonisches Engagement für Menschen in Armut und Ausgrenzung, in: EURICH, Johannes/BARTH, Florian/BAUMANN, Klaus/WEGNER, Gerhard (Hrsg.), Kirchen aktiv gegen Armut und Ausgrenzung. Theologische Grundlagen und praktische Ansätze für Diakonie und Gemeinde, Stuttgart, 526–537.

GRÖZINGER, Albrecht (1987), Praktische Theologie und Ästhetik. Ein Beitrag zur Grundlegung der Praktischen Theologie, München.

GRÖZINGER, Albrecht (1995), Praktische Theologie als Kunst der Wahrnehmung, Gütersloh.

GRONBACH, Reinhart (2006), Diakonisch-soziales Lernen: Ein Curriculum (Das Michelbacher Modell), in: ADAM, Gottfried/HANISCH, Helmut/SCHMIDT, Heinz/ZITT, Renate (Hrsg.), Unterwegs zu einer Kultur des Helfens. Handbuch des diakonisch-sozialen Lernens, Stuttgart, 94–114.

GRÜMME, Bernhard/LENHARD, Hartmut/PIRNER, Manfred L. (2012) (Hrsg.), Religionsunterricht neu denken. Innovative Ansätze und Perspektiven der Religionsdidaktik, Stuttgart.

GUBLER, Marie-Louise (2007), Das Kreuz - Ärgernis und Heilszeichen im Neuen Testament, in: DIAKONIA 38 (2007), 98–103.

HALBFAS, Hubertus (2011), Das dritte Auge. Religionsdidaktische Anstöße, Düsseldorf, 7. Auflage.

HALLWIRTH, Uta (2008), Diakonisch-soziales Lernen - Persönlichkeitsbildung als Profil evangelischer Schulen, in: FRANK, Jürgen/SCHWERIN, Eckart (Hrsg.), Was evangelische Schulen ausmacht, Münster u. a., 112–134.

HAMMANN, Gottfried (2003), Die Geschichte der Diakonie. Praktizierte Nächstenliebe von der Antike bis zur Reformationszeit, Göttingen.

HANISCH, Helmut/GRAMZOW, Christoph (2002), Diakonisches Lernen als Schulfach. Ergebnisse einer empirischen Untersuchung, in: Pastoraltheologie 91, H. 10, 445–459.

HANISCH, Helmut/GRAMZOW, Christoph/HOPPE-GRAFF, Siegfried (2004), Diakonisches Lernen - Konzeptionelle Annäherungen auf empirischer Grundlage, in: HANISCH, Helmut/SCHMIDT, Heinz (Hrsg.), Diakonische Bildung. Theorie und Empirie, Heidelberg, 76–170.

HANISCH, Helmut/SCHMIDT, Heinz (2004) (Hrsg.), Diakonische Bildung. Theorie und Empirie, Heidelberg.

HANUSA, Barbara (2008), Spiegelungen im Schriftfenster. Performative Seminardidaktik in der religionspädagogischen Fort- und Weiterbildung, in: KLIE, Thomas/LEONHARD, Silke (Hrsg.), Performative Religionsdidaktik. Religionsästhetik - Lernorte - Unterrichtspraxis, Stuttgart, 79–87.

HAUSCHILDT, Eberhard (2000), Wider die Identifikation von Diakonie und Kirche. Skizze vom Nutzen einer veränderten Verhältnisbestimmung, in: PTh, 89. Jg., 411–415.

HAUSCHILDT, Eberhard (2008), Was bedeuten exegetische Erkenntnisse über den Begriff der Diakonie für die Diakonie heute? Eine historische und hermeneutische Skizze, in: PTh, 97. Jg., 307–314.

HÄUSLER, Ulrike (2007), Religion unterrichten in Berlin, in: Theo-Web. Zeitschrift für Religionspädagogik 6, H. 1, 25–49.

HAUSMANN, Gottfried (1959), Didaktik als Dramaturgie des Unterrichts, Heidelberg.

HEIL, Stefan/ZIEBERTZ, Hans-Georg (2003), Abduktive Korrelation: Der dritte Weg, in: KatBl 128, 290–297.

HEIMBERG, Bernd (2005), Diakonie als Lernfeld für Schülerinnen und Schüler, in: HUSMANN, Bärbel (Hrsg.), Projekt: Diakonie, Rehburg-Loccum, 65–69.

HEIMLICH, Ulrich (2007), Teilhaben und Beitragen. Inklusion als neues pädagogisches Leitbild - auch in der Jugendarbeit, in: Gemeinsam Leben 15, Heft 2, 85–93.

HEINEN, Daniel (2005), „Aufwachen, die Augen öffnen!“ - Kritisches zu Compassion, in: engagement 1/2005, 21–30.

HEINRICHS, Johannes (2000), Art. Person, TRE, Bd. 26, Berlin/New York, 220–225.

HENTSCHEL, Anni (2007), Diakonia im Neuen Testament. Studien zur Semantik unter besonderer Berücksichtigung der Rolle von Frauen, WUNT II/226, Tübingen.

HENTSCHEL, Anni (2008), Gibt es einen sozial-karitativ ausgerichteten Diakonat in den frühchristlichen Gemeinden?, in: PTh, 97. Jg., 290–306.

HERRMANN, Volker/MERZ, Rainer/SCHMIDT, Heinz (2003) (Hrsg.), Diakonische Konturen. Theologie im Kontext sozialer Arbeit, Heidelberg.

HERRMANN, Volker/HORSTMANN, Martin (2006) (Hrsg.), Studienbuch Diakonik. Band 1: biblische, historische und theologische Zugänge zur Diakonie, Neukirchen-Vluyn.

HEYMANN, Hans Werner (2008), Lernen inszenieren - Interesse wecken, in: Pädagogik 6/08, 6–9.

HILGER, Georg (2010), Ästhetisches Lernen, in: HILGER, Georg/LEIMGRUBER, Stephan/ZIEBERTZ, Hans-Georg, Religionsdidaktik. Ein Leitfaden für Studium, Ausbildung und Beruf, München, 6. Auflage, 334–343.

HILGER, Georg/LEIMGRUBER, Stephan/ZIEBERTZ, Hans-Georg (2010), Religionsdidaktik. Ein Leitfaden für Studium, Ausbildung und Beruf, München, 6. Auflage.

HOBURG, Ralf (2005), Lernen mit Leidenschaft, in: HUSMANN, Bärbel (Hrsg.), Projekt: Diakonie, Rehburg-Loccum, 10–20.

HOFMANN, Beate (2010), Diakonie, eine kirchliche Stieftochter - Grundlegende Überlegungen, in: HUSMANN, Bärbel/BIEWALD, Roland (Hrsg.), Diakonie. Praktische und theoretische Impulse für sozial-diakonisches Lernen im Religionsunterricht, Leipzig, 7–14.

HOHL, Georg/SCHEILKE, Christoph Th. (2008), Gerechtigkeit und Teilhabe durch Bildung. Evangelische Akzentsetzungen zum bildungspolitischen Aufbruch, in: BECK, Helmut/SCHMIDT, Heinz (Hrsg.), Bildung als diakonische Aufgabe. Befähigung - Teilhabe - Gerechtigkeit, Stuttgart, 54–76.

HOLTZ, Traugott (1990), Christus Diakonos. Zur christologischen Begründung der Diakonie in der nachösterlichen Gemeinde, in: SCHÄFER, Gerhard K./STROHM, Theodor (Hrsg.), Diakonie - biblische Grundlagen und Orientierungen. Ein Arbeitsbuch, Heidelberg, 127–144.

HORN, Friedrich Wilhelm (1990), Diakonische Leitlinien Jesu, in: SCHÄFER, Gerhard K./STROHM, Theodor (Hrsg.), Diakonie - biblische Grundlagen und Orientierungen. Ein Arbeitsbuch, Heidelberg, 109–126.

HORN, Friedrich Wilhelm (1998), Die Gütergemeinschaft der Urgemeinde, in: EvTh 58, 370–383.

HUSMANN, Bärbel (2005) (Hrsg.), Projekt: Diakonie, Rehburg-Loccum.

HUSMANN, Bärbel (2007), Die „Verschiedenheit der Köpfe". Zur Differenzierung in der Lehrer/innenfortbildung, in: FISCHER, Dietlind (Hrsg.), Qualität der Lehrerfortbildung. Kriterien und Umgang mit Differenzen, Münster, 109–118.

HUSMANN, Bärbel (2008), Inszenierung und Unterricht. Oder: Man kann nicht nicht inszenieren, in: KLIE, Thomas/LEONHARD, Silke (Hrsg.), Performative Religionsdidaktik. Religionsästhetik - Lernorte - Unterrichtspraxis, Stuttgart, 26–37.

HUSMANN, Bärbel (2010), Diakonisches Lernen - didaktische Leitlinien, in: HUSMANN, Bärbel/BIEWALD, Roland (Hrsg.), Diakonie. Praktische und theoretische Impulse für sozial-diakonisches Lernen im Religionsunterricht, Leipzig, 15–18.

HUSMANN, Bärbel/BIEWALD, Roland (2010) (Hrsg.), Diakonie. Praktische und theoretische Impulse für sozial-diakonisches Lernen im Religionsunterricht, Leipzig.

HUIZING, Klaas (2000), Ästhetische Theologie. Band I. Der erlesene Mensch. Eine literarische Anthropologie, Stuttgart.

HUIZING, Klaas (2002), Ästhetische Theologie. Band II. Der inszenierte Mensch. Eine Medien-Anthropologie, Stuttgart.

HUIZING, Klaas (2004), Ästhetische Theologie. Band III. Der dramatisierte Mensch. Eine Theater-Anthropologie. Ein Theaterstück, Stuttgart.

ISER, Wolfgang (1991), Das Fiktive und das Imaginäre. Perspektiven literarischer Anthropologie, Frankfurt am Main.

JACOB, Joachim (2009), Beschreiben oder Erzählen? – Überlegungen zu den ethischen Implikationen einer alten Kontroverse, in: ÖHLSCHLÄGER, Claudia (Hrsg.), Narration und Ethik, München, 81–98.

JANK, Werner/MEYER, Hilbert (2003), Didaktische Modelle, Berlin, 6. Auflage.

JONAS, Dirk (2003), *Diakonein – Diakonia – Diakonos*. Studien zum Verständnis des Dienstes („Diakonie") bei Markus und Lukas, in: HERRMANN, Volker/MERZ, Rainer/SCHMIDT, Heinz (Hrsg.), Diakonische Konturen. Theologie im Kontext sozialer Arbeit, Heidelberg, 62–126.

JOSWIG, Benita, Die Kunst, Religion zu unterrichten: Der Fluss im Unterricht und die Möglichkeit, Fenster zu öffnen, in: KLIE, Thomas/LEONHARD, Silke (Hrsg.), Performative Religionsdidaktik. Religionsästhetik – Lernorte – Unterrichtspraxis, Stuttgart, 130–142.

JUST, Karin (2005), Das Sozialpraktikum an einer staatlichen Schule, in: Bärbel HUSMANN (Hrsg.), Projekt: Diakonie, Rehburg-Loccum, 96–111.

KANT, Immanuel, Kritik der Urteilskraft, Hamburg 2006.

KELLERMANN, Ingrid/WULF, Christoph, Gesten in der Schule. Zur Dynamik körperlicher Ausdrucksformen, in: WULF, Christoph U. A. (2011), Die Geste in Erziehung, Bildung und Sozialisation. Ethnographische Feldstudien, Wiesbaden, 27–82.

KENDON, Adam (2010), Kinetische Komponenten multimodaler Äußerungen, in: WULF, Christoph/FISCHER-LICHTE, Erika (Hrsg.), Gesten, München, 21–41.

Kirchenamt der EKD (1994) (Hrsg.), Identität und Verständigung. Standort und Perspektiven des Religionsunterrichts in der Pluralität. Eine Denkschrift der Evangelischen Kirche in Deutschland, Gütersloh.

Kirchenamt der EKD (1998) (Hrsg.), Herz und Mund und Tat und Leben. Grundlagen, Aufgaben und Zukunftsperspektiven der Diakonie, Gütersloh, 3. Auflage.

Kirchenamt der EKD (2003) (Hrsg.), Maße des Menschlichen. Evangelische Perspektiven zur Bildung in der Wissens- und Lerngesellschaft, Gütersloh.

Kirchenamt der EKD (2010) (Hrsg.), Kompetenzen und Standards für den Evangelischen Religionsunterricht in der Sekundarstufe I. Ein Orientierungsrahmen, EKD Texte 111, Hannover.

KIRCHHOFF, Renate (2012), „Das Problem an den Heilungsgeschichten ist, dass die Leute am Ende immer geheilt werden!" „Heilung" als Leitidee diakonischen Handelns? – Neutestamentliche Heilungsgeschichten und heutige Konstruktion von Behinderung, in: PGP 4/2012, 33–35.

KLANN-DELIUS, Gisela (2005), Erzählen in der kindlichen Entwicklung, in: WIELER, Petra (Hrsg.), Narratives Lernen in medialen und anderen Kontexten, Freiburg i. Br., 13–27.

KLIE, Thomas (1994), Person-Sein und Masken. Seminar mit einer Fachoberschulklasse für Gestaltung (FOS-G), in: BRU Nr. 21, 19–20.

KLIE, Thomas (1998a) (Hrsg.), Der Religion Raum geben. Kirchenpädagogik und religiöses Lernen, Münster.

KLIE, Thomas (1998b), Ecclesia quaerens paedagogiam. Wege zur Semantik heiliger

Räume, in: KLIE, Thomas (Hrsg.), Der Religion Raum geben. Kirchenpädagogik und religiöses Lernen, Münster, 5–16.

KLIE, Thomas (2000a), Religionsunterricht in der Berufsschule: Verheißung vergegenwärtigen, APrTh 14, Leipzig.

KLIE, Thomas (2000b) (Hrsg.), Darstellung und Wahrnehmung. Religion im medialen Crossover, Münster.

KLIE, Thomas (2001), Konfirmandenunterricht – Trauerspiel, Musical oder Komödie? Dramaturgische Aspekte kirchlicher Unterweisung, in: DRESSLER, Bernhard/KLIE, Thomas/MORK, Carsten (Hrsg.), Konfirmandenunterricht. Didaktik und Inszenierung, Hannover, 317–335.

KLIE, Thomas (2003a), Geräumigkeit und Lehrkunst. Raum als religionsdidaktische Kategorie, in: LEONHARD, Silke/KLIE, Thomas, Schauplatz Religion. Grundzüge einer Performativen Religionsdidaktik, Leipzig, 192–208.

KLIE, Thomas (2003b), Zeichen und Spiel. Semiotische und spieltheoretische Rekonstruktion der Pastoraltheologie, Gütersloh.

KLIE, Thomas (2006), Religion zu lernen geben: Das Wort in Form bringen, in: Loccumer Pelikan 3/2006, 103–109.

KLIE, Thomas (2007), ‚Daß Religion schön werde'. Die performative Wende in der Religionspädagogik, in: SCHLAG, Thomas/KLIE, Thomas/KUNZ, Ralph (Hrsg.), Ästhetik und Ethik. Die öffentliche Bedeutung der Praktischen Theologie, Zürich, 49–63.

KLIE, Thomas (2008), Präsens, Präsenz und Präsentation. Liturgie als performatives Handeln, in: BEYER, Martin/LIEDTKE, Ulf (2008), Wort Gottes im Gespräch. Matthias Petzold zum 60. Geburtstag, Leipzig, 27–40.

KLIE, Thomas/DRESSLER, Bernhard (2008), Performative Religionspädagogik. Rezeption und Diskussion 2002–2008, in: KLIE, Thomas/LEONHARD, Silke (Hrsg.), Performative Religionsdidaktik. Religionsästhetik – Lernorte – Unterrichtspraxis, Stuttgart, 225–236.

KLIE, Thomas/KORSCH, Dietrich/WAGNER-RAU, Ulrike (2012) (Hrsg.), Differenz-Kompetenz. Religiöse Bildung in der Zeit, Leipzig.

KLIE, Thomas/LEONHARD, Silke (2008) (Hrsg.), Performative Religionsdidaktik. Religionsästhetik – Lernorte – Unterrichtspraxis, Stuttgart.

KLIE, Thomas/MERKEL, Rainer/PETER, Dietmar (2012) (Hrsg.), Performative Religionsdidaktik und biblische Textwelten, Rehburg-Loccum.

KLINGBERG, Lothar (1995), Lehren und Lernen – Inhalt und Methode. Zur Systematik und Problemgeschichte didaktischer Kategorien, Oldenburg.

KLISS, Oliver (2008), Das Spiel als bildungstheoretische Dimension der Religionspädagogik, Göttingen.

KLUGE, Friedrich (1999), Etymologisches Wörterbuch der deutschen Sprache, Berlin/New York, 23. Auflage.

KOERRENZ, Ralf (1997), Narrative Didaktik. Studien zur Pädagogik Heinrich Scharrelmanns, Waltrop.

KÖSER, Silke (2008), Teilhabe eröffnen. Schwerpunkte diakonischer Bildung, in: BECK, Helmut/SCHMIDT, Heinz (Hrsg.), Bildung als diakonische Aufgabe. Befähigung – Teilhabe – Gerechtigkeit, Stuttgart, 77–87.

KOLESCH, Doris/LEHMANN, Anette Jael (2002), Zwischen Szene und Schauraum – Bildinszenierungen als Orte performativer Wirklichkeitskonstitution, in: WIRTH, Uwe (Hrsg.), Performanz. Zwischen Sprachphilosophie und Kulturwissenschaften, Frankfurt am Main, 347–365.

Konsistorium der Evangelischen Kirche Berlin-Brandenburg-schlesische Oberlausitz (2007) (Hrsg.), Rahmenlehrplan für den Evangelischen Religionsunterricht in den Jahrgangsstufen 1 bis 10, Berlin.

KRAMER, Jens (2011), Kinder brauchen Träume. Kinderarmut als Thema des Religionsunterrichts, in: Grundschule Religion 34/2011, 4–6.

KRAUß, Alexander /OLK, Detlev von (2005), Neue Erkenntnisse zur Baugeschichte der Wilsnacker Wallfahrtskirche, in: KÜHNE, Hartmut / ZIESAK, Anne-Katrin (Hrsg.), Wunder - Wallfahrt - Widersacher. Die Wilsnackfahrt, Regensburg, 126–132.

KRIMM, Herbert (1960), Quellen zur Geschichte der Diakonie. Bd. I: Altertum und Mittealter, Stuttgart.

KRIMM, Herbert (1963), Quellen zur Geschichte der Diakonie. Bd. II: Reformation und Neuzeit, Stuttgart.

KRIMM, Herbert (1967), Quellen zur Geschichte der Diakonie. Bd. III: Gegenwart, Stuttgart.

KROMREY, Helmut (2009), Empirische Sozialforschung. Modell und Methoden der standardisierten Datenerhebung und Datenauswertung, Stuttgart, 12. Auflage.

KÜENZLEN, Tobias (2011), Die moralisch-ethische Sicht: „... und es trümmert und wankt ja, wohin ich blicke“, in: lehren und lernen 37, H. 2, 4–6.

KÜHNE, Hartmut/ZIESAK, Anne-Katrin (2005) (Hrsg.), Wunder - Wallfahrt - Widersacher. Die Wilsnackfahrt, Regensburg.

KÜHNE, Hartmut (2005a), Unterwegs nach Wilsnack, in: KÜHNE, Hartmut/ZIESAK, Anne-Katrin (Hrsg.), Wunder - Wallfahrt - Widersacher. Die Wilsnackfahrt, Regensburg, 19–47.

KÜHNE, Hartmut (2005b), August 1383 - Von Hostien und Kerzen, Bauern und ihrem Pfarrer, in: KÜHNE, Hartmut/ZIESAK, Anne-Katrin (Hrsg.), Wunder - Wallfahrt - Widersacher. Die Wilsnackfahrt, Regensburg, 9–18.

KÜHNE, Hartmut (2005c), In Wilsnack, in: KÜHNE, Hartmut/ZIESAK, Anne-Katrin (Hrsg.), Wunder - Wallfahrt - Widersacher. Die Wilsnackfahrt, Regensburg, 105–125.

KULD, Lothar (1997), Mitleid lernen. Der Modellversuch „Compassion“: Ein Praxis- und Unterrichtsprojekt sozialverpflichteten Lernens, in: ru 2/1997, 56–60.

KULD, Lothar/GÖNNHEIMER, Stefan (2000), Compassion - Sozialverpflichtetes Lernen und Handeln, Stuttgart.

KULD, Lothar/GÖNNHEIMER, Stefan (2004) (Hrsg.), Praxisbuch Compassion. Soziales Lernen an Schulen. Praktikum und Unterricht in den Sekundarstufen I und II, Donauwörth.

KULD, Lothar (2004), Compassion - Konzept und Wirkungen des Projekts, in: KULD, Lothar/GÖNNHEIMER, Stefan (Hrsg.), Praxisbuch Compassion. Soziales Lernen an Schulen. Praktikum und Unterricht in den Sekundarstufen I und II, Donauwörth, 9–18.

KULD, Lothar (2005), Die Notwendigkeit von Compassion, in: engagement 1/2005, 16–20.

KUMLEHN, Martina (2007a), Irritation und Expression. Zur Bedeutung der phänomenologisch-ästhetischen Dimension für die Entwicklung diakonischer Kompetenz, in:

SCHLAG, Thomas/KLIE, Thomas/KUNZ, Ralph (Hrsg.), Ästhetik und Ethik. Die öffentliche Bedeutung der Praktischen Theologie, Zürich, 149–163.

KUMLEHN, Martina (2007b), Geöffnete Augen – gedeutete Zeichen. Historisch-systematische und erzähltheoretisch-hermeneutische Studien zur Rezeption und Didaktik des Johannesevangeliums in der modernen Religionspädagogik, Berlin/New York.

KUMLEHN, Martina (2008), Mimesis – Performanz – narrative Identität. Religiöse Textwelten „bewohnen" und darstellen, in: KLIE, Thomas/LEONHARD, Silke (2008) (Hrsg.), Performative Religionsdidaktik. Religionsästhetik – Lernorte – Unterrichtspraxis, Stuttgart, 114–129.

KUMLEHN, Martina (2010), Performative Didaktik, in: Verkündigung und Forschung, 55. Jg., Heft 2, 36–48.

KUMLEHN, Martina (2012a), Religiöse Kompetenz, Alteritätskompetenz und Übergangskompetenz – Anforderungsprofile im Umgang mit performativen Elementen im Religionsunterricht, in: KLIE, Thomas/MERKEL, Rainer/PETER, Dietmar (Hrsg.), Performative Religionsdidaktik und biblische Textwelten, Rehburg-Loccum, 33–41.

KUMLEHN, Martina (2012b), „Ihr seid Eva – ihr seid Adam – ich bin Gott": Dramaturgische Performanz und das reflexive Ringen um die Hermeneutik biblischer Texte am Beispiel der Paradieserzählung (Gen 3) – Fallanalyse „Richter", in: DRESSLER, Bernhard/KLIE, Thomas/KUMLEHN, Martina, Unterrichtsdramaturgien. Fallstudien zur Performanz religiöser Bildung, Stuttgart 2012, 119–147.

KUMLEHN, Martina (2012c), Religiöse Kompetenz – Alteritätskompetenz – Übergangskompetenz. Anforderungsprofile im Umgang mit performativen Elementen im Religionsunterricht, in: DRESSLER, Bernhard/KLIE, Thomas/KUMLEHN, Martina, Unterrichtsdramaturgien. Fallstudien zur Performanz religiöser Bildung, Stuttgart 2012, 283–299.

KUMLEHN, Martina/KLIE, Thomas (2011) (Hrsg.), Protestantische Schulkulturen, Stuttgart.

LACHMANN, Rainer/ADAM, Gottfried/ROTHGANGEL, Martin (2006) (Hrsg.), Ethische Schlüsselprobleme. Lebensweltlich-theologisch-didaktisch, Göttingen.

LAGERSHAUSEN, Sarah (2005), Nicht-Behinderung ist ein Geschenk – ein Praktikumsbericht, in: HUSMANN, Bärbel (Hrsg.), Projekt: Diakonie, Rehburg-Loccum, 76–78.

LÄMMERMANN, Godwin (2008), Reli auf der Show-Bühne. Eine polemische Kritik der sich „performative" nennenden „Religionsdidaktik", in: Theo-Web. Zeitschrift für Religionspädagogik 7, H. 2, 107–123.

LANGE, Günter (2002), Bilder zum Glauben. Christliche Kunst sehen und verstehen, München.

LAUSTER, Jörg (2012), Performative Ethik. Albert Schweitzer und das Elend der Werteerziehung, in: KLIE, Thomas/KORSCH, Dietrich/WAGNER-RAU, Ulrike (Hrsg.), Differenz-Kompetenz. Religiöse Bildung in der Zeit, Leipzig, 25–32.

LAVE, Jean/WENGER, Etienne (1991), Situated Learning. Legitimate peripheral participation. Learning in Doing: Social, Cognitive and Computational Perspectives, Cambridge.

LAYER, Jürgen (2004), Fach Latein. Unterrichtseinheit: Humanitat und Humanität – Soziales Lernen im Lateinunterricht. Unterrichtseinheit zur Sensibilisierung für Compassion in Klasse 10/11, in: KULD, Lothar/GÖNNHEIMER, Stefan (Hrsg.), Praxisbuch

Compassion. Soziales Lernen an Schulen. Praktikum und Unterricht in den Sekundarstufen I und II, Donauwörth, 58–65.

LENZEN, Dieter (1990) (Hrsg.), Kunst und Pädagogik. Erziehungswissenschaft auf dem Weg zur Ästhetik?, Darmstadt.

LEONHARD, Silke (2006), Leiblich lernen und lehren. Ein religionsdidaktischer Diskurs, Stuttgart.

LEONHARD, Silke (2008), Gesagt – getan? Körper, Sprache und Performanz im Religionsunterricht, in: KLIE, Thomas/LEONHARD, Silke (Hrsg.), Performative Religionsdidaktik. Religionsästhetik – Lernorte – Unterrichtspraxis, Stuttgart, 114–129.

LEONHARD, Silke/KLIE, Thomas (2003a) (Hrsg.), Schauplatz Religion. Grundzüge einer Performativen Religionsdidaktik, Leipzig (zweite Auflage 2006).

LEONHARD, Silke/KLIE, Thomas (2003b), Performative Religionspädagogik. Religion leiblich und räumlich in Szene setzen, in: LEONHARD, Silke/KLIE, Thomas (Hrsg.), Schauplatz Religion. Grundzüge einer Performativen Religionsdidaktik, Leipzig, 7–16.

LEONHARD, Silke/KLIE, Thomas (2008), Ästhetik – Bildung – Performanz. Grundlinien performativer Religionsdidaktik, in: KLIE, Thomas/LEONHARD, Silke (Hrsg.), Performative Religionsdidaktik. Religionsästhetik – Lernorte – Unterrichtspraxis, Stuttgart, 9–25.

LEONHARD, Silke/KLIE, Thomas (2012), Performatives Lernen und Lehren von Religion, in: GRÜMME, Bernhard/LENHARD, Hartmut/PIRNER, Manfred L. (Hrsg.), Religionsunterricht neu denken. Innovative Ansätze und Perspektiven der Religionsdidaktik, Stuttgart, 90–104.

LICHTE, Claudia (1990), Die Inszenierung einer Wallfahrt. Der Lettner im Havelberger Dom und das Wilsnacker Wunderblut, Worms.

LIENAU, Detlev (2009), Sich fremd gehen. Warum Menschen pilgern, Ostfildern.

LUHMANN, Niklas (2000), Die Religion der Gesellschaft, Frankfurt am Main.

LUTHER, Henning (1986), Alltagssorge und Seelsorge. Zur Kritik am Defizitmodell des Helfens, in: Wege zum Menschen 38 (1986), 2–17 (Zitate hieraus), auch erschienen in: LUTHER, Henning (1992), Religion und Alltag. Bausteine einer Praktischen Theologie des Subjekts, Stuttgart 1992, 214–238.

LUTHER, Henning (1992), Religion und Alltag. Bausteine einer Praktischen Theologie des Subjekts, Stuttgart 1992.

LUZ, Ulrich (1997), Das Evangelium nach Matthäus. 3. Teilband Mt 18–25, Evangelisch-Katholischer Kommentar zum Neuen Testament I/3, Neukirchen-Vluyn.

LUZ, Ulrich (2005), Biblische Grundlagen der Diakonie, in: RUDDAT, Günter/SCHÄFER, Gerhard K. (Hrsg.), Diakonisches Kompendium, Göttingen, 17–35.

MAHLING, Robert (2010), Symboldidaktik und Zeichendidaktik zwischen Metaphysik und Moderne. Eine Debatte in der evangelischen Religionspädagogik, Jena.

MAKOWSKI, Axel (2001), Diakonie als im Reich Gottes begründete Praxis unbedingter Liebe. Studien zum Diakonieverständnis bei Gerhard Uhlhorn, Münster.

MAUSS, Marcel (1990), Die Gabe. Form und Funktion des Austauschs in archaischen Gesellschaften, Frankfurt am Main (Titel der Originalausgabe von 1950: Essai sur le don).

MCLUHAN, Herbert Marshall (1997), Medien verstehen. Der McLuhan-Reader, hrsg. v. BALTES, Martin/BÖHLER, Fritz/HÖLTSCHL, Rainer REUß, Jürgen, Mannheim.

MENDL Hans (2002), Historische Gestalten als Vorbilder im Religionsunterricht?, in: rhs 5/2002, 268–276.

MENDL, Hans (2007), Religion(sunterricht) inszenieren – eine Gratwanderung, in: INFO 36, 1/2007, 27–34.

MENDL, Hans (2008), Religion erleben. Ein Arbeitsbuch für den Religionsunterricht. 20 Praxisfelder, München.

MENDL, Hans (2012), Religion erleben, in: KLIE, Thomas/MERKEL, Rainer/PETER, Dietmar (2012) (Hrsg.), Performative Religionsdidaktik und biblische Textwelten, Rehburg-Loccum, 16–25.

MERKEL, Rainer (2012), Der performative Ansatz im Spiegel der Lehrerfortbildung, in: KLIE, Thomas/MERKEL, Rainer/PETER, Dietmar (2012) (Hrsg.), Performative Religionsdidaktik und biblische Textwelten, Rehburg-Loccum, 42–49.

MERTIN, Andreas (2003a), Like a sign. Medienkunst-Semiotik-Bilddidaktik, in: DRESSLER, Bernhard/MEYER-BLANCK, Michael (Hrsg.), Religion zeigen. Religionspädagogik und Semiotik, Münster, 2. Auflage, 83–142.

MERTIN, Andreas (2003b), Ein-Bruch im Leib Christi. Künstlerische Rauminterventionen und ihre religionspädagogischen Konsequenzen, in: LEONHARD, Silke/KLIE, Thomas (Hrsg.), Schauplatz Religion. Grundzüge einer Performativen Religionsdidaktik, Leipzig, 234–251.

METTE, Norbert (2002), Kinderarmut inmitten einer Wohlstandsgesellschaft. Eine Herausforderung für die Kirchen und die Praktische Theologie in Deutschland, in: Religionspädagogische Beiträge 48/2002, 151–164.

METZ, Johann Baptist (2000), Compassion – Weltprogramm des Christentums, in: engagement 2/2000, 90–95.

METZ, Johann Baptist (2004), Compassion. Eine politisch-theologische Hinführung, in: KULD, Lothar/GÖNNHEIMER, Stefan (Hrsg.), Praxisbuch Compassion. Soziales Lernen an Schulen. Praktikum und Unterricht in den Sekundarstufen I und II, Donauwörth, 6–8.

MEYER, Hilbert (1987), UnterrichtsMethoden. I: Theorieband, Frankfurt am Main.

MEYER, Hilbert (1997), Schulpädagogik. Band I: Für Anfänger, Berlin.

MEYER, Hilbert (2004), Was ist guter Unterricht?, Berlin.

MEYER-BLANCK, Michael (1996), Inszenierung und Präsenz. Zwei Kategorien des Studiums Praktischer Theologie, in: WzM, 49. Jg., 2–16 (Antrittsvorlesung an der Theologischen Fakultät der Humboldt-Universität zu Berlin).

MEYER-BLANCK, Michael (1997), Inszenierung des Evangeliums, Göttingen.

MEYER-BLANCK, Michael (2002), Vom Symbol zum Zeichen. Symboldidaktik und Semiotik, Rheinbach, 2. Auflage.

MEYER-BLANCK, Michael (2012), Ekstase und Bildung: Evangelium und Evangelien, in: DRESSLER, Bernhard/SCHROETER-WITTKE, Harald (Hrsg.), Religionspädagogischer Kommentar zur Bibel, Leipzig, 404–412.

MIETH, Dietmar (1978), Zwischen Konformismus und Kreativität – Bedingungen und Ziele einer ethischen Erziehung, in: STACHEL, Günter/MIETH, Dietmar, ethisch handeln lernen. Zu Konzeption und Inhalt ethischer Erziehung, Zürich, 20–32.

MIETH, Irene/MIETH, Dietmar (1977), Vorbild oder Moral? Geschichten und Überlegungen zur narrativen Ethik, in: KatBl 102, H. 8, 625–631.

MOKROSCH, Reinhold/WILKENS, Albrecht (2006) (Hrsg.), Mimesis. Freundesgabe für Lorenz Wilkens, Osnabrück/Berlin.

MILLER, Tilly (2008), Passion&Passion. Ästhetische Erfahrung und religiöse Bildung, in: Erwachsenenbildung 54 (2008), 18–20.

MÜLLER-FAHRENHOLZ, Geiko (1979) (Hrsg.), Wir brauchen einander. Behinderte in kirchlicher Verantwortung, Frankfurt/M.

NIETZSCHE, Friedrich (1990), Das Hauptwerk III, München.

NIPKOW, Karl Ernst (1981), Moralerziehung. Pädagogische und theologische Antworten, Gütersloh.

NIPKOW, Karl Ernst (1996), Ziele ethischer Bildung heute, in: ADAM, Gottfried/SCHWEITZER, Friedrich (Hrsg.), Ethisch erziehen in der Schule, Göttingen, 38–61.

NIPKOW, Karl Ernst (2006), Diakonische Bildung und biblische Mitte: Zur Tiefengrammatik der Bildungsmetaphorik, in: ADAM, Gottfried/HANISCH, Helmut/SCHMIDT, Heinz/ZITT, Renate (Hrsg.), Unterwegs zu einer Kultur des Helfens. Handbuch des diakonisch-sozialen Lernens, Stuttgart, 15–32.

NOACK, Christoph (2000), Das Sozialpraktikum an der Evangelischen Schule Frohnau, in: Diakonisches Werk der EKD (2000) (Hrsg.), Schule und Diakonie. Orte sozialen Lernens, Stuttgart, 47–48.

NOORMANN, Harry (2005), Diakonisches Lernen – eine Zumutung für den Zeitgeist?, in: HUSMANN, Bärbel (Hrsg.), Projekt: Diakonie, Rehburg-Loccum, 21–30 (überarbeitete Fassung des Textes von 1998).

NORDHOFEN, Eckhard (2007), Diskursive und performative Mystagogie. Über das, was im Religionsunterricht gesagt und das, was nicht gesagt werden kann, in: Informationen für Religionslehrerinnen und Religionslehrer 36 (2007), 7–14.

NOTHELLE-WILDFEUER, Ursula (2011), Die Option für die Armen als Option für Beteilung(sgerechtigkeit), in: EURICH, Johannes/OELSCHLÄGEL, Christian (2008) (Hrsg.), Diakonie und Bildung, Stuttgart 2008, 135–157.

OHLER, Norbert (2003), Pilgerstab und Jakobsmuschel. Wallfahrten in Mittelalter und Neuzeit, Düsseldorf, 2. Auflage.

ÖHLSCHLÄGER, Claudia (2009) (Hrsg.), Narration und Ethik, München.

PANNENBERG, Wolfhart (1997), Grundlagen der Ethik. Philosophisch-theologische Perspektiven, Göttingen.

PEIRCE, Charles Sanders (1931–1935), Collected Paper, Cambridge.

PEUCKERT, Rüdiger (2008), Familienformen im sozialen Wandel, Wiesbaden, 7. Auflage.

PHILIPPI, Paul (1975), Christozentrische Diakonie. Ein theologischer Entwurf, Stuttgart, 2. Auflage.

PITHAN, Annebelle/SCHWEIKER, Wolfhard (2011) (Hrsg.), Evangelische Bildungsverantwortung: Inklusion. Ein Lesebuch, Münster.

PLATH, Maike (2010), „Spielend" unterrichten und Kommunikation gestalten. Warum jeder Lehrer ein Schauspieler ist, Weinheim und Basel.

POESCHEL, Sabine (2005), Handbuch der Ikonographie. Sakrale und profane Themen der bildenden Kunst, Darmstadt.

RAUTERBERG, Hanno (2004), Aktionisten der Nächstenliebe, in: DIE ZEIT 19 (2004), 45.

RAUTERBERG, Hanno (2007), Kunst kommt von Knallen, in: DIE ZEIT 62 (2007), 49.

RECKERMANN, Ursula (2009), Gustave Flaubert und Claude Simon. Zur Kritik einer literarischen Ethik, in: ÖHLSCHLÄGER, Claudia (2009) (Hrsg.), Narration und Ethik, München, 99–110.

REINMUTH, Eckart, Neues Testament, Theologie und Gesellschaft. Hermeneutische und diskurstheoretische Reflexionen, Stuttgart 2012.

Religion 7/8 entdecken – verstehen – gestalten, Göttingen 2008, 2. Auflage.

RENDLE, Ludwig (2006) (Hrsg.), Mehr als Reden über Religion …, Donauwörth 2006.

RENDLE, Ludwig (2009) (Hrsg.), Ganzheitliche Methoden im Religionsunterricht. Ein Praxisbuch, München, 4. Auflage.

RENDTORFF, Trutz (1991), Ethik. Bd. II, Stuttgart u. a. (2. Aufl.).

RICŒUR, Paul (1960), La symbolique du mal, Paris.

RICŒUR, Paul (1991), Zeit und Erzählung. Band III: Die erzählte Zeit, München.

RICŒUR, Paul (1993), Die Interpretation. Ein Versuch über Freud, Frankfurt/M., 4. Auflage.

RICŒUR, Paul (1996), Das Selbst als ein Anderer, München.

RÖHRIG, Hans-Jürgen (2009), Von der integrativen Pädagogik zum inklusiven Religionsunterricht, in: Schule und Kirche, Heft 2, 10–12.

ROHDE, Joachim (1990), Charismen und Dienste in der Gemeinde. Von Paulus zu den Pastoralbriefen, in: SCHÄFER, Gerhard K./STROHM, Theodor (Hrsg.), Diakonie – biblische Grundlagen und Orientierungen. Ein Arbeitsbuch, Heidelberg, 202–221.

ROHDE, Joachim (1992), Art. *episkeptomai*, in: Exegetisches Wörterbuch zum Neuen Testament. Band II, Stuttgart, 2. Auflage, 83–85.

ROLOFF, Jürgen (1990), Zur diakonischen Dimension und Bedeutung von Gottesdienst und Herrenmahl, in: SCHÄFER, Gerhard K./STROHM, Theodor (Hrsg.), Diakonie – biblische Grundlagen und Orientierungen. Ein Arbeitsbuch, Heidelberg, 186–201.

ROOSE, Hanna (2006), Performativer Religionsunterricht zwischen Performance und Performativität, in: Loccumer Pelikan 3/2006, 110–115.

ROST, Bettina (2003), Soziales Handeln im Horizont der kommenden Gottesherrschaft. Die Wohltätigkeitsforderung als Zentrum der Reichen-Armen-Thematik bei Lukas, in: HERRMANN, Volker/MERZ, Rainer/SCHMIDT, Heinz (Hrsg.), Diakonische Konturen. Theologie im Kontext sozialer Arbeit, Heidelberg, 12–62.

ROTHGANGEL, Martin (2009), Bildungsstandards Religion. Eine Replik auf verbreitete Kritikpunkte, in: FEINDT, Andreas/ELSENBAST, Volker/SCHREINER, Peter/SCHÖLL, Albrecht (Hrsg.), Kompetenzorientierung im Religionsunterricht. Befunde und Perspektiven, Münster, 87–97.

RUDDAT, Günter/SCHÄFER Gerhard K. (2005) (Hrsg.), Diakonisches Kompendium, Göttingen.

SACHS-HOMBACH, Klaus (2011), Bildakttheorie. Antworten auf die Differenz von Präsenz und Entzug, in: STOELLGER, Philipp/KLIE, Thomas (Hrsg.), Präsenz im Entzug. Ambivalenzen des Bildes, Tübingen, 57–82.

SAINT-EXUPÉRY, Antoine de (1998), Der kleine Prinz, Düsseldorf, 56. Auflage (Originalausgabe Le petit prince von 1946).

SCHÄFER, Gerhard K./STROHM, Theodor (1990) (Hrsg.), Diakonie – biblische Grundlagen und Orientierungen. Ein Arbeitsbuch, Heidelberg.

SCHÄFER, Gerhard K./HERRMANN, Volker (2005), Geschichtliche Entwicklungen der Diakonie, in: RUDDAT, Günter/SCHÄFER Gerhard K. (Hrsg.), Diakonisches Kompendium, Göttingen, 36–67.

SCHAMBECK, Mirjam (2006), Religion lernen – Überlegungen zum mystagogischen Lernen angesichts des Fremdwerdens des christlichen Glaubens, in: RENDLE, Ludwig (Hrsg.), Mehr als Reden über Religion ..., Donauwörth 2006, 49–66.

SCHEILKE, Christoph Th./SCHWEITZER, Friedrich (1999) (Hrsg.), Religion, Ethik, Schule. Bildungspolitische Perspektiven in der pluralen Gesellschaft, Münster.

SCHIERZ, Matthias (1997), Narrative Didaktik. Von den großen Entwürfen zu den kleinen Geschichten im Sportunterricht, Weinheim/Basel.

SCHIERZ, Matthias (1999), Narrative Didaktik. Ein Beispiel und drei Zweifel, in: Die Deutsche Schule 1999, Beiheft 5, 186–190.

SCHLAG, Thomas/KLIE, Thomas/KUNZ, Ralph (2007) (Hrsg.), Ästhetik und Ethik. Die öffentliche Bedeutung der Praktischen Theologie, Zürich.

SCHLAG, Thomas (2007), Religionspädagogik und die Desiderata der Ethik, in: SCHLAG, Thomas/KLIE, Thomas/KUNZ, Ralph (Hrsg.), Ästhetik und Ethik. Die öffentliche Bedeutung der Praktischen Theologie, Zürich, 65–79.

SCHLEIERMACHER, Friedrich (1842), Vorlesungen über die Ästhetik, hrsg. v. Carl Lommatzsch.

SCHMALZRIEDT, Siegfried (1996), Suiectum/soggetto/sujet/Subjekt, in: Hans Heinrich EGGEBRECHT (Hrsg.), Terminologie der musikalischen Komposition, Stuttgart, 264–274.

SCHMID, Hans (2002), Mehr als Reden über Religion, in: rhs 1/2002, 2–10.

SCHMID, Wolf (2008), Elemente der Narratologie, Berlin.

SCHMIDT, Günter R. (1986), Zum fachdidaktischen Transfer ethischer Inhalte, in: ADAM, Gottfried/LACHMANN, Rainer (Hrsg.), Religionspädagogisches Kompendium, Göttingen, 2. Auflage, 274–322.

SCHMIDT, Heinz (1996), Ethische Erziehung als fächerübergreifende und fächerverbindende Aufgabe, in: ADAM, Gottfried/SCHWEITZER, Friedrich (Hrsg.), Ethisch erziehen in der Schule, Göttingen, 313–331.

SCHMIDT, Heinz (2000), Ethik und Didaktik der Diakonie. Perspektiven für diakonischsoziales Lernen, in: Glaube und Lernen 15, 50–67.

SCHMIDT, Heinz (2004), Diakonisches Lernen: Grundlagen, Kontexte, Motive und Formen, in: HANISCH, Helmut/SCHMIDT, Heinz (2004) (Hrsg.), Diakonische Bildung. Theorie und Empirie, Heidelberg, 9–28 (überarbeitete Fassung des Textes von 2002).

SCHMIDT, Heinz (2005), Diakonisches Lernen – diakonische Bildung, in: RUDDAT, Günter/SCHÄFER, Gerhard K. (Hrsg.), Diakonisches Kompendium, Göttingen, 421–438.

SCHMIDT, Heinz (2008), Diakonische Bildung als Konstruktion von Wissen und Werten. Didaktische Anregungen aus konstruktivistischer Sicht, in: GRAMZOW, Christoph/LIEBOLD, Heide/SANDER-GAISER, Martin (Hrsg.), Lernen wäre eine schöne Alternative. Religionsunterricht in theologischer und erziehungswissenschaftlicher Verantwortung, Leipzig, 93–103.

SCHMIDT, Heinz (2011), Bildung und Armutsprävention, in: EURICH, Johannes/BARTH, Florian/BAUMANN, Klaus/WEGNER, Gerhard (Hrsg.), Kirchen aktiv gegen Armut und Ausgrenzung. Theologische Grundlagen und praktische Ansätze für Diakonie und Gemeinde, Stuttgart, 512–525.

SCHMIDT, Heinz/ZITT, Renate (2004), Fürs Leben lernen: Diakonisches Lernen – diakonische Bildung, in: HANISCH, Helmut/SCHMIDT, Heinz (Hrsg.), Diakonische Bildung. Theorie und Empirie, Heidelberg, 56–75.

SCHMITZ, Hermann (1980), Neue Phänomenologie, Bonn.

SCHRÖDER, Hartwig (2002), Lernen – Lehren – Unterricht. Lernpsychologische und didaktische Grundlagen, Oldenburg.

SCHROETER-WITTKE, Harald (2008), Werten lernen – Ethik und Pädagogik aus protestantischer Sicht, in: ZPT 2/08, 147–154.

SCHÜTZE, Ann-Katrin (2005), „Wir hatten überall Eis kleben" – ein Praktikumsbericht, in: HUSMANN, Bärbel (Hrsg.), Projekt: Diakonie, Rehburg-Loccum, 70–74.

SCHUBARTH, Wilfried (2010), Die „Rückkehr der Werte". Die neue Wertedebatte und die Chancen der Wertebildung, in: SCHUBARTH, Wilfried/SPECK, Karsten/LYNEN VON BERG, Heinz (Hrsg.), Wertebildung in Jugendarbeit, Schule und Kommune. Bilanz und Perspektiven, Wiesbaden, 21–41.

SCHUBARTH, Wilfried/SPECK, Karsten/LYNEN VON BERG, Heinz (2010) (Hrsg.), Wertebildung in Jugendarbeit, Schule und Kommune. Bilanz und Perspektiven, Wiesbaden.

SCHUBERT, Britta von (2000), Grundkurs Diakonie. Ein Konzept diakonischen Lernens in der Oberstufe des Gymnasiums, in: Glaube und Lernen 15, H. 1, 88–98.

SCHUSTER, Birgit (2004), Fach Kunst. Unterrichtseinheit: Behinderungen erfahren und verarbeiten. Unterrichtseinheit zur Nachbereitung des Praktikums Compassion in Klasse 11, in: KULD, Lothar/GÖNNHEIMER, Stefan (2004) (Hrsg.), Praxisbuch Compassion. Soziales Lernen an Schulen. Praktikum und Unterricht in den Sekundarstufen I und II, Donauwörth, 66–68.

SCHULZE, Theodor (1995), Lehrstück-Dramaturgie, in: BERG, Hans Christoph/SCHULZE, Theodor (1995), Lehrkunst. Lehrbuch der Didaktik, Neuwied, 361–420.

SCHWEIZER, Eduard (1990), Die diakonische Struktur der neutestamentlichen Gemeinde, in: SCHÄFER, Gerhard K./STROHM, Theodor (Hrsg.), Diakonie – biblische Grundlagen und Orientierungen. Ein Arbeitsbuch, Heidelberg, 159–185.

SCHWEITZER Friedrich (1996), Grundformen ethischen Lehrens und Lernens in der Schule, in: ADAM, Gottfried/SCHWEITZER, Friedrich (1996) (Hrsg.), Ethisch erziehen in der Schule, Göttingen, 62–80.

SEEL, Martin (2001), Inszenieren als Erscheinenlassen. Thesen über die Reichweite eines Begriffs, in: FRÜCHTL, Josef/ZIMMERMANN, Jörg (Hrsg.), Ästhetik der Inszenierung, Frankfurt am Main, 48–62.

Sekretariat der Dt. Bischofskonferenz (2005), Der Religionsunterricht vor neuen Herausforderungen, Bonn.

Shell Deutschland Holding (2010) (Hrsg.), Jugend 2012. Eine pragmatische Generation behauptet sich, Frankfurt am Main.

SNOW, Catherine Elisabeth (2001), Knowing what we know: Children, Teachers, Researchers, Educational Researcher 30/7, 3–9.

STACHEL, Günter (1978), Ethische Erziehung in religiöser Erziehung, in: STACHEL, Günter/MIETH, Dietmar, ethisch handeln lernen. Zu Konzeption und Inhalt ethischer Erziehung, Zürich, 9–13.

STACHEL, Günter/MIETH, Dietmar (1978), ethisch handeln lernen. Zu Konzeption und Inhalt ethischer Erziehung, Zürich.

STÄBLEIN, Christian (2003), Pädagogische Präsenz?! Das Programm ‚Liturgische Präsenz' in Liturgiedidaktik und Religionspädagogik, in: LEONHARD, Silke/KLIE, Thomas (Hrsg.), Schauplatz Religion. Grundzüge einer Performativen Religionsdidaktik, Leipzig, 209–228.

STARNITZKE, Dierk (2003), Die Bedeutung von *diakonos* im frühen Christentum, in: HERRMANN, Volker/MERZ, Rainer/SCHMIDT, Heinz (Hrsg.), Diakonische Konturen. Theologie im Kontext sozialer Arbeit, Heidelberg, 184–212.

STEINHÄUSER, Martin/RATZMANN, Wolfgang (2002)(Hrsg.), Didaktische Modelle Praktischer Theologie, Leipzig.

STOELLGER, Franziska (2011), Architektur und Atmosphäre als Element protestantischer Schulkultur, in: KUMLEHN, Martina/KLIE, Thomas (Hrsg.), Protestantische Schulkulturen, Stuttgart, 246–255.

STOELLGER, Philipp (2007), „Und als er ihn sah, jammerte es ihn". Zur Performanz von Pathosszenen am Beispiel des Mitleids, in: DALFERTH, Ingolf U./HUNZIKER, Andreas (Hrsg.), Mitleid, Religion in Philosophy and Theology 28, Tübingen, 289–305.

STOELLGER, Philipp (2011), Die prekäre Präsenzpotenz des Bildes und das Visuelle als Entzugserscheinung, in: STOELLGER, Philipp/KLIE, Thomas (Hrsg.), Präsenz im Entzug. Ambivalenzen des Bildes, Tübingen, 221–253.

STOELLGER, Philipp/KLIE, Thomas (2011) (Hrsg.), Präsenz im Entzug. Ambivalenzen des Bildes, Tübingen.

THEIßEN, Gerd (1990), Die Bibel diakonisch lesen. Die Legitimationskrise des Helfens und der barmherzige Samariter, in: SCHÄFER, Gerhard K./STROHM, Theodor (Hrsg.), Diakonie – biblische Grundlagen und Orientierungen. Ein Arbeitsbuch, Heidelberg, 376–401.

THEIßEN, Gerd (2003), Zur Bibel motivieren. Aufgaben, Inhalte und Methoden einer offenen Bibeldidaktik, Gütersloh.

TILLICH, Paul (1964), Das religiöse Symbol, in: Gesammelte Werke. Bd. V, Stuttgart 1964, 196–212.

TOASPERN, Huldreich David (2006), Lernstoff, den die Schule nicht bietet. Erfahrungen aus dem diakonisch-sozialen Schülerpraktikum, in: diakoniereport 59, 28–29.

TOASPERN, Huldreich David (2007), Diakonisches Lernen. Modelle für ein Praxislernen zwischen Schule und Diakonie, Göttingen.

UERLINGS Herbert (2011), Armut – Perspektiven in Kunst und Gesellschaft, in: UERLINGS, Herbert / TRAUTH, Nina/CLEMENS, Lukas (Hrsg.), Armut – Perspektiven in Kunst und Gesellschaft, Frankfurt am Main, 13–22.

UERLINGS, Herbert/TRAUTH, Nina/CLEMENS, Lukas (2011) (Hrsg.), Armut – Perspektiven in Kunst und Gesellschaft, Frankfurt am Main.

UHLHORN, Gerhard (1959), Die christliche Liebestätigkeit, Stuttgart, 2. Aufl., Nachdr. Darmstadt (Erstdruck 1895).

VATTIMO, Gianni (1997), Glauben – Philosophieren, Stuttgart.

VATTIMO, Gianni/WELSCH, Wolfgang (1998) (Hrsg.), Medien-Welten Wirklichkeiten, München.

WEINERT, Franz (2001) (Hrsg.), Leistungsmessung in Schulen, Weinheim/Basel.

WEISBROD, Adolf/KUHN, Franz/HIRSCH, Friedrich (2000), Compassion – Ein Praxis- und Unterrichtsprojekt sozialen Lernens: Menschsein für andere, in: engagement 2000, H. 2–3, 286–307.

WEISER, Alfons (1992), Art. diakonéo, diakonía, diákonos, in: EWNT Bd. I, 726–732, Stuttgart/Berlin/Köln (2. Auflage).

WENDLAND, Heinz-Dietrich/RICH, Arthur/KRIMM, Herbert (1962), Christus Diakonos. Ursprung und Auftrag der Kirche. Drei Vorträge, Zürich.

WENDLAND, Heinz-Dietrich (2006), Christus Diakonos, Christos Doulos. Zur theologischen Begründung der Diakonie, in: WENDLAND, Heinz-Dietrich/RICH, Arthur/KRIMM, Herbert, Christus Diakonos. Ursprung und Auftrag der Kirche. Drei Vorträge, Zürich, zitiert aus: HERRMANN, Volker/HORSTMANN, Martin (Hrsg.), Studienbuch Diakonik. Band 1: biblische, historische und theologische Zugänge zur Diakonie, Neukirchen-Vluyn, 272–284.

WETH, Rudolf (2006), Der eine Gott der Diakonie. Diakonik als Problem und Aufgabe Biblischer Theologie, in: Der eine Gott der beiden Testamente. Jahrbuch für Biblische Theologie 2. 1987, Neukirchen, zitiert aus: HERRMANN, Volker/HORSTMANN, Martin (Hrsg.), Studienbuch Diakonik. Band 1: biblische, historische und theologische Zugänge zur Diakonie, Neukirchen-Vluyn, 42–57.

WICHERN, Johann Hinrich (1962), Sämtliche Werke. Band I. Die Kirche und ihr soziales Handeln. Grundsätzliches und Allgemeines, Berlin/Hamburg, darin: Wichern auf dem Wittenberger Kirchentag 1848 (Rede), 155–165.

WICHERN, Johann Heinrich (1968), Einleitende Bemerkungen zum Gutachten über die Diakonie und den Diakonat, in: Ders., Sämtliche Werke III/1, hrsg. v. Peter Meinhold, Berlin/Hamburg.

WIELER, Petra (2005) (Hrsg.), Narratives Lernen in medialen und anderen Kontexten, Freiburg i. Br.

WILD, Markus (2006), Diakonisches Lernen im Religionsunterricht, in: ADAM, Gottfried/HANISCH, Helmut/SCHMIDT, Heinz /ZITT, Renate (Hrsg.), Unterwegs zu einer Kultur des Helfens. Handbuch des diakonisch-sozialen Lernens, Stuttgart, 289–299.

WILDFEUER, Armin G. (2006), Art. Person, LThK Bd. 8, Freiburg/Basel/Wien, 42–46.

WILS, Jean-Pierre (1996), Werte und Normen in philosophischer, soziologischer und theologischer Sicht, in: ADAM, Gottfried/SCHWEITZER, Friedrich (Hrsg.), Ethisch erziehen in der Schule, Göttingen, 332–354.

WINNEKES, Katharina (1989) (Hrsg.), Christus in der bildenden Kunst. Von den Anfängen bis zur Gegenwart. Eine Einführung, München.

WINNEKES, Katharina (1989a), Entwicklung des Christusbildes bis zum 19. Jahrhundert, in: WINNEKES, Katharina (Hrsg.), Christus in der bildenden Kunst. Von den Anfängen bis zur Gegenwart. Eine Einführung, 11–44.

WIRTH, Uwe (2002a) (Hrsg.), Performanz. Zwischen Sprachphilosophie und Kulturwissenschaften, Frankfurt am Main.

WIRTH, Uwe (2002b), Der Performanzbegriff im Spannungsfeld von Illokution, Iteration und Indexikalität, in: WIRTH, Uwe (Hrsg.), Performanz. Zwischen Sprachphilosophie und Kulturwissenschaften, Frankfurt am Main, 9–60.

WOCHNIK, Fritz (2000), Ein Hedwigsaltar in der Brandenburger Katharinenkirche, in: Archiv für schlesische Kirchengeschichte, Bd. 58, Stuttgart, 227–248.

WOCHNIK, Fritz (2008), St. Katharinenkirche Brandenburg, Regensburg, 3. Auflage.

WORONOWICZ, ULRICH (1994), Ev. Kirche St. Nikolai Bad Wilsnack, Regensburg.

WULF, Christoph (1990), Ästhetische Wege zur Welt. Über das Verhältnis von Mimesis und Erziehung, in: LENZEN, Dieter (Hrsg.), Kunst und Pädagogik. Erziehungswissenschaft auf dem Weg zur Ästhetik?, Darmstadt, 156–170.

WULF, Christoph (2005), Zur Genese des Sozialen. Mimesis – Performativität – Ritual, Bielefeld.

WULF, Christoph (2007), Ästhetische Erziehung: Aisthesis – Mimesis – Performativität. Eine Fallstudie, in: WULF, Christioph/ZIRFAS, Jörg (Hrsg.), Pädagogik des Performativen. Theorien, Methoden, Perspektiven, Weinheim und Basel, 42–47.

WULF, Christoph (2011), Einleitung, in: WULF, Christoph u. a., Die Geste in Erziehung, Bildung und Sozialisation. Ethnographische Feldstudien, Wiesbaden, 7–26.

WULF, Christoph /FISCHER-LICHTE, Erika (2010a) (Hrsg.), Gesten, München.

WULF, Christoph/FISCHER-LICHTE, Erika (2010b), Gesten. Zur Einleitung, in: WULF, Christoph/FISCHER-LICHTE, Erika (Hrsg.), Gesten, München, 9–17.

WULF, Christoph/ZIRFAS, Jörg (2005a) (Hrsg.), Ikonologie des Performativen, München.

WULF, Christoph/ZIRFAS, Jörg (2005b), Bild, Wahrnehmung und Phantasie. Performative Zusammenhänge, in: WULF, Christoph/ZIRFAS, Jörg (Hrsg.), Ikonologie des Performativen, München, 7–32.

WULF, Christoph/ZIRFAS, Jörg (2007a) (Hrsg.), Pädagogik des Performativen. Theorien, Methoden, Perspektiven, Weinheim und Basel.

WULF, Christoph/ZIERFAS, Jörg (2007b), Performative Pädagogik und performative Bildungstheorien. Ein neuer Fokus erziehungswissenschaftlicher Forschung, in: WULF, Christioph/ZIRFAS, Jörg (Hrsg.), Pädagogik des Performativen. Theorien, Methoden, Perspektiven, Weinheim und Basel, 7–41.

WULF, Christoph u. a. (2011), Die Geste in Erziehung, Bildung und Sozialisation. Ethnographische Feldstudien, Wiesbaden.

ZEHETMAIR, Hans (1999), Religionsunterricht und Werteerziehung im Bildungsauftrag der Schule, in: SCHEILKE, Christoph Th./SCHWEITZER, Friedrich (Hrsg.), Religion, Ethik, Schule. Bildungspolitische Perspektiven in der pluralen Gesellschaft, Münster, 27–37.

ZIEBERTZ, Hans-Georg (2010), Ethisches Lernen, in: HILGER, Georg/LEIMGRUBER, Stephan/ZIEBERTZ, Hans-Georg, Religionsdidaktik. Ein Leitfaden für Studium, Ausbildung und Beruf, München, 6. Auflage, 434–454.

ZIEBERTZ, Hans-Georg/HEIL, Stefan/PROKOPF, Andreas (2003) (Hrsg.), Abduktive Korrelation. Religionspädagogische Konzeption, Methodologie und Professionalität im interdisziplinären Dialog, Münster/Hamburg/London.

ZIEHE, Thomas (1996), Zeitvergleiche. Jugend in kulturellen Modernisierungen, Weinheim und München, 2. Auflage.

ZIERFAS, Jörg (2010), Die Geste der Entschuldigung, in: WULF, Christoph/FISCHER-LICHTE, Erika (Hrsg.), Gesten, München, 78–90.

ZIESACK, Anne-Katrin (2005a), Wilsnacks Widersacher, in: KÜHNE, Hartmut/ZIESAK, Anne-Katrin (Hrsg.), Wunder - Wallfahrt - Widersacher. Die Wilsnackfahrt, Regensburg, 133–162.

ZIESACK, Anne-Katrin (2005b), Das Ende der Wallfahrten zum Heiligen Blut, in: KÜHNE, Hartmut/ZIESAK, Anne-Katrin (Hrsg.), Wunder - Wallfahrt - Widersacher. Die Wilsnackfahrt, Regensburg, 197–212.

ZILLEßEN, Dietrich (2005), Armutszeugnis. Die Stärke der Ästhetik, in: ZPT 4/2005, 386–394.

ZILLEßEN, Dietrich (2006), Am Rande der Vergangenheit. Über die Inszenierung der Erinnerung, in: Berliner Theologische Zeitschrift 23 (2006), H. 1, 43–65.

ZILLEßEN, Dietrich (2007), Religionspädagogik zwischen Ästhetik und Ethik. Diskussionspunkte, in: SCHLAG, Thomas/KLIE, Thomas/KUNZ, Ralph (Hrsg.), Ästhetik und Ethik. Die öffentliche Bedeutung der Praktischen Theologie, Zürich, 81–94.

ZILLEßEN, Dietrich (2008), Performativer Religionsunterricht? Gedankengänge im unsicheren Gelände, in: ZPT 1/2008, 31–39.

ZILLEßEN, Dietrich (2009), Performative Didaktik. Religionspädagogische Showgeschäfte, in: Theo-Web. Zeitschrift für Religionspädagogik 8 (2009), H. 1, 118–129.

ZITT, Renate/POMPEY, Heinrich/WALTER, Joachim (2002), Diakonie wahrnehmen und denken lernen. Hochschuldidaktische Perspektiven der Diakonie- und Caritaswissenschaft im Horizont praktisch-theologischer Bildung und Ausbildung, in: STEINHÄUSER, Martin/RATZMANN, Wolfgang (Hrsg.), Didaktische Modelle Praktischer Theologie, Leipzig, 498–554.

ZUSCHLAG, Katrin (2002), Narrativik und literarisches Übersetzen, Tübingen.

Verzeichnis der Internetquellen

http://www.dbk-shop.de/media/files_public/yufrjmghpmkj/DBK_2179.pdf (Zugriff am 8.10.2012).

http://www.diakonie.de/diakonie-sein-7982.htm (Zugriff am 20.3.2013).

http://www.static.shell.com/static/deu/downloads/aboutshell/our_commitment/shell_youth_study/2006/youth_study_2006_exposee.pdf (Zugriff am 21.2.2010).

www.diakonieatlas.de (Zugriff am 19.3.2013).

https://www.youtube.com/watch?v=XXoRoLdXnvU&feature=kp (Zugriff am 5.6.2014).

http://www.akd-ekbo.de/files/1_2010.pdf (Zugriff am 12.6.14).

http://de.wikipedia.org/wiki/Wilhelm_Lehmbruck#mediaviewer/Datei:Lehmbruck_-_die_Gest%C3%BCrzte.jpg (Zugriff am 18.6.14).

http://www.materialserver.filmwerk.de/arbeitshilfen/herrimhaus_ah.pdf (Zugriff am 18.6.14).

Register